GUIDE
DES VILLAGES
DE CHARME
EN FRANCE

Guide établi sous la direction
de Nathalie Mouriès

Rivages

Cette troisième édition du guide entièrement remise à jour comporte une sélection de 248 villages, dont 33 nouveaux, répartis dans les grandes régions touristiques de France.

Nous avons choisi ces villages en raison de leur charme, de l'authenticité de leur architecture, de leur situation souvent exceptionnelle et de l'état dans lequel leurs habitants ont su les conserver.

Certains sont connus, comme Gordes ou Yvoire, mais d'autres, restés à l'écart des flux touristiques, sont encore secrets comme Montrésor ou Saint-Léon-sur-Vézère.

Pour chaque village, vous trouverez une photo couleurs, un texte décrivant sa situation, son histoire, son architecture, et des renseignements pratiques sur l'itinéraire d'accès, les jours de marché, les festivités, les musées, les hôtels, les petits restaurants et les promenades à faire aux alentours.

Une carte de France et des cartes par régions permettent de localiser tous les villages.

Nous espérons, grâce à ce guide, vous faire partir à la découverte de la France et de ses villages de charme qui sont la vivante mémoire de notre passé.

Nous essayons d'apporter toute notre attention à l'aspect authentique et préservé des villages que nous sélectionnons. Malgré tout, si au cours de vos promenades vous constatez des constructions ou des rénovations qui dénaturent le village ou ses proches environs, nous vous demandons de bien vouloir nous le signaler.

D'autre part, si vous êtes séduits par un village qui ne figure pas dans ce guide et si vous pensez qu'il mériterait d'être sélectionné parmi nos villages de charme, veuillez nous le signaler afin que nous puissions le visiter, en écrivant aux Editions Rivages - 106, boulevard Saint-Germain - 75006 Paris.

MODE D'EMPLOI DE CE GUIDE

Nous avons procédé à un classement par région, et à l'intérieur de chaque région à un classement des villages par départements et par ordre alphabétique. Lorsque nous mentionnons pour les hôtels, "hôtel de charme" et pour les maisons d'hôtes, "maison d'hôtes de charme", il s'agit d'établissements ou de demeures que nous avons visités et sélectionnés en fonction de leur charme et de la qualité de leur accueil. Ces hôtels et maisons d'hôtes figurent dans le *Guide des auberges de campagne et hôtels de charme en France* et le *Guide des maisons d'hôtes de charme en France*, publiés par les éditions Rivages.

D'autre part, nous vous signalons que les prix indiqués étaient ceux en vigueur fin 1991 et qu'ils ont pu être modifiés depuis.

TEXTES

Jean de Beaumont, Paul Guichonnet, Catherine Hans, Richard Kleinschmager, Marianne Montély, Nathalie Mouriès, Alain Paire et Odile de Roquette-Buisson.

COORDINATION FABRICATION

Marie-Edwige Boigeol

PHOTOS

M. Arlaud, J.C. Baille, J.J. Béraud, G. Bouchet, J.M. Cagnon, Comité départemental Ardèche, Alba 07400, Comité départemental de tourisme de l'Aisne, Comité départemental de tourisme de Lozère, Comité régional de tourisme Limousin, Comité régional de tourisme Poitou-Charentes, E. Goffart, J.L. Dosso-Greggia, B. Henry, C. Moirenc, N. Niquel, F. Perrodin, C. Sarramon, A. Scheitler.

SOMMAIRE

ALSACE - LORRAINE

A Q U I T A I N E

A U V E R G N E

B O U R G O G N E

BRETAGNE - PAYS DE LA LOIRE

CENTRE - ILE-DE-FRANCE

FRANCHE - COMTE

LANGUEDOC - ROUSSILLON

L I M O U S I N

M I D I - P Y R E N E E S

N O R D - P I C A R D I E

N O R M A N D I E

POITOU - CHARENTES

PROVENCE - COTE D'AZUR - CORSE

R H O N E - A L P E S

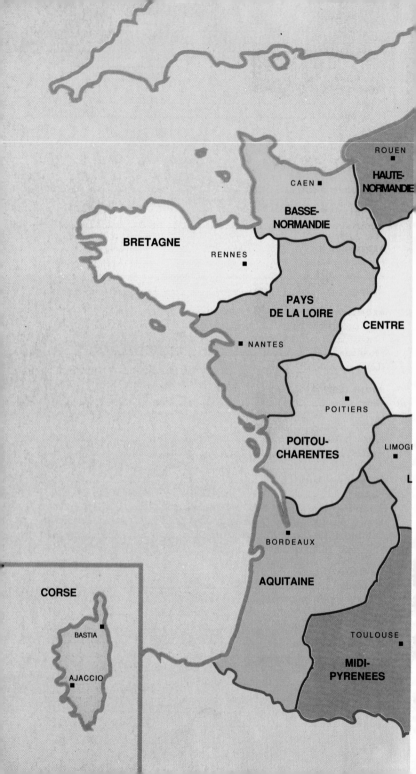

ALSACE - LORRAINE

De Wissembourg à Saint-Louis, de la crête des Vosges au Rhin, le voyageur découvrira en Alsace une grande diversité de villages. Si les villages de la plaine comme Hindisheim ou ceux de l'Outre-Forêt comme Oberseebach, lui rappelleront les représentations traditionnelles "à la Hansi" du village alsacien, il sera étonné par de véritables villages de montagne comme Hohrod ou Sewen et surpris de certaines similitudes entre les bourgs fortifiés du vignoble comme Riquewihr ou Eguisheim et les petites cités médiévales de Toscane ou d'Ombrie.

Chemin faisant à travers la région, il est difficile de ne pas céder au charme des paysages qui entourent les villages et font de l'Alsace entière un merveilleux jardin. Imprégnés de cette nature exceptionnelle, les Alsaciens aiment passionnément leur région et sont d'ardents défenseurs de leur environnement. Cela se concrétise dans de nombreuses associations de protection et de défense de la nature ou des organisations anciennes de randonnées comme le Club Vosgien (tél. 88.32.57.96).

BOERSCH
67530 Ottrott (Bas-Rhin)

Entouré de vergers et de vignes, blotti dans un vallon, Boersch est un lieu de résidence de plus en plus prisé des Strasbourgeois à la recherche d'un havre de quiétude.

Avec ses trois portes qui en verrouillent l'accès et ses puissantes fortifications édifiées en 1340 par l'évêque de Strasbourg Berthold III, Boersch figure parmi les plus belles cités encloses du vignoble alsacien. Au centre du bourg, sur la place recouverte de pavés à l'ancienne, l'Hôtel de Ville avec son bel oriel de 1615 et un magnifique puits Renaissance forment un ensemble architectural harmonieux. Non loin du village vers le sud, l'ancienne abbaye bénédictine de Saint-Léonard (XIIe siècle) abrite aujourd'hui les ateliers des célèbres marqueteries Spindler. A proximité de Boersch vers le nord, le cimetière israélite de Rosenwiller existait déjà en 1366.

♦ *1553 habitants, 465 m d'altitude* ♦ *Itinéraire d'accès : à 27 km S de Strasbourg par A 352 et D 35 ; à 4 km N-O d'Obernai par D 332* ♦ *Aux alentours : la petite ville d'Obernai ; les châteaux d'Ottrott (2,5 km S par D 35)* ♦ *Foires, festivités : fête des vendanges le 3e ou 4e dimanche d'octobre* ♦ *Hôtels : à Ottrott (2,5 km S par D 35), Hostellerie des Châteaux (tél. 88.95.81.54), hôtel de charme, 36 chambres (360 à 460 F), restaurant ; Le Clos des Délices (tél. 88.95.81.00), 25 chambres (450 à 650 F) ; Le Moulin (tél. 88.95.87.33), 21 chambres (220 à 330 F), restaurant* ♦ *Restaurant : Le Châtelain (tél. 88.95.83.33)* ♦ *Mairie - Syndicat d'initiative (tél. 88.95.82.43).*

BUSWILLER
67350 Pfaffenhoffen (Bas-Rhin)

Le pays de Hanau évoque les paysages ruraux de Toscane. Blotti dans un vallon, Buswiller est un petit village agricole, mentionné pour la première fois dans un document de l'abbaye de Wissembourg en 784.

Presque toutes les maisons de la rue principale sont des fermes avec de profondes galeries de pignon en encorbellement (dues aux charpentiers Schini) et des cours réservées aux activités agricoles. Des toits aux tuiles vernissées ajoutent une touche brillante et colorée. A l'extrémité de la rue, en face du temple, une ferme et son grand porche constituent l'un des plus beaux ensembles de bâtiments agricoles en pans de bois de l'Alsace du Nord. L'église de ce village protestant est entourée des vestiges d'un mur qui enserrait un cimetière fortifié. Avec ses meurtrières et ses murs épais, elle rappelle les temps lointains où elle servait de refuge aux habitants.

♦ *189 habitants, 225 m d'altitude* ♦ ***Itinéraire d'accès*** *: à 20 km O de Haguenau par D 919, D 419 et D 25 ; à 35 km N-O de Strasbourg par A 4 sortie Brumath, D 419 et D 25* ♦ ***Aux alentours*** *: la petite ville de Bouxwiller, Hôtel de Ville du XVIIe siècle, musée des arts et traditions populaires* ♦ ***Hôtel*** *: à Bouxwiller (7 km O par D 235, D 69 et D 7), Hôtel Heintz (tél. 88.70.72.57), 16 chambres (185 à 230 F), restaurant* ♦ ***Mairie*** *(tél. 88.70.71.90).*

DAMBACH-LA-VILLE
67650 (Bas-Rhin)

Dambach-la-Ville est située sur la route du vin. Son vignoble s'étend sur plus de 400 hectares. La cité est apparue dans les archives dès 1125 sous le nom de Tannenbach (lieu planté de sapins), propriété des seigneurs de Bernstein. Dambach-la-Ville prit part, au début du XVIᵉ siècle, à la fameuse guerre des Paysans. Les trois vieilles portes de chêne sont toujours en place, ainsi que les remparts et font du village une cité close. Au centre de la cité, la place du Marché est ornée d'une belle fontaine surmontée d'un ours sculpté, symbole de la famille Bernstein ; elle est entourée de remarquables maisons en pans de bois. L'Hôtel de Ville figure parmi les plus beaux bâtiments civils de la Renaissance en Alsace, avec sa très haute façade et ses pignons en gradins. Par la porte haute de la cité on accède à la chapelle Notre-Dame du XVᵉ siècle puis à la chapelle Saint-Sébastien, avec sa tour-clocher romane, ses fenêtres, son chevet gothiques et surtout son très bel autel baroque, œuvre de Clemens et Philipp Winterhalter qui l'ont réalisé entre 1690 et 1696.

♦ *1808 habitants, 200 m d'altitude* ♦ ***Itinéraire d'accès :*** *à 46 km S-O de Strasbourg par N 83 - Ebersheim et D 210; à 10 km N de Sélestat par N 59 et D 35* ♦ ***Aux alentours :*** *les ruines du château fort de Bernstein (XIIᵉ-XIIIᵉ siècles)* ♦ ***Hôtels :*** *A la Couronne (tél. 88.92.40.85), 6 chambres (80 à 130 F), restaurant ; Au Raisin d'Or (tél. 88.92.48.66), 11 chambres (206 à 220 F), restaurant* ♦ ***Restaurant :*** *Caveau Narz (tél. 88.92.41.11)* ♦ ***Syndicat d'initiative*** *(tél. 88.92.41.05).*

HINDISHEIM
67150 Erstein (Bas-Rhin)

Sur la rive droite de l'Andlau, Hindisheim forme un ensemble d'une rare homogénéité, et les restaurations y sont opérées avec un souci manifeste de respecter les caractéristiques anciennes des demeures. Les rues du village dominées par la haute église Saint-Pierre-Saint-Paul construite en 1888, se distribuent régulièrement autour d'une très large rue. Ce vieux village, cité pour la première fois au VIIIᵉ siècle, possède de très belles maisons à pans de bois comme, dans la rue du Moulin, la maison de charron de 1737.

Il faut aussi visiter la chapelle de la Vierge au milieu du vieux cimetière villageois, avec son clocher à colombage et son auvent de 1553. A l'intérieur, très belle statue de Vierge Couronnée à l'Enfant.

♦ *1205 habitants* ♦ ***Itinéraire d'accès :*** *à 18 km S de Strasbourg par N 83 et D 207* ♦ ***Hôtels :*** *à Obernai (13,5 km S-O par D 207, N 422 et D 426), Hôtel du Parc (tél. 88.95.50.08), 50 chambres (380 à 650 F), restaurant ; A la Cour d'Alsace (tél. 88.95.07.00), 30 chambres (600 à 740 F), restaurant ; Le Grand Hôtel (tél. 88.95.50.08), 24 chambres (255 à 400 F), restaurant ; Hostellerie Duc d'Alsace (tél. 88.95.55.34), 19 chambres (250 à 300 F). A Ottrott (4 km O d'Obernai par D 426), Hostellerie des Châteaux (tél. 88.95.81.54), hôtel de charme, 65 chambres (360 à 460 F), restaurant ; Le Moulin (tél. 88.95.87.33), 21 chambres (220 à 330 F), restaurant* ♦ ***Restaurant :*** *à Obernai, la Halle aux Blés (tél. 88.95.56.09)* ♦ ***Mairie*** *(tél. 88.64.26.22).*

HUNSPACH
67250 Soultz-sous-Forêts (Bas-Rhin)

Au cœur de l'Outre-Forêt, Hunspach, ancien village impérial devint en 1504 propriété de la famille Deux-Ponts-Palatinat qui le conserva jusqu'à la Révolution. Il fut reconstruit par des colons suisses après sa destruction complète au cours de la guerre de Trente Ans.

Sous le soleil, Hunspach fait un grand éclat blanc. Les rues, le long desquelles sont alignées de magnifiques maisons à colombage, convergent vers la place centrale où se trouve la mairie (XVIIIᵉ siècle). Les fenêtres de certaines maisons ont encore des vitres bombées ce qui permet de voir de l'intérieur sans être vu. On croise parfois dans les rues de vieilles femmes revêtues de la robe noire traditionnelle, qui montent avec lenteur le chemin menant au temple. Des artisans fabriquent des corbeilles, des tapis de paille et des bonnets d'homme en laine noire. Ce merveilleux petit village resté à l'écart des flux touristiques fait partie du circuit des villages pittoresques de l'Alsace du Nord.

♦ *541 habitants, 160 m d'altitude* ♦ *Itinéraire d'accès : à 11 km S de Wissembourg par D 263 ; à 20 km N-E de Haguenau par D 263* ♦ *Aux alentours : la pittoresque petite ville de Wissembourg, église du XIIIᵉ siècle, musée Westercamp: archéologie préhistorique et romaine, meubles alsaciens* ♦ *Foires, festivités : fête de la forêt en juillet* ♦ *Hôtels : à Wissembourg, Le Cygne (tél. 88.94.00.16), 16 chambres (175 à 300 F), restaurant ; Hôtel Walck (tél. 88.94.06.44), 15 chambres (210 à 250 F), restaurant* ♦ *Restaurant : Au Cerf (tél. 88.80.41.59)* ♦ *Mairie (tél. 88.80.42.16).*

KUTTOLSHEIM
67520 Marlenheim (Bas-Rhin)

Le village s'inscrit dans le vallon de la Souffel qui entaille le rebord du plateau de l'arrière-Kochersberg. Les belles fermes à cour carrée, isolées de la rue par un haut mur témoignent de la prospérité ancienne de ce "grenier à blé" alsacien. L'agriculture n'occupe plus toutefois qu'une partie de la population active du village, le reste des habitants travaille à Strasbourg, Marlenheim ou Wasselonne. Le village occupait une place importante lors de l'implantation romaine en Alsace. Là, se croisaient la voie consulaire qui menait de Strasbourg à Metz et la voie reliant par le piémont des Vosges, le sud de l'Alsace à Brumath, la capitale civile au nord.
De ce rôle ancien, Kuttolsheim garde un tracé de rues complexe. En suivant la rue de la Vallée avec ses belles maisons à colombage, on arrive devant la petite chapelle Sainte-Barbe. A l'autre extrémité du village se dresse l'église Saint-Jacques-le-Majeur au clocher roman et baroque.

♦ *490 habitants* ♦ ***Itinéraire d'accès :*** *à 20 km O de Strasbourg par D 228* ♦ ***Hôtels :*** *à Marlenheim (5 km S par D 220), Hostellerie du Cerf (tél. 88.87.73.73), 17 chambres (450 à 550 F), restaurant ; Hostellerie Reeb (tél. 88.87.52.70), 35 chambres (230 à 265 F), restaurant* ♦ ***Mairie*** *(tél. 88.87.51.32).*

LORENTZEN
67430 Diemeringen (Bas-Rhin)

Lorentzen, petit village rural, se niche au cœur de l'Alsace Bossue. Sur la commune, au lieu-dit Rehs, fut découverte en 1861 une des plus riches nécropoles mérovingiennes d'Alsace. A Lorentzen, ce qui frappe d'emblée, c'est la largeur de la rue principale bordée de maisons accolées par le pignon. L'aspect le plus intéressant de Lorentzen est la présence, à côté de l'église protestante avec sa haute tour-chœur, d'un imposant château gothique du XIVe siècle, reconstruit en 1577 et remanié au XVIIIe siècle. On y accède par une allée bordée d'une grange à dîme de 1770 et d'un ancien moulin de 1728. Le château fut édifié par le comte Frédéric II de Saarwerden.

♦ *300 habitants* ♦ ***Itinéraire d'accès :*** *à 45 km N-O de Saverne par N 4, N 61 - Sarre-Union et D 8 ; à 56 km O de Haguenau par D 919* ♦ ***Aux alentours :*** *le parc régional des Vosges du Nord* ♦ ***Hôtels :*** *à La Petite-Pierre (18 km S-E par D 919, D 78 et D 9), Auberge d'Imsthal (tél. 88.70.45.21), hôtel de charme, 23 chambres (200 à 560 F), restaurant ; Aux Trois Roses (tél. 88.70.45.02), 44 chambres (285 à 480F), restaurant ; Le Lion d'Or (tél. 88.70.45.06), 35 chambres (200 à 360 F), restaurant ; Hôtel des Vosges (tél. 88.70.45.05), 30 chambres (250 à 370 F) restaurant* ♦ ***Mairie*** *(tél. 88.00.42.92).*

MITTELBERGHEIM
67140 Barr (Bas-Rhin)

Mittelbergheim s'étire sur les collines du Rippellsholz couvertes de vignes. Le village, mentionné dès 741 fut successivement la propriété de plusieurs abbayes. Le bourg, d'où émergent les clochers effilés des deux églises, a des allures de forteresse. Sur la route du vin d'Alsace, Mittelbergheim fait partie des villages les mieux conservés. On peut admirer, à l'angle de la rue de la Montagne et de la rue principale, le bel Hôtel de Ville Renaissance et dans la rue de la Montagne, un très beau pressoir en bois du XVIIIe siècle. Certaines maisons (celle du menuisier Boeckel ou celle du vigneron Seltz), ont de très belles enseignes en fer forgé et des toits en forme de queue de castor (Biberschwanz). Il faut visiter la petite église catholique du XIXe siècle et l'église protestante avec sa nef gothique et son clocher-chœur roman. Mittelbergheim vit essentiellement du travail de la vigne.

♦ *631 habitants, 220 m d'altitude* ♦ ***Itinéraire d'accès :*** *à 2 km S de Barr par D 253 ; à 14 km S d'Obernai par N 422 et D 253 ; à 37 km S-O de Strasbourg par A 35, N 422 et D 5* ♦ ***Aux alentours :*** *Andlau et son château (XIVe-XVIe siècles). Le château de Spesbourg (XIIIe siècle). A Barr (2 km N), musée de la Folie Marco : mobilier alsacien (XVIIe-XVIIIe siècles), céramiques* ♦ ***Foires, festivités :*** *fête du vin le dernier week-end de juillet, fête du vin nouveau le 2e et 3e dimanche d'octobre* ♦ ***Hôtels :*** *Winstub Gilg (tél. 88.08.91.37), 10 chambres, (200 à 300 F), restaurant. A Andlau (2 km O par D 425), Hôtel Kastelberg (tél. 88.08.97.83), 28 chambres (260 à 310 F), restaurant. A Barr, A La Couronne (tél. 88.08.25.83), 7 chambres (110 à 250 F), restaurant* ♦ ***Restaurant :*** *Am Lindeplatzel (tél. 88.08.10.69)* ♦ ***Syndicat d'initiative*** *(tél. 88.08.92.29).*

OBERSEEBACH
67160 Wissembourg (Bas-Rhin)

Oberseebach est l'un des villages les plus caractéristiques de l'Alsace du Nord. Implanté au cœur de l'Outre-Forêt sur de très riches terres agricoles, Oberseebach apparaît pour la première fois dans des chartes en 967 et sera incorporé au bailliage d'Altenstadt, possession de l'abbaye de Wissembourg. Les guerres, qui secouent le Palatinat au XVe siècle, et la guerre de Trente Ans deux siècles plus tard, ravagent le village.

Aujourd'hui, de part et d'autre de la rue principale, Oberseebach aligne les magnifiques pignons de ses maisons à colombage. La pente des toits, très accentuée, permet l'écoulement de la neige en hiver. Dans la rue des Forgerons se trouve une très belle maison du XVIIIe siècle.

♦ *1500 habitants, 160 m d'altitude* ♦ ***Itinéraire d'accès :** à 6 km S-E de Wissembourg par D 263 et D 34 ; à 52 km N-E de Strasbourg par D 263, N 63, D 263 - Hunspach et D 249* ♦ ***Aux alentours :** la pittoresque petite ville de Wissembourg, église du XIIIe siècle, musée Westercamp : archéologie préhistorique et romaine, meubles alsaciens* ♦ ***Foires, festivités :** fête rurale en juillet* ♦ ***Hôtels :** à Wissembourg (6 km S-E par D 263, D 34), Le Cygne (tél. 88.94.00.16), 16 chambres (175 à 300 F), restaurant ; Hôtel Walck (tél. 88.94.06.44), 15 chambres (210 à 250 F), restaurant* ♦ ***Restaurant :** A l'Ange (tél. 88.94.07.70)* ♦ ***Mairie** (tél. 88.94.74.06).*

OSTHOFFEN
67990 (Bas-Rhin)

Osthoffen s'est construit sur les rives du Muhlbach, sur la pente d'une colline du Kochersberg. La rue principale traverse le village et croise la rue des Seigneurs avec sa laiterie qui s'anime le soir quand les éleveurs du village viennent y apporter le lait de la journée. Plus loin, une belle ferme restaurée avec goût est ornée d'un très beau balcon couvert qui longe toute la façade ; elle dresse son pignon au-dessus de la rue. On découvre ensuite la haute église Saint-Jacques-le-Majeur, construite au XIXe siècle en style néo-classique. Protégé par la pénombre de grands arbres centenaires, dans le creux d'un vallon, Osthoffen cache un château du XVIIe siècle. Il eut de multiples propriétaires, et en 1817 il fut racheté par le général-baron de Grouvel dont la descendante vit encore dans la vieille demeure.

♦ *573 habitants, 200 m d'altitude* ♦ ***Itinéraire d'accès :*** *à 11,5 km O de Strasbourg par D 45 et D 118* ♦ ***Aux alentours :*** *à Molsheim (8 km S par D 45 et D 30) musée municipal : archéologie, histoire locale, folklore ; musée de la Fondation Bugatti : voitures anciennes* ♦ ***Foire, festivités :*** *à Molsheim, foire aux vins le 1er mai* ♦ ***Hôtels :*** *à Marlenheim (8 km N-O par D 225, D 30 et N 4), Hostellerie du Cerf (tél. 88.87.73.73), 17 chambres (450 à 550 F), restaurant ; Hostellerie Reeb (tél. 88.87.52.70), 35 chambres (230 à 265 F), restaurant. A Molsheim (8 km S par D 45 et D 30), Hôtel Diana (tél. 88.38.51.59), 60 chambres (290 à 345 F), restaurant* ♦ ***Mairie*** *(tél. 88.96.00.90).*

SCHERWILLER
67750 (Bas-Rhin)

Situé sur le piémont des Vosges, Scherwiller se signale au loin par le château d'Ortenbourg, château fort médiéval (1258) complété en contrebas par le château du Ramstein (1292). Ces lieux témoignent de l'histoire agitée du village qui fut entièrement brûlé lors de la défaite des paysans d'Alsace face au duc Antoine de Lorraine, le 20 mai 1525.

Scherwiller n'aurait pas le même attrait sans les eaux vives de l'Aubach qui le traverse. Le long de la rue de la Mairie et de la rue des Chevaliers, certaines maisons ne sont accessibles que par un petit pont. Au centre du village veille le Corps de Garde, magnifique maison à colombage du XVIIᵉ siècle avec un oriel à cinq pans décoré ; en face, d'autres maisons du XVIIIᵉ siècle. Les enseignes de viticulteurs rappellent que Scherwiller est un des hauts lieux de la production du riesling.

♦ *2420 habitants* ♦ ***Itinéraire d'accès :*** *à 4 km N-O de Sélestat par N 59 et D 35 ; à 26 km N de Colmar par N 83, D 424 et D 81* ♦ ***Aux alentours :*** *Sélestat, les châteaux de Ramstein et d'Ortenbourg (2 km E par D 35 et GR 5)* ♦ ***Foire, festivités :*** *fête du riesling le samedi et dimanche suivant le 15 août* ♦ ***Hôtels :*** *à Sélestat, Hôtel Vaillant (tél. 88.92.09.46), 47 chambres (240 à 370 F), restaurant. A Dambach-la-Ville (4,5 km N par D 35), A La Couronne (tél. 88.92.40.85), 6 chambres (80 à 130 F), restaurant* ♦ ***Restaurant :*** *A la Couronne (tél. 88.92.06.24)* ♦ ***Mairie*** *(tél. 88.92.23.23).*

WALDERSBACH
67130 Schirmeck (Bas-Rhin)

Petit village de montagne, Waldersbach ne compte guère plus d'une quarantaine de maisons. Cette ancienne seigneurie des Rathsamhausen fut vendue au comte palatin de Veldenz qui y introduisit la Réforme en 1589.

Le village, accroché à un site escarpé, est dominé par la petite église au clocher de bois. Il convient de visiter l'ancien presbytère transformé en musée consacré au pasteur Jean-Frédéric Oberlin qui s'était installé au XVIIIᵉ siècle à Waldersbach, alors que le Ban-de-la-Roche était devenu l'une des contrées les plus déshéritées d'Alsace. Durant les cinquante-neuf ans qu'il passa dans sa paroisse, il transforma la vie de la petite commune. Après une promenade dans Waldersbach, on peut monter vers Bellefosse d'où l'on atteint les ruines du château de la Roche (XIIᵉ siècle) qui donna son nom à la contrée.

♦ *Itinéraire d'accès :* à 35 km N-O de Sélestat par D 424 - Saint- Blaise, N 420 - Fouday et D 57 ♦ *A voir :* musée Oberlin : objets, témoignages de l'activité du pasteur ♦ *Hôtels :* à Les Quelles (4 km N par D 57 et N 420), Hôtel Neuhauser (tél. 88.97.06.81), hôtel de charme, 14 chambres (200 à 300 F), restaurant. A La Claquette (5 km N par D 57 et N 420), La Rubanerie (tél. 88.97.01.95), 16 chambres (225 à 300 F), restaurant ♦ *Mairie* (tél. 88.97.31.80).

WESTHOFFEN
67310 Wasselonne (Bas-Rhin)

Westhoffen s'étage sur les pentes du Seelenberg (la colline aux âmes). Ce gros village fait encore une large place à l'agriculture : les vignes occupent les pentes ensoleillées des côteaux et plus de 5000 cerisiers produisent les cerises noires qui ont fait la renommée de Westhoffen. A l'intérieur des murs d'enceinte, les façades des maisons, comme la disposition des rues, soulignent l'ancienneté de ce village fortifié que les Armagnacs dévastèrent en 1444 et qui passa à la Réforme en 1545.

Dans le creux d'une petite ruelle une tour émerge des toits, le "Städtelglöckelturm", vestige de l'église Saint-Erhard. En contrebas de la mairie une belle synagogue de grès rose, est le symbole de l'ancienne communauté juive de Westhoffen. Rue Birris, on remarque la petite église catholique Saint-Martin, en face une ferme avec un bel oriel sculpté et à l'extrémité de la rue, l'église protestante Saint-Martin, édifice gothique (XIIIe-XIVe siècle) décoré de beaux vitraux du XIVe siècle.

♦ *1400 habitants* ♦ ***Itinéraire d'accès*** *: à 23 km O de Strasbourg par N 4 - Marlenheim et D 142* ♦ ***Aux alentours*** *: les châteaux et les églises romanes de la Mossig* ♦ ***Foires, festivités*** *: fête de la cerise en juin. A Marlenheim (3 km N par D 142), fête de L'ami Fritz le 15 août* ♦ ***Hôtels*** *: à Marlenheim, Hostellerie du Cerf (tél. 88.87.73.73), 17 chambres (450 à 550 F), restaurant ; Hostellerie Reeb (tél. 88.87.52.70), 35 chambres (230 à 265 F), restaurant* ♦ ***Mairie*** *(tél. 88.50.38.21).*

WEYERSHEIM
67720 (Bas-Rhin)

Traversé par une rivière, la Zorn, placé au pied des premières collines de Brumath, Weyersheim est constitué de rues souvent très larges, le long desquelles s'alignent les pignons de magnifiques maisons à pans de bois, dont une, datant de 1621, qui est l'une des plus anciennes d'Alsace. Dans la rue du Petit-Village, on peut voir deux maisons au crépi bleu, ancienne coutume des villages catholiques. L'église néo-classique Saint-Michel fut construite à la fin du XVIIIᵉ siècle par l'architecte Salins de Montfort.
Vers l'est, à Bruchstuehe, s'étend sur plus de quatre hectares, un véritable conservatoire naturel qui abrite d'innombrables espèces d'oiseaux.

♦ *2800 habitants* ♦ ***Itinéraire d'accès :*** *à 20 km N de Strasbourg par A 4, D 300 et D 37* ♦ ***Aux alentours :*** *à Brumath (7,5 km O par D 47), musée archéologique dans le château des Hanau-Lichtenberg* ♦ ***Hôtels :*** *à Brumath (7,5 km O par D 47), L'Ecrevisse (tél. 88.51.11.08), 22 chambres (110 à 290 F), restaurant. A La Wantzenau (9,5 km S par D 37 et D 223), Le Moulin de la Wantzenau (tél. 88.96.27.83), hôtel de charme, 20 chambres (275 à 375 F)* ♦ ***Restaurant :*** *Auberge du Pont de la Zorn (tél. 88.51.36.87)* ♦ ***Mairie*** *(tél. 88.51.30.12).*

ZUTZENDORF
67330 Bouxwiller (Bas-Rhin)

Ce village du nord de l'Alsace a le charme discret de l'Unterland. L'histoire de Zutzendorf remonte à 778 ; à cette époque, l'abbaye de Wissembourg possédait des biens à Villa Zuzanheim. Par la suite, le village appartint aux seigneurs de Wasigenstein puis à ceux de Fleckenstein avant de passer au XVIIIe siècle aux nobles Gayling von Altheim puis Johann von Mundolsheim.

Sur les pentes de la rue d'Obermodern ou de la rue de Pfaffenhoffen, le vieux village étage des fermes avec leurs larges cours autour desquelles sont ordonnés les bâtiments d'habitation, les dépendances, la grange et l'étable. Sur la place, la petite église protestante date de 1739. Son clocher-chœur voûté, construit partiellement en pierre de taille, remonte probablement au XIIIe siècle. Une très belle maison à pans de bois, transformée en gîte rural, accueille les voyageurs.

♦ *506 habitants, 200 m d'altitude* ♦ ***Itinéraire d'accès :*** *à 36 km N-O de Strasbourg par A 4 sortie Brumath, D 419, D919 ; à 16 km O de Haguenau par D 919 et D 326* ♦ ***Hôtel :*** *à Ingwiller (6 km O par D 919), Aux Comtes de Hanau (tél. 88.89.42.27), 11 chambres (135 à 350 F), restaurant* ♦ ***Mairie*** *(tél. 88.90.81.62).*

BERGHEIM
68750 (Haut-Rhin)

Sur la route du vin, la petite cité de Bergheim délimite avec netteté son territoire par un dispositif d'enceintes bordées d'un fossé, renforcées à intervalles réguliers de bastions et de tours. Ce sont les Habsbourg qui édifièrent les fortifications du village lorsqu'ils l'érigèrent en ville en 1312.

De la Porte Haute on peut traverser le village jusqu'à l'église Notre-Dame. Le long de la Grand-Rue s'échelonnent de belles maisons vigneronnes où les viticulteurs fabriquent les grands crus qui ont fait la renommée de Bergheim (gewürztraminer). Sur la place du Marché, on peut admirer l'Hôtel de Ville de 1762, la fontaine et de belles demeures. A travers le dédale des petites rues on atteint les remparts dont le fossé intérieur est envahi de jardins. Les tours de la Poudrière et des Sorcières ont été restaurées récemment.

♦ *1773 habitants, 215 m d'altitude* ♦ ***Itinéraire d'accès** : à 9 km S de Sélestat par N 83 et D 42 ; à 16 km N de Colmar par N 83, D 106 et N 42* ♦ ***Aux alentours** : Ribeauvillé (3,5 km S-O par D 1ᴮ), vieux bourg, musée* ♦ ***Foires, festivités** : à Ribeauvillé, fête des ménétriers (Pfifferdaj) le 1ᵉʳ dimanche de septembre* ♦ ***Hôtels** : à Ribeauvillé (3,5 km S-O par D 1ᴮ), Le Clos Saint-Vincent (tél. 89.73.67.65), hôtel de charme, 11 chambres (680 à 850 F), restaurant ; Hostel de la Pépinière (tél. 89.73.64.14), 19 chambres (200 à 320 F), restaurant ; Les Seigneurs de Ribeaupierre (tél. 89.73.70.31), 10 chambres (300 à 500 F)* ♦ ***Restaurant** : Wistub du Sommelier (tél. 89.73.69.99)* ♦ ***Mairie** (tél. 89.73.63.01).*

EGUISHEIM
68420 Herrlisheim (Haut-Rhin)

Implanté au pied du vignoble qui fait sa réputation, Eguisheim a été édifié autour de l'ancienne forteresse des seigneurs d'Eguisheim construite au VIIIe siècle par Eberhard, duc d'Alsace et père de sainte Odile, patronne emblématique de l'Alsace.

Le village revint à l'évêque de Strasbourg auquel il appartint jusqu'à la Révolution. Le bourg dessine un cercle presque parfait avec une triple rangée de maisons derrière les remparts, et au centre, le château. Le long des ruelles médiévales avec leurs vieux pavés, des fontaines et des maisons du XVIe et du XVIIe siècle aux façades fleuries. Dans l'enceinte du château les maisons ont été restaurées ainsi que la chapelle néo-romane édifiée en 1886. A proximité, l'Hôtel d'Eschau (1581), l'Hôtel de Marbach (1590), l'auberge du Cheval Blanc (1613). Si le tourisme est devenu l'activité majeure du village, le travail du vin y garde toute sa place. Riesling, sylvaner, gewürtztraminer, muscat, pinot et tokay sont cultivés ici. Les Trois Tours d'Eguisheim dominent le paysage.

♦ *1461 habitants, 210 m d'altitude* ♦ ***Itinéraire d'accès :*** *à 7 km S-O de Colmar par N 83 et D 14* ♦ ***Aux alentours :*** *la route forestière des cinq châteaux (les Trois Tours d'Eguisheim, le château de Hohlandsbourg et le donjon de Pflixbourg)* ♦ ***Hôtels :*** *Auberge Alsacienne (tél. 89.41.50.20), 20 chambres (190 à 260 F), restaurant ; Auberge du Rempart (tél. 89.41.16.87), 5 chambres (100 à 120 F), restaurant* ♦ ***Restaurant :*** *Le Caveau d'Eguisheim (tél. 89.41.08.89)* ♦ ***Mairie*** *(tél. 89.41.21.78) -* ***Syndicat d'initiative*** *(tél. 89.23.40.33).*

FERRETTE
68480 (Haut-Rhin)

Ferrette étage ses maisons sur le pittoresque site pentu de la Cluse qui franchit le Rossberg. Ferrette a toujours exercé des fonctions urbaines, ainsi qu'en témoigne son très bel Hôtel de Ville Renaissance de 1572, qui porte les armes des comtes de Ferrette. Frédéric de Ferrette fit construire au XIe siècle le château, une église, un prieuré, et dota le bourg d'un statut municipal. Le pays de Ferrette souffrit des innombrables guerres du XIVe et XVe siècle, et l'empereur Maximilien décida de renforcer les défenses de la ville en faisant construire sur le premier éperon rocheux de la colline, un nouveau château à quatre tours rondes.

Le parcours à travers la ville est très plaisant. Il faut s'attarder sur la place Mazarin autour de laquelle sont groupés les commerces et les restaurants. Dans la rue du Château, la résidence du dernier bailli, et la Maison de la Dîme. A ce niveau, la rue est plus étroite car jusqu'en 1828, la ville était fermée par une porte. Plus haut, on admire l'Hôtel de Ville, du XVIe siècle. Dans la rue de Lucelle les maisons sont accrochées au flanc de la colline. Quelques maisons conservent de très beaux jardins suspendus. Du haut du château, le regard embrasse toute la vallée du Rhin.

♦ *783 habitants, 550 m d'altitude* ♦ ***Itinéraire d'accès*** *: à 39 km S de Mulhouse par D 432* ♦ ***Aux alentours*** *: le château du Landskron (14 km E par D 23^1 et D 9bis)* ♦ ***Hôtels*** *: à Moernach (5 km O par D 473), Au Raisin (tél. 89.40.80.73), 4 chambres (100 à 150 F), restaurant. A Lutter (8 km S-E par D 23), Auberge Paysanne (tél. 89.40.71.67), 14 chambres (175 à 330 F), restaurant. A Kiffis (14 km S-E par D 23 et D 21^B), Auberge du Jura (tél. 89.40.33.33), 8 chambres (170 à 220 F), restaurant* ♦ ***Mairie*** *(tél. 89.40.40.01).*

GRENTZINGEN
68960 (Haut-Rhin)

Grentzingen s'étire le long de la route d'Altkirch à Linsdorf. Le rideau de maisons longe le versant relativement raide de la rive droite de la vallée de l'Ill. On est ici au cœur du Sundgau, pays des "Trois Frontières", entre la France, l'Allemagne et la Suisse, véritable trait d'union entre le monde alpin et le monde rhénan. Au cours des siècles passés, l'évêché de Bâle, qui avait des droits à Grentzingen, a accordé des fiefs à diverses familles, et le couvent suisse de l'Olsberg y possédait des terres et des biens. Les vieilles demeures villageoises, admirablement restaurées, sont alignées perpendiculairement à la rue. En face de l'église, rue Principale, on peut découvrir de très belles maisons sundgoviennes. Derrière l'église, une maison ocre présente de beaux poteaux d'angle sculptés de marguerites et de grappes de raisins.

♦ *Itinéraire d'accès : à 30 km S de Mulhouse par D 432 - Hirsingue et D 9ᵇⁱˢ* ♦ *Aux alentours : la petite ville ancienne d'Altkirch, le musée sundgovien : histoire et archéologie régionales* ♦ *Hôtels : à Hirtzbach (7 km N-O par D 9ᵇⁱˢ et D 25), Hôtel Ottié-Baur (tél. 89.40.93.22), 13 chambres (85 à 200 F), restaurant. A Carspach (10 km N-O par D 9ᵇⁱˢ et D 25), Auberge Sundgovienne (tél. 89.40.97.18), 29 chambres (140 à 220 F), restaurant* ♦ *Mairie (tél. 89.25.80.07).*

HIRTZBACH
68118 (Haut-Rhin)

Situé dans la vallée de l'Ill, Hirtzbach occupe un site très ancien, déjà occupé à l'époque préhistorique et romaine. Le village apparut sous sa dénomination actuelle en 1274. Hirtzbach est constitué de deux anciens villages : Hirtzbach-le-Haut, appelé aussi la Montagne, et Hirtzbach-le-Bas d'où émergent le clocher de l'église Saint-Maurice et le majestueux château blanc (XVe siècle) des barons de Reinach. La rivière Hirtzbach, ou "ruisseau des cerfs", traverse le village-bas de part en part avant de se jeter dans l'Ill. Traversée de ponts et bordée de maisons à colombage colorées et fleuries, la Hirtzbach confère un air de petite Hollande au village. Sur "l'Oberdorf" (la Montagne) est édifiée l'église Sainte-Afre, l'une des plus anciennes du Sundgau.

♦ *Itinéraire d'accès : à 4 km S d'Altkirch par D 432 et D 17 ; à 26 km S-O de Mulhouse par D 432 et D 17* ♦ *Aux alentours : la petite ville ancienne d'Altkirch, le musée sundgovien : histoire et archéologie régionales* ♦ *Hôtels : Hôtel Ottié-Baur (tél. 89.40.93.22), 13 chambres (85 à 200 F), restaurant. A Carspach (2,5 km N par D 25), Auberge Sundgovienne (tél. 89.40.97.18), 29 chambres (140 à 240 F), restaurant. A Wittersdorf (6 km N-E par D 432 et D 419), Auberge Kuentz Bix (tél. 89.40.95.01), 18 chambres (210 à 240 F), restaurant. A Froeningen (14 km N par D 432, D 466 et D 18ᵛ), Auberge de Froeningen (tél. 89.25.48.48), 7 chambres (250 à 300 F), restaurant* ♦ *Mairie (tél. 89.40.99.21).*

HOHROD
68140 Munster (Haut-Rhin)

Hohrod est l'un des neuf villages de la vallée de Munster qui, jusqu'en 1847, ne formèrent qu'une seule commune régie par des règles et une administration propre. La vallée de Munster, colonisée progressivement par des moines bénédictins à partir de l'an 600, est un des sites les plus impressionnants d'Alsace. Hohrod est un petit village de montagne traditionnel. Après le village, en poursuivant la route, on atteint le hameau de Hohrodberg à 800 mètres d'altitude. De là, la vue sur la vallée est magnifique. C'est une station estivale et hivernale appréciée des amoureux d'une nature préservée. C'est le royaume des chaumes, ces hauts pâturages recouverts de neige en hiver qui deviennent, l'été, le domaine des troupeaux de vaches. Leur lait sert à la préparation du célèbre fromage de Munster.

♦ *300 habitants* ♦ *Itinéraire d'accès :* à 4 km O de Munster par *D 5^B ; à 25 km O de Colmar par D 417 et D 5^B* ♦ *Aux alentours :* au Collet du Linge (4 km N par D 5^B), musée mémorial Guerre de 14-18 ♦ *Hôtel :* à Luttenbach (6 km S-O par D 417 et D 10), Au Chêne Voltaire (tél. 89.77.31.74), 19 chambres (120 à 175 F), restaurant ♦ *Restaurant :* à Munster (4 km S par D 417), La Cigogne (tél. 89.77.32.27)* ♦ *Mairie* (tél. 89.77.36.52).

KAYSERSBERG
68240 (Haut-Rhin)

Situé au centre du vignoble alsacien, Kaysersberg est dominé par les ruines de son imposant château impérial. La création du bourg remonte au XIIᵉ siècle avec l'implantation d'un couvent de bénédictins. Conquise par Rodolphe de Habsbourg en 1261, elle devint ville impériale en 1293. Kaysersberg connut une réelle prospérité économique jusqu'à la guerre de Trente Ans. La ville devint française en 1648.

De son riche passé, Kaysersberg a conservé des édifices d'un grand intérêt : l'Hôtel de Ville de 1521 orné d'un bel oriel de façade, l'église Sainte-Croix et son magnifique portail roman présentant le Couronnement de la Vierge. Le pont fortifié de la Vierge construit par Jacques Wirt en 1511 est un chef-d'œuvre d'architecture de la Renaissance allemande. Il forme avec les maisons qui l'entourent un ensemble d'une grande qualité architecturale. Kaysersberg produit de grand crus tels que le geisbourg ou le schlossberg.

♦ *2712 habitants, 240 m d'altitude* ♦ ***Itinéraire d'accès :*** *à 11 km N-O de Colmar par N 415 ; à 8 km S-O de Ribeauvillé par D 1ᴮ et D 28* ♦ ***A voir :*** *musée d'histoire : statues du XIIIᵉ, XVIIIᵉ siècle, outils gallo-romains, folklore ; centre culturel Albert Schweitzer* ♦ ***Foires, festivités :*** *marché le lundi ; fête du vin en septembre ; "Noël à Kaysersberg", concerts, exposition de crèches, marché de Noël en décembre* ♦ ***Hôtels :*** *Hôtel Chambard (tél. 89.47.10.17), 18 chambres (450 à 520 F), restaurant ; Les Remparts (tél. 89.47.12.12), 31 chambres (250 à 350 F) ; à Kientzheim (3 km E par D 28), Hostellerie de l'Abbaye d'Alspach (tél. 89.47.16.00), 33 chambres (210 à 340 F)* ♦ ***Restaurant :*** *Au Lion d'Or (tél. 89.47.11.16)* ♦ ***Syndicat d'initiative*** *(tél. 89.47.10.16/ 89.78.22.78).*

NIEDERMORSCHWIHR
68230 Turckheim (Haut-Rhin)

Ramassé sur lui-même comme pour faire le plus de place possible à la vigne qui l'enserre dans le creux de la petite vallée du Weidbach, Niedermorschwihr figure parmi les villages les mieux préservés du vignoble haut-rhinois. Les demeures vigneronnes y conservent des proportions harmonieuses. Certaines sont ornées d'oriels gothiques ou Renaissance finement sculptés : elles témoignent de la richesse acquise par quelques familles dans la fabrication et le commerce des vins. La vigne constitue encore aujourd'hui l'activité essentielle du village qui compte plus d'une trentaine d'exploitations agricoles.

♦ *553 habitants* ♦ *Itinéraire d'accès :* à 5,5 km O de Colmar par D 11[11] ♦ *Aux alentours :* à Colmar, la ville ancienne, le musée d'Unterlinden : peintures de l'école du Rhin, sculptures, art moderne et art contemporain ; le musée Bartholdi : maison natale du sculpteur ; le parc naturel de Schoppenwihr ♦ *Hôtels :* Hôtel de l'Ange (tél. 89.27.05.73), 18 chambres (250 à 280 F), restaurant. Aux Trois Epis (5,5 km O par D 11[11]), le Grand Hôtel (tél. 89.49.80.65), 45 chambres (470 à 950 F), restaurant ; Villa Rosa (tél. 89.49.81.19), 9 chambres (160 à 250 F), restaurant. A Labaroche (9,5 km O par D 11[11]), Hôtel de la Rochette (tél. 89.49.80.40), hôtel de charme, 8 chambres (245 F), restaurant ♦ *Restaurant :* Caveau Morakopf (tél. 89.27.05.10) ♦ *Mairie* (tél. 89.27.05.16).

RIESPACH
68640 Waldighoffen (Haut-Rhin)

Au cœur du Sundgau, Riespach paraît se confondre avec la nature qui l'entoure. C'est au XIIIᵉ siècle, sous l'impulsion d'une cour Colongère (Dinghof) – groupement de paysans passant un contrat de protection avec le seigneur comte de Ferrette – que le village a connu un grand essor. Le presbytère et l'église datent de cette époque. Un grand nombre de maisons de Riespach remontent au XVIIIᵉ siècle et ont conservé les traits originaux des maisons sundgoviennes à pans de bois. La coloration des murs y est traditionnellement plus vive que dans le reste de l'Alsace (vert, ocre, rouge). Un cœur, surmonté d'une croix à la manière vendéenne est peint sur le crépi de certaines maisons. Il sert d'emblème au village et rappelle la ferveur traditionnelle de cette région catholique d'Alsace.

♦ *600 habitants* ♦ ***Itinéraire d'accès :*** *à 38 km S de Mulhouse par D 432 - Feldbach et D 463* ♦ ***Aux alentours :*** *nombreuses promenades pédestres dans le Jura alsacien* ♦ ***Hôtels :*** *à Hirtzbach (10 km N par D 463, D 432 et D 25), Hôtel Ottié-Baur (tél. 89.40.93.22), 13 chambres (85 à 200 F), restaurant. A Kiffis (21 km S-E par D 432 - Ferrette, D 23 et D 21ᴮ), Auberge du Jura (tél. 89.40.33.33), 8 chambres (170 à 220 F), restaurant* ♦ ***Mairie*** *(tél. 89.25.80.23).*

RIQUEWIHR
68340 (Haut-Rhin)

Sur la route du vin, Riquewihr est un gros village viticole. C'est une cité fortifiée, l'une des mieux préservées d'Alsace ; elle présente un ensemble rare et harmonieux de maisons du XVe au XVIIIe siècle.

La cité appartint d'abord aux comtes d'Eguisheim avant de passer aux comtes de Horbourg qui bâtirent les fortifications en 1291. La ville fut annexée par Louis XIV en 1680 et officiellement rattachée à la France par le Traité de Paris de 1801.

Enserrée dans ses fortifications, la cité s'organise autour de la rue du Général-de-Gaulle qui la traverse, de la porte basse, où a été édifié l'Hôtel de Ville, au Dolder, haute tour de pierres. Le long de cette rue on peut admirer de magnifiques demeures du XVIe siècle avec oriels et balcons fleuris et près de la mairie, l'ancien château des princes de Wurtemberg-Montbéliard (1539). Il faut flâner dans les pittoresques petites rues adjacentes, et voir la Maison Liebrich (la cour des Cigognes) de 1535.

♦ *1050 habitants, 300 m d'altitude* ♦ ***Itinéraire d'accès*** *: à 13 km N-O de Colmar par N 83, D 4 et D 3* ♦ ***A voir*** *: le musée du Dolder et la Tour des Voleurs : souvenirs historiques, histoire locale ; le musée d'histoire des P.T.T. d'Alsace* ♦ ***Foires, festivités*** *: marché le vendredi ; marché au puces le 12 août ; fête du riesling en septembre ; fête du vin nouveau en octobre ; marché de Noël début décembre* ♦ ***Hôtels*** *: Le Riquewihr (tél. 89.47.83.13), 49 chambres (200 à 300 F) ; La Couronne (tél. 89.49.03.03), 33 chambres (215 à 300 F) ; Hôtel du Schoenenbourg (tél. 89.49.01.11), 23 chambres (280 à 325 F), restaurant. A Zellenberg (1 km E par D 1ᴮ), Hôtel Au Riesling (tél. 89.47.85.85), hôtel de charme, 36 chambres (290 F), restaurant* ♦ ***Restaurants*** *: L'Arbalétrier (tél. 89.49.01.21) ; Au Petit Gourmet (tél. 89.47.98.77) ; Auberge du Schoenenbourg (tél. 89.47.92.28)* ♦ ***Syndicat d'initiative*** *(tél. 89.47.80.80).*

SEWEN
68290 Masevaux (Haut-Rhin)

A l'extrémité de la vallée de Masevaux, signalé par la pointe effilée de son clocher, Sewen étire ses maisons entre les eaux de la Doller et celles du Seebach, au pied du Ballon d'Alsace. On peut suivre, en franchissant le petit pont sur la Doller, la rue du Gaessel puis redescendre sur l'autre rive par la rue de l'Elbach, traverser la place de l'église et s'asseoir sur les bords de la vieille fontaine surmontée d'une cigogne. L'église, avec son beau retable doré dédié à la Vierge Consolatrice des Affligés est, depuis le XVᵉ siècle, le centre religieux de la vallée et le lieu d'un pèlerinage très ancien. Ce bref parcours permet de goûter au charme des maisons vosgiennes séparées seulement par de merveilleux jardins familiaux. Certaines de ces maisons remontent au XVIIIᵉ siècle et rappellent l'ancienneté du village (XIVᵉ siècle). Ravagé par la peste en 1636, il fut repeuplé par des immigrés badois et suisses.

♦ *516 habitants* ♦ ***Itinéraire d'accès :*** *à 35 km N de Belfort par D 465 et D 466 ; à 8,5 km N-O de Masevaux par D 466* ♦ ***Aux alentours :*** *la vallée de la Doller et ses lacs* ♦ ***Foires, festivités :*** *marché de l'Ascension ; festival d'orgue et de musique sacrée en juillet et août ; marché aux puces à Lauw en juillet et à Bourbach en septembre* ♦ ***Hôtels :*** *Au Relais des Lacs (tél. 89.82.01.42), 16 chambres (90 à 200 F), restaurant ; Les Vosges (tél. 89.82.00.43), 20 chambres (105 à 220 F), restaurant* ♦ ***Mairie*** *(tél. 89.82.00.46).*

TURCKHEIM
68230 (Haut-Rhin)

Sur la rive gauche de la Fecht, la petite cité fortifiée de Turckheim gardait autrefois l'entrée de la vallée de Munster. Entre la porte de France, la porte de Munster et la porte du Brand, la ville dessine un vaste triangle bordé de remparts. Turckheim fit partie de la Décapole, devint ville impériale en 1312 et fut fortifiée par Woelfelin en 1315. Sous les murs de la ville fut livrée, le 5 janvier 1675, la célèbre bataille qui permit à Turenne d'amener l'Alsace à la France.

De cette prestigieuse période, Turckheim a gardé de nombreux témoignages architecturaux. Sur la place Turenne s'élève une jolie maison à pans de bois avec un oriel de 1567, plus loin, l'Hôtel des Deux Clefs (1583), l'Hôtel de Ville avec son pignon Renaissance et l'ancienne mairie, avec ses baies tripartites. Turckheim qui vit essentiellement du tourisme, produit un délicieux petit vin blanc, le brand.

♦ *3510 habitants, 240 m d'altitude* ♦ *Itinéraire d'accès : à 7 km O de Colmar par D 10 ; à 12 km N-E de Munster par D 417 et D 10F* ♦ *Aux alentours : à Colmar, le musée d'Unterlinden : peintures de l'école du Rhin, sculptures, art moderne et art contemporain ; le musée Bartholdi ; le parc naturel de Schoppenwihr* ♦ *Foires, festivités : marché le vendredi* ♦ *Hôtels : Le Berceau du Vigneron (tél. 89.27.23.55), 16 chambres (180 à 280 F) ; Les Deux Clefs (tél. 89.27.06.01), 45 chambres (150 à 350 F), restaurant ; Les Vosges (tél. 89.27.02.37), 32 chambres (140 à 280 F), restaurant* ♦ *Restaurant : A l'Homme Sauvage (tél. 89.27.32.11)* ♦ *Mairie (tél. 89.27.18.08) - Syndicat d'initiative (tél. 89.27.38.44).*

HATTONCHATEL
55210 Vigneulles-lès-Hattonchâtel (Meuse)

C'est sur ce promontoire dominant la plaine de la Woevre qu'au IXe siècle, Hatton, évêque de Verdun, choisit de construire une puissante résidence épiscopale. Cédée en 1546 au duc de Lorraine, puis rasée sur l'ordre de Richelieu, il ne reste qu'une tour de l'ancienne forteresse. Adossée à l'église, elle lui confère un aspect rude et défensif que l'on ne retrouve pas sur l'autre face datant de la fin du gothique. Il faut entrer, voir la statue de la Vierge (XVIe siècle) et le retable en pierre de l'autel (XIVe siècle), parcourir le cloître puis rejoindre la chapelle contiguë à l'église où se trouve un splendide retable Renaissance. Poursuivant la découverte de ce petit hameau, le promeneur pourra s'étonner d'y voir quelques antiques maisons en bel état et, sur l'emplacement de l'ancien château, un étonnant édifice néo-gothique construit entre 1923 et 1928. C'est à une Américaine, Miss Skinner, qu'Hattonchâtel doit ces restaurations. Ne repartez pas sans admirer depuis les jardins du château, la très belle vue sur la plaine parsemée d'étangs. Et, si vous avez le temps, empruntez le chemin de ronde ceinturant le village.

♦ *96 habitants, 350 m d'altitude* ♦ ***Itinéraire d'accès :*** *à 52 km N-E de Bar-le-Duc par N 35 - Rumont et D 901 ; à 36 km S-E de Verdun par D 903, D 904 - Fresnes et D 908* ♦ ***A voir :*** *le musée Louise Cottin, rassemblant une centaine d'œuvres de l'artiste (1907-1974)* ♦ ***Aux alentours :*** *l'abbaye de l'Etanche (privée) ; randonnée pédestre : circuit de l'Etanche (15 km)* ♦ ***Foires, festivités :*** *week-end de la Mirabelle, le 4e week-end d'août ; à Vigneulles-lès-Hattonchâtel grande braderie en septembre* ♦ ***Hôtel :*** *à Heudicourt (7 km S par D 908), Le Lac de Madine (tél. 29.89.34.80), 49 chambres (220 à 280 F), restaurant* ♦ ***Syndicat d'initiative*** *(tél. 29.89.31.71).*

RODEMACK
57570 (Moselle)

Situé à 5 km de la frontière luxembourgeoise, le village médiéval de Rodemack fut autrefois le domaine de l'abbaye de Fulda (IXe siècle) puis domaine seigneurial au XIIe siècle. De ce glorieux passé, il reste une forteresse du XIVe siècle et des murs d'enceinte de 860 mètres de long.

On peut pénétrer dans le village par la porte de Sierck (XIIIe siècle), passer entre les deux tours rondes pour découvrir les ruelles pittoresques qui ont conservé en partie leur cachet ancien. On ira ensuite visiter l'église Saint-Nicolas, édifice néo-baroque, construite au XVIIIe siècle à l'emplacement d'une église romane.

Place des Baillis on peut admirer le "Petit Château" (XVIe siècle remanié), autrefois résidence des margraves de Bade. En flânant le long des rues, on découvrira l'ancien lavoir puis la forteresse, imposante avec ses tours, sa barbacane. Il faut voir la petite chapelle datant du XVIIe siècle et profiter du calme du jardin médiéval (nombreux "bild stochs" - calvaires)

♦ *810 habitants, 180 m d'altitude* ♦ ***Itinéraire d'accès** : à 19 km N de Thionville par N 53 et D 57* ♦ ***Aux alentours** : Sierck-les-Bains (15 km E), château de Mensberg (22 km E)* ♦ ***Foires, festivités** : marché aux fleurs en avril ; fête médiévale le 2e week-end de juin ; fête de la musique en juin* ♦ ***Hôtels** : à Thionville (9 km N), L'Horizon (tél. 82.88.53.65), 10 chambres (350 à 400 F), restaurant. A Manderen (22 km E), Relais du Château de Mensberg (tél. 82.83.73.16), 4 chambres (190 à 210 F), restaurant* ♦ ***Restaurants** : La Petite Carcassonne (tél. 82.51.26.22) ; Salon de thé : La Maison des Baillis (tél. 82.51.24.25)* ♦ ***Mairie** (tél. 82.51.24.25) - **Syndicat d'initiative** (tél. 82.51.25.50).*

AQUITAINE

Ce que désormais les Français nomment Aquitaine fut pendant plus de deux siècles la Guyenne, possession anglaise.

Géographiquement, elle ne représente plus, en gros, que le bassin de la Garonne, alors qu'avec sa dot, la reine Aliénor d'Aquitaine avait fait un somptueux cadeau à son époux, Henri Plantagenêt. Imaginez : le Poitou, le Limousin, la Marche, l'Auvergne, la Saintonge...

Notre actuelle Aquitaine est une douce région de plateaux et de collines. Son ciel lumineux est parfois chargé des bourrasques de l'Océan proche. Les villages, constitués au Moyen-Âge en places de défense, furent bâtis de matériaux locaux : pierre noble, dont les couleurs varient du doré périgourdin au blanc quercynois, crépi entre les colombages quand les murs sont faits de matières plus humbles, torchis ou terre, parfois blanchi à la chaux, comme en pays basque. Le bois entre pour une très large part dans la construction, et l'on reste souvent ébahi devant l'audace des charpentes des halles couvertes et des voûtes d'églises.

Ces villages furent parfois évêchés, places fortes, capitales de région. Grâce à quoi l'on trouve une très grande richesse architecturale dans ces lieux sinon oubliés, du moins somnolents et nostalgiques de leur passé historique.

BELVÈS
24170 (Dordogne)

On peut découvrir Belvès dans son ensemble, "vu du ciel", car un aérodrome a été fait sur son plateau. L'approche par avion permet d'embrasser le massif de la Bessède. On survole les méandres de la Nauze qui navigue vers la Dordogne. Puis, on voit le bourg, perché sur son éperon : Belvès, le bien-nommé, son nom occitan se traduit par "belle vue". C'est vrai qu'il est beau, dans le dessin de ses remparts aujourd'hui disparus, avec ses maisons à tourelles, ses clochers, ses terrasses aux jardins suspendus. Du "castrum" (IXe siècle), restent essentiellement deux places autour desquelles s'ordonne la vie de la cité. La place de la Croix des Frères, son couvent des dominicains avec un clocher à huit pans (maintenant la mairie), et la place d'Armes, son beffroi, sa halle en bois. La restauration a été entreprise et menée avec succès : l'ancienne maison des Consuls et son beffroi, les tours de l'Hôpital et de l'Auditoire, l'hôtel Bontemps de la Renaissance, peuvent maintenant être admirés dans toute leur beauté. Belvès reste une place très chrétienne ; on se rend encore fidèlement en pèlerinage à Notre-Dame du Capélou, tout proche.

♦ *1652 habitants, 106 m d'altitude* ♦ ***Itinéraire d'accès :*** *à 48 km S de Périgueux par N 89, D 710 - Le Bugue, D 31E, D 51, D 25 - Siorac-en-Périgord et D 710* ♦ ***A voir :*** *musée municipal, musée du Castrum, musée des Vielles, trésor de l'église paroissiale* ♦ ***Foires, festivités :*** *marché tous les samedis, foire à la brocante le 1er dimanche de juillet, nombreux concerts et expositions en juillet et août* ♦ ***Hôtels :*** *à Siorac-en-Périgord (6 km N par D 710), Hôtel Scholly (tél. 53.31.60.02), 32 chambres (165 à 350 F), restaurant ; Auberge de la Petite Reine (tél. 53.31.60.42), 39 chambres (230 à 260 F), restaurant* ♦ ***Mairie*** *(tél. 53.29.01.40) -* ***Syndicat d'initiative*** *(tél. 53.29.01.40/53.29.10.20).*

BEYNAC-et-CAZENAC
24220 Saint-Cyprien (Dordogne)

Ces deux noms sont associés pour la fin des temps... comme témoins de la lutte sans merci que se livrèrent leurs seigneurs : Beynac, dont l'austère château veille sur les maisonnettes blotties sous lui, et Cazenac, l'orgueilleux maître de Castelnaud, formidable château dont les ruines défient toujours Beynac ! En 1639, le seigneur de Beynac est Français ; Cazenac, lui, reste fidèle à l'Anglais. Rivaux implacables, ils s'affronteront en d'incessants combats tout au long du Moyen-Âge. Le village était autrefois sur un à-pic, comblé depuis, mais il donne encore l'impression de percher sur un nid d'aigles, en surplomb de la Dordogne, dont il fut un port. Son sévère donjon date du XIIIᵉ siècle, les corps de bâtiments des XIIIᵉ et XIVᵉ siècles sont prolongés par un manoir qui a conservé une échauguette du XIVᵉ, mais qui fut vraisemblablement construit au XVᵉ siècle. A l'intérieur, de belles salles, dont la "salle des Etats". La belle chapelle seigneuriale avec son toit de lauzes est devenue paroisse. Du chemin de ronde, on a le souffle coupé par la grandeur du panorama. Et les ruines du château de Castelnaud défient toujours Beynac.

♦ *460 habitants, 130 m d'altitude* ♦ ***Itinéraire d'accès :*** *à 11 km S-O de Sarlat par D 57 ; à 64 km S-E de Périgueux par N 89, D 710 et D 703* ♦ ***A voir :*** *musée de Beynac* ♦ ***Hôtels :*** *Hôtel Bonnet (tél. 53.29.50.01), 22 chambres (195 à 260 F), restaurant. A Vézac (2 km), Manoir de Rochecourbe (tél. 53.29.50.79), maison d'hôtes de charme, 5 chambres d'hôtes (300 à 400 F) ; Oustal de Vézac (tél. 53.29.54.21), 20 chambres (300 à 330 F). A Saint-Cyprien (10 km), Hôtel l'Abbaye (tél. 53.29.20.48), 25 chambres (330 à 600 F), restaurant* ♦ ***Restaurant :*** *Taverne des Remparts (tél. 53.29.57.76)* ♦ ***Mairie*** *(tél. 53.29.50.75) -* ***Syndicat d'initiative*** *(tél. 53.29.43.08), en saison.*

BOURDEILLES
24310 Brantôme (Dordogne)

C'est ici que Pierre de Bourdeilles, seigneur de Brantôme et fameux chroniqueur, est né en 1540. Géraud de Maumont, épaulé par le roi Philippe le Bel fera du château ancestral une véritable forteresse. Le château médiéval est appelé "château neuf", puisque bâti par Géraud de Maumont sur les fondations du vieux château. Il est austère comme les constructions de son siècle (XIIIᵉ siècle), un donjon octogonal à mâchicoulis le surmonte. Le château Renaissance est dû, lui, à la volonté d'une femme, Jacquette de Montbron, épouse d'André de Bourdeilles et belle-sœur de Brantôme. En son état actuel, il est sobre, élégant ; il abrite un remarquable mobilier. Quant au village, ses maisons se blottissent aux pieds des rochers que domine le château. Le site est révélé dans toute sa beauté depuis le chemin de ronde. A l'extrémité du promontoire qui domine la Dronne, on voit un pont gothique à avant-becs, un vieux moulin coiffé de tuiles rondes qui s'avance comme un bateau vers la rivière aux eaux vertes qui lèchent paresseusement les rochers. Mais nous devons signaler la construction récente d'un complexe sportif et d'un camping qui gâche la perspective du château. Rien, hélas, n'a été fait pour les dissimuler à la vue (plantation d'arbres, verdure).

♦ *728 habitants, 103 m d'altitude* ♦ ***Itinéraire d'accès :*** *à 68 km S-E d'Angoulême par D 939 - Brantôme et D 7* ♦ ***A voir :*** *le château : mobilier* XVIᵉ *et* XVIIᵉ *siècle, tapisseries, faïences, statues* ♦ ***Aux alentours :*** *la vallée de la Dronne, les églises romanes de Creyssac, Grand-Brassac, Montagrier, Valeuil ; le château de Puyguilhem* ♦ ***Foires, festivités :*** *expositions de peinture contemporaine en été* ♦ ***Hôtels :*** *Hostellerie des Griffons (tél. 53.03.75.61), 10 chambres (360 F), restaurant ; Chez M. et Mme Trickett (tél. 53.03.78.90), maison d'hôtes de charme, 6 chambres d'hôtes (160 à 420 F)* ♦ ***Mairie*** *(tél. 53.03.73.13)* ***Syndicat d'initiative*** *(tél. 53.04.56.94).*

BRANTOME
24310 (Dordogne)

Au cœur du Périgord vert, tapie dans la très riante vallée de la Dronne, vit Brantôme, l'une des petites villes les plus charmantes de la région. Il faut commencer par voir l'abbaye. Son existence remonte à 769, sous Charlemagne, et sous la règle de saint Benoît. Saccagée par les Normands, l'abbaye est reconstruite au XIe siècle puis profondément modifiée au XIVe et au XVIIIe siècle. Isolé de l'église conventuelle, se dresse "le plus vieux clocher de France". Derrière l'abbaye, dans les grottes autrefois utilisées comme magasins par les moines, se trouvent des sculptures du XVIe siècle. Tout à côté jaillit la "fontaine de Saint-Sicaire". Que toutes ces belles choses ne nous fassent pas oublier la flânerie sur les bords de la Dronne. Là, dans les eaux de la rivière, se reflète le doux paysage de Brantôme : le pont coudé aux arches inégales, les anciennes maisons aux jardins fleuris, un pavillon Renaissance ouvert de fenêtres à meneaux... Un seul regret, les voitures envahissantes gâchent la promenade dans la petite cité.

♦ *2101 habitants, 103 m d'altitude* ♦ ***Itinéraire d'accès** : à 58 km S-E d'Angoulême par D 939* ♦ ***A voir** : musée (dans l'abbaye), art préhistorique, œuvre gravée de F. Desmoulin* ♦ ***Aux alentours** : châteaux de Puyguilhem, Richemont, Mareuil, abbaye de Chancelade* ♦ ***Foires, festivités** : marché le vendredi matin ; nombreux concerts, festival de danse, expositions en été* ♦ ***Hôtels** : Le Chatenet (tél. 53.05.81.08), maison d'hôtes de charme, 8 chambres d'hôtes (450 à 700 F), Le Moulin de l'Abbaye (tél. 53.05.80.22), 9 chambres (650 à 800 F), restaurant. A Vieux Mareuil (16 km N-O par D 939 - D 93), Château de Vieux-Mareuil (tél. 53.60.77.15), hôtel de charme, 14 chambres (400 à 800 F), restaurant* ♦ ***Restaurants** : La Jurande (tél. 53.05.78.22), l'Auberge du Soir (tél. 53.05.82.93)* ♦ ***Salon de thé** : Au Fil de l'Eau (tél. 53.05.73.65)* ♦ ***Syndicat d'initiative** (tél. 53.05.80.52).*

DOMME
24250 (Dordogne)

Domme est une bastide construite sur une falaise abrupte qui domine la vallée de la Dordogne. Curieusement, alors qu'on l'imaginait imprenable, elle aura à souffrir de nombreux épisodes sanglants. Un des plus farouches huguenots, le capitaine de Vivans, détruira Domme en 1592, juste avant que la victoire revienne aux catholiques. Aujourd'hui, la bastide, entourée de remparts dans sa partie sud, est prête à la visite : les rues sont tirées au cordeau, bordées de maisons jaunes noyées de fleurs. Les toits ici, sont de tuiles, et non de lauzes, comme à Sarlat. La "maison communale" est devenue l'Hôtel de Ville ; c'était le lieu de justice du sénéchal, qui siégeait dans la grande salle du premier étage. Sur la place de la Rode se campe une très belle demeure périgourdine, ainsi que la maison du batteur de monnaie, à ouvertures gothiques dans la pierre dorée. La halle est du XVIe siècle. Une rangée de solides colonnes de pierres soutient un étage bordé d'un balcon à balustrade de bois. Des grottes prennent leur départ sous la halle : on peut les visiter, elles sont très jolies.

♦ *910 habitants, 250 m d'altitude* ♦ ***Itinéraire d'accès :*** *à 12 km S de Sarlat par D 46 ; à 71 km E de Bergerac par D 660 et D 703* ♦ ***A voir :*** *musée municipal* ♦ ***Aux alentours :*** *de nombreux châteaux le long de la Dordogne, le château de Castelnaud* ♦ ***Foires, festivités :*** *marché fermier le jeudi* ♦ ***Hôtels :*** *L'Esplanade (tél. 53.28.31.41), 19 chambres (230 à 500 F), restaurant. A Cénac (4 km par D 46), Hôtel de la Guérinière (tél. 53.28.22.44), 15 chambres (400 à 710 F), restaurant* ♦ ***Syndicat d'initiative*** *(tél. 53.28.37.09).*

MONPAZIER
24540 (Dordogne)

Fondée au XIIIᵉ siècle, fort pillée, tant par les Français que par les Anglais au cours de la guerre de Cent Ans, la bastide de Monpazier porte les cicatrices de ces luttes. Ainsi, son mur d'enceinte a presque complètement disparu, mais il reste une tour avec à sa base l'orifice d'une canonnière, et trois portes, sur les six d'origine, débouchent sur les rues principales. Durant les guerres de religion, Monpazier sera mi-huguenote (Jeanne d'Albret y séjourna), mi-catholique (le futur Henri III la suivra de peu). En 1594, elle est le théâtre d'une révolte paysanne dont le nom est resté célèbre, la révolte "des croquants". Aujourd'hui la Grand-Place somnole ; ses maisons ventrues semblent vouloir réchauffer leurs pierres dorées au capricieux soleil de Guyenne. Parfait quadrilatère, elle est cernée par ses cornières et fermée par de belles demeures médiévales. Le clocher trapu de l'église se détache à l'arrière. Bordant la place sur un côté, une halle à charpente compliquée abrite encore les vieilles mesures à grain. Bastide entre les bastides, parfaite de proportions et en état de conservation étonnant, si l'on ne devait voir qu'une bastide, c'est bien celle-ci qu'il faut choisir.

♦ *533 habitants, 200 m d'altitude* ♦ ***Itinéraire d'accès** : à 45 km E de Bergerac par D 660 - Lalinde et D 660* ♦ ***Aux alentours** : le château de Biron (XIIᵉ-XVIIIᵉ siècle)* ♦ ***Foires, festivités** : marché fermier tous les samedis matin, marché le 3ᵉ jeudi du mois et le dimanche matin, foire de la Saint-Poutoufle le 18 novembre* ♦ ***Hôtels** : Hôtel Edward 1er (tél. 53.22.44.00), 13 chambres (300 à 800 F), restaurant. A Mauzac (35 km N-O par D 660, D 703 et D 31), La Métairie (tél. 53.22.50.47), hôtel de charme, 10 chambres (558 à 715 F), restaurant* ♦ ***Restaurant** : La Bastide (tél. 53.22.60.59)* ♦ ***Mairie** (tél. 53.22.60.38) - **Syndicat d'initiative** (tél. 53.22.68.59/53.22.60.63).*

LA ROQUE-GAGEAC
24250 Domme (Dordogne)

"Si on me presse de dire pourquoi je l'aimais, je sens que cela ne peut s'exprimer qu'en répondant : parce que c'était lui..." (Montaigne). Pourquoi parler de La Roque-Gageac ? Ce village adorable n'a pas d'histoire ! Parce que c'était lui, tout simplement. La Roque-Gageac possède un château massif, une forêt touffue de chênes verts qui joue avec les méandres de la Dordogne, la belle rivière sertie de tant de merveilles du passé. Il a enfin les maisons de son village : ocrées, dorées, aux toits de lauzes. Ce petit joyau du Moyen-Âge est resté intact, épargné par le temps : l'Histoire ne nous conte ni prises, ni sièges, ni envahissement, ni démantèlement ! Les façades font une rue pressée devant la rivière, et, comme aucun pont ne saute sur l'autre rive, les maisons grimpent sur la hauteur, s'adossent à la solide falaise, qui peut passer pour un château, tant sa masse est structurée ; la nature parfois est fantaisiste. Comme sa voisine Domme, La Roque-Gageac a été classée parmi les plus beaux villages de France.

♦ *404 habitants, 80 m d'altitude* ♦ ***Itinéraire d'accès :*** *à 65 km S-E de Périgueux par N 89, D 710 - Le Bugue, D 35 et D 703 ; à 13 km S de Sarlat par D 46 et D 703* ♦ ***Aux alentours :*** *la vallée de la Dordogne et ses châteaux, Sarlat* ♦ ***Hôtels :*** *à 4 km S-E par D 703, Le Périgord (tél. 53.28.36.55), 40 chambres (240 à 300 F en demi-pension), restaurant ; La Belle Etoile (tél. 53.29.51.44), 17 chambres (150 à 250 F), restaurant ; Gardette (tél. 53.29.51.58), 15 chambres (170 à 280 F), restaurant* ♦ ***Restaurant :*** *La Plume d'Oie (tél. 53.29.57.05)* ♦ ***Mairie*** *(tél. 53.29.51.52) - **Syndicat d'initiative** (tél. 53.29.52.37).*

SAINT-JEAN-DE-COLE
24800 (Dordogne)

Le bourg est traversé par la Cole, charmante et capricieuse rivière qui, de là, ira grossir la Dronne. Une délicieuse vieille rue bordée de maisons à colombage amène le visiteur à la place, dominée par le, ou plutôt les châteaux de la Marthonie. L'ensemble est constitué d'une demeure féodale à tours crénelées, soudée à un pavillon, plus bas, datant du XVIIIe siècle. Plus loin, une vieille halle rustique s'appuie au chevet de l'église, très belle œuvre romano-byzantine, à la forme de trèfle inhabituelle. Son portail ouvre sur le cloître Renaissance ajouté aux bâtiments de l'ancien prieuré (XIe siècle), en partie détruit. La Cole est enjambée par un pont en dos d'âne à avant-becs. A ses côtés se dresse la "Maison à colonnes", ancien logis du meunier. Dans la rue Fond-du-Bourg, une demeure restaurée abritait autrefois un musée de traditions et arts locaux. Saint-Jean-de-Cole est une exquise découverte, comme on en fait tant en Périgord. Les ocres des pierres, le brun des petites tuiles des toitures, les jeux de soleil dans les eaux de la rivière, font que le village mérite une mention spéciale : visite à ne pas manquer.

*♦ 343 habitants, 149 m d'altitude ♦ **Itinéraire d'accès** : à 76 km S-E d'Angoulême par D 939 - Brantôme et D 78 ♦ **Aux alentours** : le château de Puyguilhem, les grottes de Villars, Thiviers pour ses marchés (foie gras, truffes) ♦ **Foires, festivités** : floralies en mai, concerts en août ♦ **Hôtels** : Le Saint-Jean (tél. 53.52.23.20). A Villars (8 km O par D 98), Le Castel (tél. 53.54.88.64), 12 chambres (130 à 250 F), restaurant ♦ **Restaurants** : Restaurant des Templiers (tél. 53.62.31.75), Auberge du Coq Rouge (tél. 53.62.32.71) ♦ **Mairie** (tél. 53.62.30.21).*

SAINT-LEON-SUR-VEZERE
24290 Montignac (Dordogne)

Depuis la nuit des temps, bien avant d'avoir pour patron saint Léonce, l'un des premiers évêques de Périgueux, le lieu fut habité : grottes et cavernes dans la vallée formaient de parfaits abris naturels pour nos ancêtres.

Ici règne un charme particulier, dû à la fois aux couleurs ocres des maisons mêlées aux verts de la vallée, aux tons changeants de la Vézère et à la présence d'un passé qui évoque la préhistoire et les temps chrétiens célébrés par l'église à coupole du XIIe siècle, merveilleusement restaurée, et par la chapelle expiatoire du XVIe siècle, située dans le cimetière. Au centre du village, le château de Lassalle n'a gardé que son donjon flanqué d'une tour et son chemin de ronde à mâchicoulis au toit de lauzes. A deux kilomètres en aval, il faut aller voir le château de Chabans, manoir des XVIe et XVIIe siècles, actuellement habité par une communauté bouddhiste. Saint-Léon est une merveille hélas menacée ; certaines toitures sont bien malades, des ronces apparaissent dans les cours des maisons. Il faudrait consacrer beaucoup d'amour à réveiller ce village, "que l'on quitte sur la pointe des pieds, un peu triste, de peur qu'il ne s'effondre de trop de bruit..." (Bertrand Renard).

♦ *391 habitants* ♦ *Itinéraire d'accès* : *à 51 km S-E de Périgueux par N 89 Thénon - D 67 Montignac et D 706* ♦ *Aux alentours* : *les grottes de Lascaux ; la vallée de la Vézère ; le château de Losse (XVIe siècle)* ♦ *Foires, festivités* : *festival musical du Périgord Noir en été* ♦ *Hôtels* : *à Puy Robert (8 km N-E par D 65), Château de Puy Robert (tél. 53.51.92.13), 32 chambres (640 à 880 F), restaurant. A Montignac (9,5 km N-E par D 706), Relais du Soleil d'Or (tél. 53.51.80.22), 28 chambres (230 à 395 F), restaurant* ♦ *Mairie (tél. 53.50.73.16).*

SAINT-EMILION
33330 (Gironde)

Saint-Emilion doit ses lettres de noblesse à ses vins de renommée mondiale ; en 27 avant notre ère, la vigne était déjà cultivée par nos ancêtres. Son nom, il le doit au moine Emilianus, qui au VIIIᵉ siècle, fonda un monastère dans les grottes naturelles proches de la cité, et édifia la première église. Au XIIᵉ siècle, la bourgade établie autour du monastère s'agrandit : c'est "Sant Melyon" en langue d'oc ; close de murs sur deux kilomètres, la défense est percée de six portes, flanquées de tours et précédées de barbacanes. De l'enceinte fortifiée, il reste la tour du Roi et la tour du Guetteur. Il reste aussi deux ensembles monastiques considérables, l'église monolithe unique en Europe, dans la ville basse, et la collégiale (XIIᵉ-XVIᵉ siècle) et son cloître, dans la ville haute. A voir aussi les ruines romantiques du couvent des Jacobins et ses grandes murailles, et celui des Cordeliers (XVIᵉ siècle). Exceptionnelle unité dans la beauté, cet harmonieux ensemble architectural est précieusement conservé par des connaisseurs, avec pour écrin le vignoble verdoyant.

♦ *3040 habitants, 76 m d'altitude* ♦ ***Itinéraire d'accès :*** *à 39 km E de Bordeaux par N 89 et D 243* ♦ ***A voir :*** *musée d'histoire, Logis de Malet* ♦ ***Aux alentours :*** *circuit dans le vignoble, visite des chais et des châteaux* ♦ ***Foires, festivités :*** *Chapitre des vignerons de montagne en mai, fête de la Jurade de la Fleur en juin, ban des Vendanges de la Jurade en septembre, marché le dimanche matin* ♦ ***Hôtels :*** *Hostellerie de Plaisance (tél. 57.24.72.32), 11 chambres (470 à 720 F), restaurant ; Logis des Remparts (tél. 57.24.70.43), 15 chambres (280 à 450 F)* ♦ ***Restaurants :*** *Francis Goullée (tél. 57.24.70.49), Logis de la Cadène (tél. 57.24.71.40), Auberge de la Monolithe (tél. 57.74.47.77)* ♦ ***Syndicat d'initiative*** *(tél. 57.24.72.03).*

MONFLANQUIN
47150 (Lot-et-Garonne)

"Flanquée" sur sa montagne, cette bastide fondée par Alphonse de Poitiers, frère de saint Louis, a fait face aux nombreuses attaques, aux luttes sanglantes entre les rois de France et d'Angleterre. La population était nombreuse, surtout rurale, mais aussi artisanale : tanneries, moulins à papier, tissages. Les guerres de religion éprouveront de nouveau Monflanquin. Alors que Blaise de Monluc s'y trouve, le couvent des Augustins et leur église sont attaqués et brûlés. Plus tard, avec le XVIIIᵉ siècle et le règne absolu des protestants, la cité vivra une ère de prospérité ; mais l'après-Révolution amènera un exode rural inexorable. Aujourd'hui, ceux qui "restent", sont à plus forte raison attachés à leur ville qu'ils veulent réveiller. Plus d'un vous proposera de monter au "cap del pech", où l'on domine la vallée de la Lède, de passer par l'église dont la façade est hélas remaniée, et de pénétrer dans la bastide ordonnancée autour de la place des Arcades, dont la halle fut démolie en 1830. Reste une belle maison à colombage, et, déployée en parallèles, comme dans toute bastide, les "carrérots" pittoresques.

♦ *2356 habitants, 181 m d'altitude* ♦ ***Itinéraire d'accès :*** *à 46 km N d'Agen par N 21 - Villeneuve sur Lot et D 676* ♦ ***A voir :*** *Maison de la vie rurale* ♦ ***Aux alentours :*** *le village de Gavaudun, l'église romane de Saint-Sardos-de-Laurenque, le château de Biron* ♦ ***Foires, festivités :*** *festival "Musique en Guyenne" en juillet* ♦ ***Hôtels :*** *Le Prince Noir (tél. 53.36.50.25), 10 chambres (260 à 340 F), restaurant. A 2 km O par D 124 - Cancon, Le Moulin de Boulède (tél. 53.36.40.27), 8 chambres (200 F). Au Lausson (7 km N-E par D 272), Manoir de Barrayre (tél. 53.36.46.66), maison d'hôtes de charme, 4 chambres (250 F). A Salles (9 km E par D 150), Château de Pechgris (tél. 53.36.53.01), maison d'hôtes de charme, 3 chambres (170 à 230 F)* ♦ ***Syndicat d'initiative*** *(tél. 53.36.40.19).*

AINHOA
64250 Cambo-les-Bains (Pyrénées-Atlantiques)

Une rue bordée de maisons blanchies à la chaux, couvertes de tuiles romanes, court vers Dancharia et son poste-frontière. Vers l'Espagne, disons-nous, vers la sœur navarraise du Labourd Français, disent les Basques. C'est au IXᵉ siècle que se fonda la démocratie basque, basée sur l'entente des sept provinces de même langue, sans souci de frontières présentes ou futures. C'est dans le détail que les maisons se distinguent : la couleur des colombages et des ouvertures, les inscriptions et les armes gravées sur les linteaux de pierre disent à travers les temps l'ancienneté d'une famille, ou l'aventure au-delà des mers de l'un de ses membres, appelé par eux "l'Américain". Il en est de plus belles, avec des balcons de fer forgé datant du XVIIIᵉ siècle, époque florissante du Pays basque. Il en est de plus modestes ; elles sont fraternellement alignées, ou groupées autour de la mairie où flotte l'"ikurina", le drapeau rouge et vert, barré de la croix de Saint-André. Devant l'église, au fronton, résonne le claquement sec de la pelote basque. Comme si c'était le cœur d'Aïnhoa que l'on entendrait battre, au rythme de la devise "Zazpiak Bat", "sept font un".

♦ *544 habitants, 120 m d'altitude* ♦ ***Itinéraire d'accès :*** *à 26 km S de Bayonne par D 932 - Cambo-les-Bains, D 918 et D 20* ♦ ***Hôtels :*** *Hôtel Ohantzea (tél. 59.29.90.50), hôtel de charme, 10 chambres (265 F), restaurant ; Hôtel Oppoca (tél. 59.29.90.72), 12 chambres (250 à 350 F), restaurant ; Hôtel Ithurria (tél. 59.29.92.11), 26 chambres (450 à 520 F), restaurant ; Argi Eder (tél. 59.29.91.04), 30 chambres (550 à 680 F), restaurant* ♦ ***Mairie*** *(tél. 59.29.92.60).*

CIBOURE
64500 (Pyrénées-Atlantiques)

En basque, Ciboure signifie "tête de pont". Ce pont la sépare tout juste de Saint-Jean-de-Luz. Mais Ciboure tient à ne pas être prise pour un faubourg de sa proche voisine, avec laquelle elle a été en rivalité sanglante autrefois. Il y a beaucoup de belles maisons à voir, dont la maison natale de Maurice Ravel de style flamand. Colombages et encorbellements pour d'autres, égrenées au long d'une rue, ou pressées autour du beau clocher octogonal à toits superposés de la superbe église, belle autant à l'intérieur qu'au dehors : une nef unique, lambrissée ; trois étages de ces galeries de bois classiques du Labourd. Au couvent des Récollets, devenu la douane, il faut voir le cloître et un puits couvert. La colline verte, émaillée du blanc de chaux des maisons, domine Socoa, et son fort construit par Vauban. Accroché aux flancs de cette colline, un cimetière marin où Pierre Benoît désira être inhumé. Ciboure reste un village autonome, éveillé et actif.

◆ *6205 habitants* ◆ ***Itinéraire d'accès** : à 16 km S-O de Biarritz par N 10* ◆ ***Aux alentours** : le port de Socoa, Notre-Dame de Socorri, le château d'Abbadia* ◆ ***Foires, festivités** : fête du thon en juillet, festival de la musique en côte basque fin août* ◆ ***Hôtels** : à Saint-Jean-de-Luz, La Devinière (tél. 59.26.05.51), hôtel de charme, 8 chambres (450 à 560 F) ; Le Madison (tél. 59.26.35.02), 25 chambres (260 à 400 F) ; Ohartzia (tél. 59.26.00.06), 18 chambres (260 à 330 F)* ◆ ***Restaurants** : Le Sporting (tél. 59.47.06.88), Arrantzaleak (tél. 59.47.10.75)* ◆ ***Mairie** (tél. 59.47.26.06).*

SAINT-JEAN-PIED-DE-PORT
64220 (Pyrénées-Atlantiques)

Superbe forteresse de frontière, Saint-Jean-Pied-de-Port est l'un des sites les plus magnifiques du Pays basque. Dès 1191, au château de Mendiguren, régnaient les seigneurs qui représentaient le pouvoir du roi de Navarre. Puis, au XIIIᵉ siècle, la "ville neuve" fut fondée au pied de la colline. En 1530, l'Espagne restitue la Navarre à la France. Saint-Jean-Pied-de-Port partagera avec Saint-Palais l'honneur d'être la capitale de la basse Navarre, et les seigneurs d'Albret s'y installeront. Au XVIIᵉ siècle, Deville, puis Vauban construisent la citadelle : la redoute de Gatzelumendi et les remparts avec les portes de France, de Navarre, d'Espagne, de Saint-Jacques. La place du Marché, la maison de Mansart, devenue l'Hôtel de Ville, la maison des Etats de Navarre (1610) et beaucoup de très belles maisons navarraises, datant du XVIᵉ au XVIIIᵉ siècle sont à voir. Après avoir passé le pont romain en dos d'âne d'Eyherraberri, on trouve l'église "Notre-Dame du Bout du Pont" en grès rouge, à clocher-donjon. Il y a aussi l'église Sainte-Eulalie, au splendide portail roman. La vue du vieux pont est superbe. La couleur rosée des constructions en grès illumine Saint-Jean-Pied-de-Port et adoucit ce qu'il y aurait de rudesse à cet ensemble fait pour la défense et la guerre.

♦ *1773 habitants, 146 m d'altitude* ♦ **Itinéraire d'accès** : *à 46 km S-E de Bayonne par D 932 et D 918* ♦ **Foires, festivités** : *foire aux fromages et fête de la Confrérie de l'Ardigasna, chasse à la palombe en octobre (fêtes basques), marché le lundi avec partie de pelote basque l'après-midi* ♦ **Hôtels** : *Les Pyrénées (tél. 59.37.01.01), 18 chambres (450 à 750 F), restaurant. A Saint-Etienne-de-Baïgorry (11 km O par D 15), Hôtel Arcé (tél. 59.37.40.14), hôtel de charme, 22 chambres (475 à 630 F), restaurant* ♦ **Restaurants** : *Arbillaga (tél. 59.37.06.44), Etche-Ona (tél. 59.37.01.14), Châlet Pedro (tél. 59.37.02.52) sur la route d'Iraty* ♦ **Mairie - Syndicat d'initiative** *(tél. 59.37.03.57).*

Nous sommes en Auvergne, une province qui, disait l'impastichable Vialatte, "produit des ministres, des fromages et des volcans". Si l'on veut bien suivre ce chapitre de notre guide, cette région a également produit des villages. Ils ont des toits de lauzes ou bien de chaume, leurs pierres volcaniques sont inentamables, la lave est grise, rouge ou bien tout simplement noire, les églises romanes sont austères et dépouillées. La mairie des copains de Jules Romains, les parcs naturels, les vallées verdoyantes, les cartes postales du bibendum de Michelin, les belles filles d'Issoire, le général Desaix, Marivaux et le duc d'Effiat ne peuvent pas nous empêcher de prendre froid dès que revient l'automne.

Cependant, la Vierge d'Orcival nous protège. Sans relâche nous aimons profondément ces bouts du pays que sont les villages d'Auvergne. Nous pouvons révérer la bonne étoile de Vialatte qui ne nous a jamais trompés. "L'âme du pays, écrivait-il, se condense dans les bourgs. Ils ont une belle église romane et une petite mercerie noire où une dame au teint jaune, qui se remue lentement, vend le dernier "savon du Congo".

CHARROUX
03140 (Allier)

Situé sur une colline, Charroux fut autrefois au carrefour de plusieurs voies romaines importantes. Bastion du Bourbonnais, la cité était protégée par un double rempart. La muraille extérieure a disparu. Et il ne reste de la muraille intérieure que la porte de l'Horloge, la porte d'Orient, les deux tours et 60 mètres de mur. La ville fut dévastée au cours de nombreuses guerres, et peu à peu Charroux prit figure de village. Malgré la restauration de nombreux bâtiments, il y règne une atmosphère d'abandon qui n'est pas sans charme. Visitez l'église du XIIᵉ siècle ; le beffroi se trouve juste à côté, ainsi qu'une belle maison avec son étage en surplomb. Vous pouvez aussi vous promener rue de l'Horloge, puis tourner dans la rue de la Poulaillerie, très pittoresque, avec son vieux pavage et son caniveau central. Vous y trouverez l'ancien rendez-vous de chasse du prince de Condé. Au hasard de votre visite, vous découvrirez aussi de ravissantes petites places, de vieux puits, de belles demeures médiévales, et partout, vous bénéficierez d'une vue superbe sur le Massif central et les différentes vallées. Mais depuis le belvédère c'est encore mieux...

♦ *387 habitants, 412 m d'altitude* ♦ ***Itinéraire d'accès :*** *à 38 km N-O de Vichy par N 209, D 37 et D 35* ♦ ***A voir :*** *musée de Charroux et de son canton (histoire locale, la Révolution et la vie au siècle dernier)* ♦ ***Foires, festivités :*** *fête du village en mai* ♦ ***Hôtels :*** *à Saint-Pourçain (20 km N-E par D 42 et D 987), Le Chêne Vert (tél. 70.45.40.65), 30 chambres (120 à 280 F), restaurant. Près de Chantelle, Château de Boussac (tél. 70.40.63.20), maison d'hôtes de charme, 4 chambres et 1 suite (580 à 850 F)* ♦ ***Mairie*** *(tél. 70.56.81.65).*

HERISSON
03190 (Allier)

Hérisson se trouve entouré par un très beau paysage de bocages et de forêts traversé par les gorges de l'Aumance. Les maisons sont groupées autour des ruines du château érigé par les sires de Bourbon dès le Xe siècle, puis renforcé au XIVe siècle par le "bon duc Louis II". Depuis cette époque et jusqu'au XVIIe siècle, le bourg connut autant de fastes que de troubles (occupation anglaise, attaques protestantes, occupation par les troupes frondeuses de Condé, démantèlement de la forteresse sur ordre de Mazarin...). De nombreux édifices militaires ou religieux, et de très belles maisons en perpétuent le souvenir. Pour les découvrir, il vous suffira de suivre le fléchage qui part de la Perception. Les amateurs de panoramas se rendront au pied d'une tour située au sud du château, la vue y surplombe les toits pentus des maisons d'où émergent, ça et là, quelques tourelles d'escaliers. Ils pourront aussi rejoindre la chapelle du Calvaire qui domine le village depuis une colline située sur la rive gauche de l'Aumance.

♦ *800 habitants, 230 m d'altitude* ♦ ***Itinéraire d'accès :** à 23 km N de Montluçon par N 144 - Estivareilles et D 3* ♦ ***A voir :** musée du Terroir Hérissonais : archéologie gallo-romaine, vie rurale du début du siècle (ouvert pendant les vacances seulement)* ♦ ***Aux alentours :** de nombreux sentiers pédestres parcourent les gorges de l'Aumance, le site du Saut du Loup, le val d'Aumance, les forêts du Tronçais et de Soulongis* ♦ ***Foires, festivités :** marché le vendredi matin ; festival de musique classique et sacrée du 15 juillet au 15 août ; festival de théâtre début juillet ; foire à la brocante le 3e week-end d'août* ♦ ***Hôtels :** à Verneix (12 km S par D 39), Château de Fragne (tél. 70.07.80.87), maison d'hôtes de charme, 6 chambres (420 à 600 F)* ♦ ***Restaurant :** à Cosne d'Allier (10 km E par D 11), Le Globe (tél. 70.07.50.26)* ♦ ***Mairie** (tél. 70.06.80.45).*

SALERS
15410 (Cantal)

Situé aux portes des volcans d'Auvergne sur un plateau abrupt, Salers offre la vision magnifique de ses remparts, de ses austères maisons aux toits de lauzes, de ses hôtels particuliers à tourelles et de son église. C'est autour du château des barons de Salers que se développa autrefois la cité, et c'est au XVᵉ siècle qu'elle édifia ses remparts pour se protéger des Anglais et des "routiers". Au XVIᵉ siècle, elle devint siège du bailliage des Hautes Montagnes d'Auvergne, et ses bourgeois construisirent alors les beaux hôtels particuliers que nous pouvons admirer aujourd'hui. Tout autour de la Grand-Place, les maisons de lave s'ornent de tourelles, de toits en poivrière, de fenêtres à meneaux, de portes cloutées et sculptées. L'ancien bailliage d'époque Renaissance, présente des tourelles d'angle et une massive tour octogonale. Un peu plus loin, la maison de Bargues comporte un joli balcon sculpté et des arcades. Par la rue du Beffroi, on ira jusqu'à l'église. Terminée au XVIᵉ siècle, elle conserve un très beau porche d'époque romane. Sa nef renferme une mise au tombeau et des tapisseries d'Aubusson. Vous garderez longtemps le souvenir émerveillé de cette belle cité.

♦ *470 habitants, 951 m d'altitude* ♦ ***Itinéraire d'accès*** *: à 49 km N d'Aurillac par D 922 et D 680* ♦ ***A voir*** *: maison des Templiers : folklore, histoire de Salers ; maison de Bargues : mobilier XVIIᵉ siècle* ♦ ***Aux alentours*** *: le village de Tournemire et le château d'Anjony (21 km S par D 680, D 922 et D 160), le village de Saint Martin Valmeroux* ♦ ***Foires, festivités*** *: pèlerinage à Notre-Dame de Lorette en mai, foire à la brocante le 14 juillet* ♦ ***Hôtels*** *: Le Bailliage (tél. 71.40.71.95), 30 chambres (240 à 320 F), restaurant ; Le Gerfaut (tél. 71.40.75.75), 22 chambres (205 à 300 F) ; Les Remparts-Château de la Bastide (tél. 71.40.70.33), 31 chambres (200 à 270 F), restaurant ; Chez M. et Mme Prudent (tél. 71.40.75.36), maison d'hôtes de charme, 6 chambres (171 à 202 F)* ♦ ***Mairie*** *(tél. 71.40.72.33) -* ***Syndicat d'initiative*** *(tél. 71.40.70.68).*

BLESLE
43450 (Haute-Loire)

L'existence et le développement du village dépendirent jusqu'à la Révolution d'une abbaye de Bénédictines, créée vers le milieu du IXᵉ siècle. Au XIᵉ siècle, les barons de Mercœur construisirent une forteresse dont il ne reste aujourd'hui que le donjon, et c'est au XIIᵉ siècle surtout que Blesle s'agrandit et s'entoura de remparts.

La promenade le long des rues permet d'admirer des maisons anciennes à pans de bois, aux très belles portes sculptées. Il faut voir le clocher de Saint-Martin (XIVᵉ siècle), qui constitue le seul vestige d'une église détruite en 1793, et visiter l'église Saint-Pierre : c'était l'abbaye des moniales, un édifice de haute époque romane dont l'intérieur a été remanié. A découvrir en particulier, dans le chœur, les petits chapiteaux avec des feuilles d'acanthe et des personnages à cheval, et dans l'abside, des lions affrontés, de saintes femmes au Tombeau et des sirènes à deux queues. Dans le Trésor, on admirera le très beau bois polychrome d'une Vierge en majesté du XIIᵉ siècle. Aux proches alentours de Blesle, les amoureux de la nature trouveront de nombreuses promenades pédestres et des rivières à truites.

♦ *853 habitants, 500 m d'altitude* ♦ ***Itinéraire d'accès :*** *à 84 km N-E d'Aurillac par N 122, N 9 et D 8 ; à 35 km N-E de Murat par N 122, N 9 et D 8* ♦ ***A voir :*** *musée de la Coiffe dans le vieil hôpital, Trésor de l'église Saint-Pierre : ornements sacerdotaux (XVIIᵉ-XVIIIᵉ), sculptures (XVIIᵉ)* ♦ ***Aux alentours :*** *églises romanes à Leyvaux (8 km O) et à Bousselargues (5 km N)* ♦ ***Foires, festivités :*** *fête du village le dimanche après le 15 août* ♦ ***Hôtels :*** *Hôtel de la Gare (tél. 71.76.25.02), 16 chambres (120 à 150 F), restaurant. A Brioude (22 km E par D 588), Le Brivas (tél. 71.50.10.49), 30 chambres (200 à 280 F), restaurant ; Hôtel Moderne (tél. 71.50.07.30), 17 chambres (220 à 300 F), restaurant* ♦ ***Mairie*** *(tél. 71.76.26.90).*

MOUDEYRES
43150 Laussonne (Haute-Loire)

Un hameau agricole perché parmi les hauteurs du massif du Mézenc, à 25 kilomètres du Puy : Moudeyres tente de perpétuer son austère et vigoureuse identité, ses toits de lauzes et ses chaumières, tout en s'ouvrant au tourisme. Avec ses constructions de basalte, ses granges, ses très belles charpentes apparentes et ses toits de chaume, le village est très attachant. La ferme des frères Perrel qui fut construite au XVIIIe siècle abrite à présent un intéressant musée des arts et traditions populaires : grâce à cet établissement on comprend mieux la rude vie quotidienne, la difficile autarcie de cet isolat courageusement créé voici plusieurs siècles, en altitude. Une charmante auberge vous permettra d'y faire une halte agréable, de profiter de l'air pur et de la belle campagne environnante.

♦ *132 habitants, 1177 m d'altitude* ♦ ***Itinéraire d'accès :*** *à 25 km S-E du Puy par D 15 et D 36* ♦ ***A voir :*** *musée des Frères Perrel (arts et traditions populaires)* ♦ ***Hôtel :*** *Le Pré Bossu (tél. 71.05.10.70), hôtel de charme, 10 chambres (300 à 380 F), restaurant.*

BESSE-EN-CHANDESSE
63610 (Puy-de-Dôme)

A la limite du Mont-Dore et du Cézalier, Besse présente un ensemble harmonieux de maisons médiévales aux toits d'ardoises ou de lauzes. Ses fortifications datent du XVe siècle. On peut encore admirer l'ancienne porte de Ville et la tour de la Prison. Sur la place centrale, l'église Saint-André fut bâtie à l'époque romane mais a subi plusieurs remaniements. Sa nef est très simple, elle comporte des chapiteaux décorés de motifs végétaux ou historiques. Sous les sellettes des stalles, on apercevra des "miséricordes", ces petits appuis qui accordaient du repos aux moines et aux chanoines pendant les offices. On peut aller voir le château du Bailli, autrefois point fort de la défense de la cité, se promener sur la place et dans les rues pour admirer les maisons avec leurs fenêtres à meneaux, leurs belles portes. Un peu plus loin, rue de la Boucherie sont alignées d'anciennes échoppes du XVe siècle et la magnifique maison de la reine Margot. Besse fut également à l'origine de l'implantation du ski en Auvergne : la station de Super-Besse offre aux sportifs ses nombreuses pistes de ski.

♦ *1787 habitants, 1050 m d'altitude* ♦ ***Itinéraire d'accès :*** *à 51 km S-O de Clermont-Ferrand par D 978* ♦ ***A voir :*** *musée du ski dans la maison de la reine Margot* ♦ ***Aux alentours :*** *la station de sports d'hiver de Super-Besse, le lac Pavin (4,5 km S-O), le lac de Montcineyre (8 km par D 36), la chapelle de Vassivière (7 km O par D 978)* ♦ ***Foires, festivités :*** *marché aux fromages le lundi, foire à la brocante début juillet et le 15 août* ♦ ***Hôtels :*** *Les Mouflons (tél. 73.79.51.31), 50 chambres, restaurant ; Le Beffroy (tél. 73.79.50.08), 16 chambres (100 à 250 F), restaurant ; Le Clos (tél. 73.79.52.77), 25 chambres (155 à 215 F), restaurant* ♦ ***Mairie*** *(tél. 73.79.50.12) - Syndicat d'initiative (tél. 73.79.52.84).*

USSON
63490 (Puy-de-Dôme)

Dans ce village, dont les origines remonteraient au temps des Celtes, fut érigée par la suite une forteresse qui devint l'une des plus importantes de Basse-Auvergne. Louis XI en fit une prison, y ajoutant trois murailles et, sur l'une des cinq portes, vous pourrez lire : "Garde le traître et la dent." (C'est-à-dire seules trahisons et famines sont à redouter). Il est vrai qu'Usson jouit d'une situation idéale. Construit sur une butte volcanique, il domine la plaine de Varennes. Partant de sa base, vous remonterez le long des étroites ruelles bordées de maisons en pierre noire, puis vous atteindrez une petite église romane avant de découvrir les ruines du château, détruit par Richelieu en 1633. La Reine Margot y fut enfermée pendant dix-neuf ans ; accordez-lui quelques pensées mais sans trop de pitié, car sa détention fut vite égayée de fêtes galantes... Profitez aussi de la vue sur l'extraordinaire paysage alentour. En redescendant, visitez le quartier des vignerons. Ses maisons cachent de profondes caves voûtées car, avant de céder la place à l'élevage et à des cultures variées, la vigne fut longtemps l'activité principale du village.

♦ *180 habitants, 250 m d'altitude* ♦ ***Itinéraire d'accès :*** *à 51 km S-E de Clermont-Ferrand par N 9 - Issoire D 996 et D 709* ♦ ***Aux alentours :*** *les vestiges du prieuré de Sauxillanges (XIVe et XVe siècles)* ♦ ***Hôtels :*** *à Parentignat (8 km O), Hôtel Tourette (tél. 73.55.01.78), 57 chambres (152 à 250 F), restaurant. A Issoire (12 km O), Le Pariou (tél. 73.89.22.11), 33 chambres (245 à 368 F), restaurant* ♦ ***Mairie*** *(tél. 73.71.05.90).*

Avec ses maisons basses, ses églises ou ses remparts, le village bourguignon pouvait fournir une parfaite illustration aux affiches qui permirent de célébrer la force tranquille d'une candidature à la présidence de la République. Parce qu'il tire aujourd'hui encore sa richesse de l'agriculture et du tourisme, parce que ses enracinements vont très loin dans le passé, le village de Bourgogne est resté homogène. Les amoureux de vieilles pierres - du côté de l'art roman les richesses de cette province sont immenses - les amateurs de bonne chère et de sérénité seront ravis de découvrir ces paisibles localités.

CHATEAUNEUF-EN-AUXOIS
21320 Pouilly-en-Auxois (Côte-d'Or)

A quelques kilomètres de Pouilly-en-Auxois, l'ancien village fortifié de Châteauneuf domine la plaine dans un site des plus pittoresque. Ce qui frappe tout d'abord le visiteur, c'est le magnifique château fort construit au XIIe siècle puis agrandi et remanié au XVe siècle. Il comporte d'épaisses murailles, des tours rondes, des logis de style gothique et un pont-levis. Comme toutes les forteresses de cette époque, il n'a pas de donjon. Le château fut donné à l'Etat en 1936 par le comte de Vogüe, et on peut aujourd'hui le visiter.

Le village est lui aussi fort pittoresque et l'on découvre avec plaisir les vieilles demeures construites aux XIVe, XVe et XVIe siècles par de riches marchands bourguignons. L'église du village est du XVe siècle.

Lorsqu'on gagne le belvédère situé près de la porte Nord, on découvre un très agréable panorama qui permet de contempler les monts du Morvan et le canal qui relie l'Yonne à la Saône.

♦ *62 habitants, 475 m d'altitude* ♦ ***Itinéraire d'accès :*** *à 34 km N-O de Beaune par A 6, sortie Pouilly-en-Auxois ; à 42 km S-O de Dijon par A 38, sortie Sembernon, D 977bis* ♦ ***Aux alentours :*** *la chapelle Notre-Dame-du-Chêne, l'ermitage de Saint-Julien, le château de Commarin (7 km N par D 977bis)* ♦ ***Foires, festivités :*** *messe de la Saint-Hubert (3 novembre), pour Noël messe de Minuit avec crèche vivante* ♦ ***Hôtel :*** *Hostellerie du Château (tél. 80.49.22.00), hôtel de charme, 17 chambres (190 à 450 F), restaurant* ♦ ***Mairie*** *(tél. 80.49.21.64).*

EPOISSES
21460 (Côte-d'Or)

Situé au cœur de la Bourgogne, au carrefour du Morvan, de la Haute Bourgogne et du Tonnerrois, Epoisses est un ravissant village qui a gardé tout le charme de son passé. Les richesses architecturales de la cité sont l'église collégiale du XIIIe siècle et le château, magnifique forteresse de plaine du XIVe et XVIe siècles à double enceinte fortifiée. Vous franchissez la poterne et vous êtes en plein passé ! Les communs forment un petit village bourguignon en miniature entourant l'église et le colombier du XVe siècle. Au fond, le majestueux château avec ses quatre tours (Xe-XIVe siècles). Des personnages célèbres y ont séjourné : Henri IV, Madame de Sévigné, Chateaubriand. L'intérieur conserve un très riche mobilier et de nombreux souvenirs des hôtes de passage. Un peu à l'écart, le village présente un petit troupeau de jolies maisons paysannes bien entretenues. Les balcons sont fleuris, les toits sont de tuiles plates. Epoisses est un village vivant et gai qui est renommé pour son célèbre et délicieux fromage, créé au XVIe siècle par une communauté de moines cisterciens. Aujourd'hui, il est toujours fabriqué selon les mêmes méthodes artisanales, lait cru et affinage au marc de Bourgogne. Avant de partir, vous pourrez visiter la fromagerie (sur la place du Champ-de-Foire) et goûter tous les bons produits fermiers.

♦ *820 habitants, 271 m d'altitude* ♦ ***Itinéraire d'accès :*** *à 72 km SE d'Auxerre par N 6 - Avallon - Cussy-les-Forges et D 954 ; à 12 km O de Semur-en-Auxois par D 954* ♦ ***Foires, festivités :*** *marché le mercredi après-midi* ♦ ***Hôtels :*** *à Semur-en-Auxois, Hôtel de la Côte-d'Or (tél. 80.97.03.13), 14 chambres (200 à 310 F), restaurant ; Hôtel des Cymaises (tél. 80.97.21.44), 18 chambres (190 à 250 F)* ♦ ***Mairie*** *(tél. 80.96.44.09).*

FLAVIGNY-SUR-OZERAIN
21150 (Côte-d'Or)

Situé à une vingtaine de kilomètres de Montbard et de Semur-en-Auxois, ce gros bourg de la Haute-Bourgogne est proche du site d'Alésia et du château de Bussy-Rabutin. Il figure sur l'ancien tracé des pèlerins de Saint-Jacques-de-Compostelle. Flavigny fut le siège d'une abbaye bénédictine fondée en 722, dédiée à Saint-Pierre, et fortement endommagée par un incendie en 1231 : parmi les vestiges de cet édifice on apprécie particulièrement les curieux piliers d'une crypte pré-romane. Cette localité conserve ses remparts, des tours anciennes, des ruelles étroites et pavées, et de belles maisons gothiques ou Renaissance. Sur son versant sud-est, on aperçoit les jardins en terrasses de l'hôtel Gouhier de Souhey qui date du XVIIIe siècle. Avant de partir, n'oubliez pas d'acheter les fameux bonbons à l'anis fabriqués à l'abbaye.

♦ *438 habitants, 426 m d' altitude* ♦ ***Itinéraire d'accès :*** *à 64 km N-O de Dijon par A 38 - Sembernon, D 905 et D 9 ; à 16,5 km E de Semur-en-Auxois par D 9* ♦ ***Aux alentours :*** *à Bussy-le-Grand (15 km N par D 9, D 905 et D 95), le château de Bussy (XVe-XVIIe siècles) ; église du XIIe siècle* ♦ ***Hôtels :*** *Auberge du Bon Coin (tél. 80.96.21.53), 11 chambres. A Semur-en-Auxois, Hôtel de la Côte-d'Or (tél. 80.97.03.13), 14 chambres (120 à 270 F), restaurant ; Hôtel des Cymaises (tél. 80.97.21.44), 8 chambres (204 à 222 F). A Pont-et-Massène (3 km S par D 103), Hôtel du Lac (tél. 80.97.11.11), 23 chambres (140 à 250 F), restaurant* ♦ ***Mairie*** *(tél. 80.96.21.73) -* ***Syndicat d'initiative*** *Mont-Auxois (tél. 80.96.06.02).*

SALMAISE
21690 Verrey-sous-Salmaise (Côte-d'Or)

Le site de Salmaise était déjà habité dans les temps préhistoriques mais, à part un petit monument gallo-romain conservé dans la crypte (XIe siècle) de l'église romane, les vestiges du village datent surtout du XIe au XVe siècle. Dès l'arrivée, on est frappé par l'imposant château. Edifié au XIIIe siècle par les Mont-Saint-Jean, il protégeait Salmaise dont les habitants furent affranchis du servage le 12 mai 1265, ainsi qu'en témoigne un document toujours conservé à la Mairie. Aujourd'hui, le village est toujours bien vivant. Les petites maisons sont pleines de charme ; édifiées en pierre calcaire, elles se serrent les unes contre les autres tout en se ménageant quelquefois des jardins. Leurs toits, généralement de laves, sont très caractéristiques. C'est également de cette lave calcaire que sont recouvertes les magnifiques halles ; celles-ci font l'orgueil des habitants de Salmaise ; elles datent du XIIIe siècle et ont retrouvé leur marché hebdomadaire. Vous pourrez faire une halte gourmande à la pâtisserie artisanale avant de quitter à regret ce village classé parmi les plus beaux de France.

♦ *180 habitants, 323 m d'altitude* ♦ ***Itinéraire d'accès :*** *à 38 km N-O de Dijon par N 71 - Saint-Seine-l'Abbaye, D 103* D, *D 26, D 10* ♦ ***Aux alentours :*** *l'église abbatiale (XIIIe-XVe siècles) de Saint-Seine-l'Abbaye (8 km S-E par D 26)* ♦ ***Foires, festivités :*** *marché le samedi après-midi sous les halles (XIIIe siècle) ; foire artisanale le 2e dimanche de juin* ♦ ***Hôtels :*** *à Saint-Seine-l'Abbaye (8 km), Hôtel de la Poste (tél. 80.35.00.35), 22 chambres (120 à 200 F), restaurant. A Val-Suzon (18 km S-E par D 26 et N 71), Hostellerie du Val-Suzon (tél. 80.35.60.15), hôtel de charme, 17 chambres (550 F), restaurant* ♦ ***Mairie*** *(tél. 80.35.84.99).*

SEMUR-EN-AUXOIS
21140 (Côte-d'Or)

Des cultivateurs, des vignerons et des commerçants entreprenants - parmi lesquels figurent des drapiers et des bouchers dont on retrouve l'effigie sur les très beaux vitraux de l'église - ont construit la prospérité de Semur qui était à l'origine un petit prieuré dépendant de l'abbaye de Flavigny. Semur-en-Auxois n'est pas à proprement parler un village ; c'est en fait une petite cité édifiée à l'ombre d'un château et riche de son passé, de ses tours, de ses vieilles portes, de ses jardins et des flèches de pierre de la Collégiale qui mérite une visite approfondie. Plusieurs circuits fléchés permettent de savourer le charme de cette cité et de ses alentours. Dans son petit musée on découvrira une collection de fossiles et une salle de peintures qui présente cinq tableaux offerts et signés par Camille Corot.

♦ *5364 habitants, 286 m d'altitude* ♦ ***Itinéraire d'accès*** *: à 70 km N-O de Dijon par A 38-A 6 sortie Semur et D 980* ♦ ***A voir*** *: musée municipal* ♦ ***Aux alentours*** *: l'abbaye de Fontenay* ♦ ***Foires, festivités*** *: marché le jeudi et le samedi matin, foire le 3e jeudi de chaque mois ; fêtes de la bague fin mai, festival de théâtre en août, concerts à la collégiale Notre-Dame* ♦ ***Hôtels*** *: Hostellerie d'Aussois (tél. 80.97.28.28), 43 chambres (290 à 340 F), restaurant ; Hôtel de la Côte-d'Or (tél. 80.97.03.13), 14 chambres (200 à 310 F), restaurant ; Hôtel des Cymaises (tél. 80.97.21.44), 18 chambres (190 à 250 F). A Pont-et-Massène (3 km S par D 103), Hôtel du Lac (tél. 80.97.11.11), 23 chambres (140 à 250 F), restaurant* ♦ ***Restaurants*** *: Le Carillon (tél. 80.97.07.87) ; La Cambuse (tél. 80.97.06.78) ; Café les Minimes (tél. 80.97.26.86)* ♦ ***Syndicat d'initiative*** *(tél. 80.97.05.96).*

DONZY
58220 (Nièvre)

Donzy est situé à 20 kilomètres de Cosne-sur-Loire parmi les collines du nord du département de la Nièvre. Les agriculteurs de la région convergent régulièrement vers cette localité lors de foires qui se tiennent chaque année pendant les lundis de Pâques et de Pentecôte. Trois églises, Saint-Caraduc, Notre-Dame-du-Pré et Saint-Martin, sont ses trois monuments principaux. La balade au cœur des ruelles permet d'apprécier les colombages des maisons anciennes. Une tour ronde marque l'emplacement de l'ancien château fort du XIIIᵉ siècle.

♦ *1890 habitants, 182 m d'altitude* ♦ ***Itinéraire d'accès** : à 65 km S-O d'Auxerre par N 151 - Clamecy D 977, D 19, D 33* ♦ ***A voir** : à Donzy-le-Pré (1 km), prieuré clunisien* ♦ ***Aux alentours** : à Suilly-la-Tour (7,5 km S-O par D 1 et D 4), le château des Granges* ♦ ***Foires, festivités** : musique en Donziais en juin, festival de danse début août ; marché le jeudi et le samedi matin* ♦ ***Hôtels** : Le Grand Monarque (tél. 86.39.35.44), hôtel de charme, 16 chambres (130 à 260 F), restaurant. A Myennes (21 km N-O par D 33 et N 7), Auberge des Croquets (tél. 86.28.18.23), 19 chambres (165 à 200 F), restaurant. A Cosne-sur-Loire (20 km N-O par D 33), Auberge à la Ferme (tél. 86.28.15.85), 11 chambres (175 F), restaurant* ♦ ***Restaurant** : à Cosne-sur-Loire, Le Sévigné (tél. 86.28.27.50)* ♦ ***Mairie** (tél. 86.39.30.28).*

ANZY-LE-DUC
71110 (Saône-et-Loire)

A 20 kilomètres de Paray-le-Monial, Anzy-le-Duc est un petit village d'exploitants agricoles dominé par le magnifique clocher octogonal de son église qui peut faire songer à la silhouette d'un campanile. Les contreforts de cette église permettent d'apercevoir la campagne proche ; plusieurs sentiers de randonnée longent les méandres de l'Arconce. Pour retenir le visiteur dans ce site exceptionnellement tranquille, il y a des gîtes ruraux, des auberges où l'on consomme de délicieux fromages de chèvre, et un prieuré qui organise des expositions d'artisans. Son église romane est la plus belle de toutes les églises du Brionnais. Les ocres de ses vieilles pierres, les très étonnants modillons de ses murs se marient admirablement avec les teintes du couchant. Il faut venir examiner longuement la quarantaine de chapiteaux souvent énigmatiques qui décorent l'intérieur de la nef. Ce monument est également célèbre pour ses deux grands portails sculptés.

♦ *428 habitants* ♦ *Itinéraire d'accès : à 38 km N de Roanne par D 482 et D 10 ; à 20 km S-O de Paray-le-Monial par D 352 et D 982* ♦ *Foires, festivités : été musical en juillet et août* ♦ *Hôtel : à Céron (12 km S-O par D 10, D 982 et D 990), Château de la Frédière (tél. 85.25.19.67), 10 chambres (120 à 450 F)* ♦ *Mairie (tél. 86.60.10.30).*

BERZE
71960 (Saône-et-Loire)

Ce village est dédoublé. A 14 kilomètres au nord de Mâcon il y a Berzé-le-Châtel avec son vieux moulin à vent, sa forteresse et son église du XVIII⁹ siècle. Plus à l'écart, au milieu des vignes et des prés, il y a Berzé-la-Ville, pas plus grand qu'un hameau, qui a été bâti sur un éperon rocheux et qui est célèbre dans le monde entier pour les fresques romanes de sa chapelle. Le prieuré de Berzé fut le lieu de résidence de saint Hugues, le grand abbé de Cluny. Les vieux pourpres et les ocres clairs de ses peintures murales furent découverts à la fin du XIX⁹ siècle : un épais badigeon les protégeait des atteintes du temps. Elles représentent le Christ en Gloire et les martyres de saint Blaise et saint Vincent.

♦ *410 habitants* ♦ ***Itinéraire d'accès :*** *à 14 km N-O de Mâcon par N 79 et D 17* ♦ ***Aux alentours :*** *Cluny (12 km N-O par D 17, D 980) : abbaye du XII⁹ siècle, cloître du XVIII⁹ siècle ; musée Ochier. A Mâcon (14 km), musée Lamartine, musée des Ursulines* ♦ ***Foires, festivités :*** *à Mâcon, fête des Vins Nouveaux fin novembre* ♦ ***Hôtels :*** *à la Croix-Blanche (1 km), Relais du Mâconnais (tél. 85.36.60.72), 12 chambres (140 à 230 F), restaurant. A Igé (8 km N par D220 et D85), Château d'Igé (tél. 85.33.33.99), 6 appartements et 6 chambres (400 à 600 F), restaurant. A Solutré (10 km S par D 220, D 209 et D 177), Relais de Solutré (tél. 85.35.80.81), 30 chambres (165 à 260 F), restaurant* ♦ ***Mairie*** *(tél. 85.37.71.10).*

BRANCION
71700 Martailly-les-Brancion (Saône-et-Loire)

Treize kilomètres séparent Brancion du très célèbre édifice roman qu'on aperçoit en bordure d'autoroute, l'abbatiale Saint-Philibert-de-Tournus. Ce petit bourg s'est constitué sur l'emplacement d'un oppidum celto-ligure. Il comporte un ancien château qui se visite et qui fut autrefois entouré par une triple enceinte. Le second centre d'intérêt de ce village, c'est son église, très sobre, et très finement proportionnée, située à l'extrémité d'un promontoire qui permet d'apercevoir le magnifique panorama des monts de la Loire et de l'Autunois. A l'intérieur de ce lieu de culte, on découvre des fresques gothiques et le tombeau d'un grand gisant. Dans le bourg lui-même, dont l'ensemble est protégé par les monuments historiques, figurent une grande halle de bois datée du XVe siècle et des maisons anciennes.

♦ *Itinéraire d'accès : à 13 km O de Tournus par D 14 ; à 43 km N-O de Mâcon par A 6 - Tournus et D 14* ♦ ***Foires, festivités :*** *feux celtiques de la Saint-Jean en juin ; marché biologique le 1er et le 3e dimanche du mois* ♦ ***Hôtel :*** *La Montagne de Brancion (tél. 85.51.12.40), 20 chambres (235 à 420 F)* ♦ ***Mairie*** *(tél. 85.51.12.56).*

SEMUR-EN-BRIONNAIS
71110 (Saône-et-Loire)

Entre la Clayette et Marcigny, le bourg de Semur-en-Brionnais dresse une silhouette compacte et pittoresque qui associe d'anciennes fortifications, le clocher et le transept d'une église romane, un vieux donjon et les dépendances d'un vaste séminaire, aujourd'hui désaffecté. Une agréable promenade effectuée tout au long de l'ancien chemin de ronde de cette localité permet d'admirer la superbe vue sur la vallée de la Loire. Lieu d'emprisonnement pendant la Révolution, son château fort a été restauré ; ses premières fondations datent du XIe siècle. Une fois visitée cette ancienne demeure, qui accueille chaque été des spectacles son et lumière, il faut se rendre sur la grande place où se trouve une élégante maison du XVIIe siècle qui sert aujourd'hui de mairie. On de soit également de visiter l'église romane dont la porte principale, qui comporte un tympan sculpté, s'ouvre en contrebas.

♦ *781 habitants, 380 m d'altitude* ♦ ***Itinéraire d'accès :*** *à 35 km N de Roanne par D 482 - Marcigny et D 989* ♦ ***A voir :*** *musée du château Saint-Hugues* ♦ ***Aux alentours :*** *à Saint-Martin-du-Lac (7 km S-O par D 985 et D 982), musée des attelages de la Belle Epoque* ♦ ***Foires, festivités :*** *journée artisanale le 15 août ; exposition de peinture et sculpture en juillet et août. A Marcigny (5 km O par D 989), musée de la Tour du Moulin ; marché le lundi* ♦ ***Hôtels :*** *à Marcigny, Les Récollets (tél. 85.25.03.34), maison d'hôtes de charme, 9 chambres (300 à 450 F). A Céron (10 km O par D 989 et D 990), Château de la Frédière (tél. 85.25.19.67), maison d'hôtes de charme, 9 chambres (150 à 520 F)* ♦ ***Mairie*** *(tél. 85.25.02.94).*

NOYERS-SUR-SEREIN
89310 (Yonne)

Située dans la vallée du Serein, l'une des plus belles vallées de Bourgogne, au cœur d'un pays de vignobles, Noyers offre tout d'abord la vision de ses remparts aux seize tours rondes.

La visite de la petite cité est très agréable. Grâce à un intéressant itinéraire proposé par l'association des "Amis du Vieux Noyers", on peut flâner le long des ruelles aux noms charmants : rue de la Petite-Etape-aux-Vins, rue du Poids-du-Roi, pour découvrir un bel échantillonnage de maisons bourguignonnes : maisons à colombage, à arcades ou avec des poutres et des linteaux sculptés.

La place de l'Hôtel de Ville est entourée de ravissantes maisons du XIVe et du XVe siècle. L'Hôtel de Ville du XVIIe comporte des pilastres et des balcons de fer forgé.

♦ *837 habitants, 176 m d'altitude* ♦ ***Itinéraire d'accès :*** *à 38 km S-E d'Auxerre par A 6 sortie Nitry et D 49 ou N 6 - D 11 et D 49* ♦ ***A voir :*** *musée d'art naïf* ♦ ***Aux alentours :*** *le prieuré de Vausse à Châtel-Gérard, les villages de Nitry, Villiers-la-Grange, Annoux et Jouancy* ♦ ***Foires, festivités :*** *balade médiévale à la Pentecôte, foire à la brocante le 3eme dimanche de juillet, concerts et expositions au prieuré de Vausse pendant l'été* ♦ ***Hôtels :*** *à Thizy (20 km S par D 86 et D 114), L'Atelier (tél. 86.32.11.92), 8 chambres (180 à 300 F), restaurant. A Chablis (23 km N-O par D 956 et D 91), Hostellerie des Clos (tél. 86.42.10.63), 26 chambres (220 à 480 F), restaurant. A Accolay (25 km O par D 49, D 11 et N 6), Hostellerie de la Fontaine (tél. 86.53.54.02), 15 chambres (150 à 300 F), restaurant* ♦ ***Restaurants :*** *La Vieille Tour (tél. 86.55.87.69), avec chambres ; Auberge du Serein (tél. 86.82.80.53)* ♦ ***Mairie*** *(tél. 86.82.83.72).*

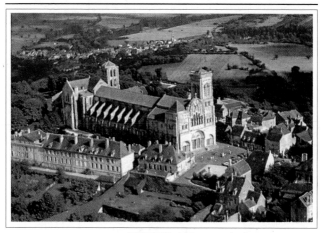

VEZELAY
89450 (Yonne)

Lorsque l'on parvient à l'extrémité de la très belle colline de Vézelay, il faut tenter d'imaginer que saint Bernard prêcha depuis cet endroit, et que Philippe-Auguste et Richard Cœur de Lion rassemblèrent ici les armées de la troisième croisade. Dans le village médiéval, une longue rue donne accès à l'abbatiale (classée par l'Unesco en 1979) qui attire d'immenses foules de pèlerins désireux de prier près des reliques de sainte Marie-Madeleine. Dans l'église, on admirera le magnifique portail de Narthex qui évoque l'Apparition du Christ aux Apôtres après la Résurrection, et les nombreux chapiteaux de la grande nef, dont le célèbre chapiteau du "Moulin mystique". Un sculpteur a imagé l'alliance de l'Ancien et du Nouveau Testament : un prophète barbu verse des grains de blé qui deviennent de la farine dans les mains de saint Paul.

Aujourd'hui, l'harmonieux ensemble de la cité et de l'abbatiale semble menacé par un projet immobilier, le maire ayant décidé la création d'une "zone d'habitat pavillonnaire" au pied de la ville !

♦ *383 habitants, 302 m d'altitude* ♦ ***Itinéraire d'accès :*** *à 52 km S-E d'Auxerre par N 6 et D 951* ♦ ***Aux alentours :*** *le parc naturel régional du Morvan, les villages de Saint-Père-sous-Vézelay et Asquin* ♦ ***Hôtels :*** *Hôtel de la Poste et Lion d'Or (tél. 86.33.21.23), 48 chambres (240 à 600 F), restaurant ; Hôtel Le Pontot (tél. 86.33.24.40), 10 chambres (500 à 850 F). A Saint-Père (3 km E par D 957), Hôtel L'Espérance (tél. 86.33.20.45), 18 chambres (600 à 1200 F), restaurant gastronomique ; Hôtel Sofora (tél. 86.32.42.33), 6 chambres (350 à 550 F), restaurant. A Pontaubert (9 km N-E par D 957), Moulin des Templiers (tél. 86.34.10.80), hôtel de charme, 14 chambres (320 F)* ♦ ***Syndicat d'initiative*** *(tél. 86.33.23.69).*

Pays de mer aux côtes sauvages et découpées, mais aussi pays de terre et de forêts, la Bretagne révèle ses beautés à chaque promenade.

S'il existe peu de villages merveilleusement préservés comme Locronan ou Rochefort-en-Terre, partout, dans chaque village ou hameau, à la croisée des chemins, les artisans locaux ont travaillé la pierre et le bois.

L'on découvre l'histoire et l'ampleur des richesses de la province, chapelle après jubé, maison de granit après ferme paysanne, petit port de pêche après grand port langoustier.

ILE DE BREHAT
22870 (Côtes-d'Armor)

Bréhat... deux îles reliées au XVIIIe siècle par Vauban qui fait construire le Pont-ar-Prat. Dans l'île nord sauvage et désertique, des amoncellements de rochers de granit rose conduisent au phare du Paon, limite extrême du pays Goelo. Dans l'île sud, plus accueillante, d'étroits chemins se faufilent entre les jardins, les murets de pierres, les massifs d'hortensias et les champs. Quatre-vingt-six îlots, roches ou récifs entourent ces deux îles pour en faire un paysage insaisissable, qu'autrefois les Anglais et les Français se sont disputé avec violence. On dit que c'est un corsaire bréhatin, Coatantem, qui aurait indiqué à Christophe Colomb la route du Nouveau Monde. Les maisons basses du village se regroupent autour de l'église (remaniée aux XVIIe et XVIIIe siècles) au clocher-mur de granit rose. Dans cette île-jardin, pas de voitures mais beaucoup de bicyclettes : les chemins sont à la taille des hommes.

♦ *511 habitants* ♦ ***Itinéraire d'accès :*** *par transport maritime depuis la pointe de l'Arcouest, à 6 km de Paimpol par D 789 (tél. 96.55.86.99), Saint-Quay-Portrieux, à 15 km de Saint-Brieuc par D 786 (tél. 96.55.86.99)* ♦ ***Aux alentours :*** *promenade sur la rivière du Trieux* ♦ ***Hôtels :*** *Hôtel Bellevue et Terrasse (tél. 96.20.00.05), 18 chambres (200 à 350 F), restaurant ; La Vieille Auberge (tél. 96.20.00.24), 15 chambres (300 à 380 F en demi-pension seulement)* ♦ ***Mairie*** *(tél. 96.20.00.36) -* ***Syndicat d'initiative*** *(tél. 96.20.04.15).*

MONCONTOUR
22510 Moncontour-de-Bretagne (Côtes-d'Armor)

Bâtie au XIᵉ siècle sur un escarpement rocheux, Moncontour est située au confluent de deux vallées ; cité anciennement fortifiée, Richelieu ordonna en 1626 le démantèlement des remparts ; il en reste aujourd'hui d'imposants vestiges. Les rues pentues conduisent à l'église Saint-Mathurin qui contient de superbes vitraux du XVIᵉ siècle. Les hôtels sont de granit, les maisons à colombage. Certaines façades ont des poutres maîtresses sculptées. Construit sur une butte au nord du village, le château des Granges est du XVIIIᵉ siècle.

♦ *1015 habitants, 180 m d'altitude* ♦ ***Itinéraire d'accès :*** *à 23 km S-E de Saint-Brieuc par D 1* ♦ ***Aux alentours :*** *la chapelle Notre-Dame-du-Haut (à 3 km S-E), le château (XVIᵉ siècle) de la Touche-Tréby (6 km E)* ♦ ***Foires, festivités :*** *Pardon de Notre-Dame-du-Haut le 15 août* ♦ ***Hôtel :*** *à La Poterie (18 km N-E, D 768 - Lamballe et D 28), Le Manoir des Portes (tél. 96.31.13.62), hôtel de charme, 16 chambres (368 à 515 F), restaurant* ♦ ***Mairie - Syndicat d'initiative*** *(tél. 96.73.41.05).*

PAIMPOL
22500 (Côtes-d'Armor)

Au XVIIe siècle Paimpol est un important port morutier qui devient, à partir de 1852, le domaine des pêcheurs d'Islande. Sa prospérité durera jusqu'à la Seconde Guerre mondiale. A la fin du siècle dernier, 80 bateaux de 400 tonneaux partaient vers l'Islande, avec chacun 20 hommes à bord. Pour les Paimpolais, n'existait que la mer. Aujourd'hui ils sont devenus ostréiculteurs, pêcheurs côtiers, mais aussi agriculteurs.

La place du Martray est entourée de ravissantes maisons du XVIe siècle. Là se trouve la maison à tourelle d'angle où descendait Pierre Loti, et dans le square Théodore-Botrel, Paimpol reconnaissante a érigé un monument-souvenir au poète qui a tant fait pour sa gloire. La promenade le long du port et dans les rues anciennes de la cité est pleine de charme.

♦ *8367 habitants* ♦ ***Itinéraire d'accès** : à 46 km N-O de Saint-Brieuc par D 786* ♦ ***A voir** : musée municipal de la Mer* ♦ ***Foires, festivités** : marché le mardi ; Pardon le 8 décembre* ♦ ***Hôtels** : Le Repaire de Kerroc'h (tél. 96.20.50.13), hôtel de charme, 12 chambres (390 à 450 F), restaurant ; Le Barbu (tél. 96.55.86.98), 20 chambres (350 à 600 F), restaurant. Sur la route de Lanvollon (11 km S par D 7), Château de Coatguélen (tél. 96.22.31.24), 17 chambres (515 à 1300 F), restaurant, golf ; Le Relais des Pins (tél. 96.20.11.05), 16 chambres (500 à 1400 F), restaurant* ♦ ***Restaurants** : La Vieille Tour (tél. 96.20.83.18) ; La Marne (tél. 96.20.82.16). A Ploubazlanec (2 km N par D 789), Ferme de Kerroc'h (tél. 96.55.81.75)* ♦ ***Mairie** (tél. 96.20.80.15)* ***Syndicat d'initiative** (tél. 96.20.83.16).*

TREGUIER
22220 (Côtes-d'Armor)

Tréguier, bâti sur une colline qui domine l'estuaire du Jaudy et du Guindy, fut fondé au VIe siècle par saint Tugdual, l'un des sept saints de la Bretagne ; saint Yves, patron des juristes et des avocats est né dans la cité. Tréguier a conservé de belles maisons anciennes à colombage – comme celle où est né et où a vécu Ernest Renan et qui est devenue musée – de beaux jardins et des couvents. Place du Martray, la cathédrale Saint-Tugdual (XIIIe-XVe siècle) de style gothique rayonnant, est l'une des plus belles de Bretagne. La tour Hasting est un vestige de l'église du XIIe siècle. Le cloître du XVe est magnifique avec ses arcades de granit entourant une paisible cour fleurie.

♦ *3400 habitants* ♦ ***Itinéraire d'accès :*** *à 18 km E de Lannion par D 786 ; à 61 km N-O de Saint-Brieuc par D 6, D 7 et D 786* ♦ ***A voir :*** *le trésor de la cathédrale Saint-Tugdual ; la maison natale de Renan* ♦ ***Aux alentours :*** *le village de Minihy-Tréguier (1 km au S), le petit port de Port-Blanc (10 km au N par D 70ᴬ et D 74), la côte de Granit Rose* ♦ ***Foires, festivités :*** *marché le mercredi ; Pardon de Saint-Yves le 19 mai* ♦ ***Hôtel :*** *sur la route de Lannion, Kastell Dinec'h (tél. 96.92.49.39), hôtel de charme, 15 chambres (400 F), restaurant* ♦ ***Mairie - Syndicat d'initiative*** *(tél. 96.92.30.19) -* ***Port*** *(tél. 96.92.42.37).*

ILE DE BATZ
29253 (Finistère)

L'île s'appelle "Enez-Vaz" (île du Bâton) en breton. Longue de quatre kilomètres et large d'un kilomètre, elle est entourée d'une ceinture de récifs. A un bout de l'île, "Toul-al-Sarpant" (le Trou du Serpent), à l'autre bout, le jardin colonial, à l'ouest le phare, et à l'est, les ruines de la chapelle romane élevée sur l'emplacement du monastère fondé par saint Pol-Aurélien. Autour de la baie de Kernoc'h, digues et maisons sont de granit. Elles sont dominées par l'église construite en 1873. A l'intérieur, on peut admirer de très belles statues de la Vierge datant des XIVe et XVe siècles et une statue en bois de saint Pol-Aurélien du XVIIe siècle.

Les maisons, toutes simples, sont entourées de jardins fleuris où poussent parfois des palmiers. L'île jouit en effet d'un climat très doux. Du haut du phare de 44 mètres, on découvre l'île, la côte, les récifs et les plages de sable blanc.

♦ *750 habitants* ♦ ***Itinéraire d'accès** : par transport maritime depuis Roscoff (tél. 98.61.76.98/98.61.77.75)* ♦ ***A voir** : l'église (XIXe siècle), le phare, la chapelle Sainte-Anne, le jardin Georges-Delasselle* ♦ ***Foires, festivités** : Pardon de Sainte-Anne le dernier dimanche de juillet (messe en plein air et feu de joie), fête de la mer, kermesse en juillet-août* ♦ ***Hôtels** : Hôtel Ker-Noël (tél. 98.61.76.69), restaurant ; Le Grand Hôtel (tél. 98.61.79.98), restaurant ; Hôtel Roch Ar Mor (tél. 98.61.78.06), restaurant* ♦ ***Mairie - Syndicat d'initiative** (tél. 98.61.75.70) - **Port** (tél. 98.61.76.98).*

CAMARET-SUR-MER
29129 (Finistère)

Le petit port de Camaret est situé sur la presqu'île de Crozon, entre la pointe du Raz et la pointe Saint-Mathieu. Le village est ravissant et agréable. Quel dommage que, pour y parvenir, on soit obligé de traverser une succession de lotissements fort laids ! Sur le "Sillon", longue digue qui ferme le port, la chapelle de Rocamadour bâtie de 1610 à 1653, fut détruite en 1910 et restaurée ensuite. Dans le passé, les attaques anglaises, hollandaises, espagnoles furent nombreuses ; Vauban construisit des fortifications à la fin du XVIIe siècle pour protéger Camaret et la rade de Brest. Il n'en reste aujourd'hui que le château Vauban, imposante tour à trois étages de feu qui abrite un intéressant musée naval. La petite cité est construite en rues parallèles au quai. La promenade est pleine de charme, aussi bien dans les petites rues animées de boutiques et de crêperies, que le long du quai. Camaret est un important port langoustier et une agréable station balnéaire.

♦ *3064 habitants* ♦ ***Itinéraire d'accès :*** *à 44 km N-O de Châteaulin par D 887 et D 8 ; à 31 km S-O de Brest par N 165 - Le Faou, D 791, D 887 et D 8* ♦ ***A voir :*** *musée naval* ♦ ***Aux alentours :*** *la presqu'île de Crozon de la pointe de Penhir à la pointe des Espagnols (magnifique panorama)* ♦ ***Foires, festivités :*** *foire à la brocante à Pâques, fête folklorique en juillet, Pardon de la mer le 1ᵉʳ dimanche de septembre* ♦ ***Hôtels :*** *Hôtel de France (tél. 98.27.93.06), 22 chambres (250 à 420 F), restaurant ; Hôtel Thalassa (tél. 98.27.86.44), 45 chambres (240 à 480 F), restaurant* ♦ ***Syndicat d'initiative*** *(tél. 98.27.93.60).*

LE FAOU
29142 (Finistère)

Ce n'est pas au premier coup d'œil que l'on découvre le vrai charme du Faou. Il faut flâner dans la rue du Passage et rejoindre la rue des Cendres pour admirer l'alignement des maisons en schiste et en granit ornées d'encorbellements du XVIᵉ siècle. Au bout, l'église Saint-Sauveur se reflète dans l'eau. Construit sur la rade de Brest, au fond de la rivière Steir Coz, Le Faou est le passage obligé pour rejoindre la presqu'île de Crozon. Cette situation stratégique sur la route de Quimper permit à la petite ville de prendre un essor important entre l'activité portuaire, le commerce et l'artisanat. C'est en effet de là que partaient vers les armateurs royaux d'impressionnantes cargaisons de chênes et de hêtres (en breton "ar faou"). Pour les marcheurs, un sentier aménagé le long de la grève permet d'embrasser une superbe vue sur la rade avec, en arrière-plan, les ruines de l'abbaye de Landevennec et l'île de Tibidy.

♦ *1300 habitants* ♦ ***Itinéraire d'accès :*** *à 28 km S-E de Brest par N 165* ♦ ***Aux alentours :*** *le village de Rumenzol (église du XVIᵉ siècle), la forêt domaniale du Cranov* ♦ ***Foire, festivités :*** *foire à la brocante le 15 août ; Grand Pardon de la Vierge le 15 août à Romengol* ♦ ***Hôtels :*** *La Vieille Renommée (tél. 98.81.90.31), 38 chambres (198 à 270 F), restaurant ; Le Relais de la Place (tél. 98.81.91.19), 35 chambres (120 à 220 F), restaurant* ♦ ***Mairie*** *(tél. 98.81.90.44) -* ***Syndicat d'initiative*** *(tél. 98.81.06.85).*

ILE-TUDY
29157 (Finistère)

Située sur une presqu'île (et non sur une île, malgré son nom), Ile-Tudy est un ravissant petit port de pêche. D'un côté l'Océan, de l'autre la calme rivière de Pont-l'Abbé, et en face, Loctudy sa rivale de toujours. C'est ici que saint Tudy a accosté en 494. La commune est si petite, qu'elle n'a aucune terre cultivable. Au XIXᵉ siècle, les hommes partaient, d'avril à novembre, pêcher la sardine et Ile-Tudy devenait le domaine des femmes. Les ruelles sont étroites avec des maisons basses, toutes blanches, serrées les unes contre les autres. L'endroit est tout à fait charmant mais, ici encore, on regrettera les trop nombreux pavillons modernes construits aux alentours, qui dénaturent ce beau paysage.

♦ *552 habitants* ♦ ***Itinéraire d'accès :*** *à 10 km S-E de Pont-L'Abbé par D 44 et D 144 ; à 21 km S-O de Quimper par D 785 et D 144 ; un passeur assure un service avec Loctudy* ♦ ***Aux alentours :*** *à Sainte-Marine, le jardin botanique de Cornouailles. A Loctudy, le manoir de Kérazan (tél. 98.87.40.40) ; visite de l'archipel des Glénans* ♦ ***Foires, festivités :*** *festival international de musique mécanique en juin, kermesse folklorique le 1ᵉʳ dimanche d'août* ♦ ***Hôtel :*** *Euromer (tél. 98.56.39.27), 60 chambres-studios (180 à 460 F)* ♦ ***Syndicat d'initiative*** *(tél. 98.56.30.14).*

LOCRONAN
29136 (Finistère)

Petite cité devenue prospère aux XVIe et XVIIe siècles grâce à l'industrie de la toile à voile, Locronan, merveilleusement préservée, a conservé de son riche passé de très belles maisons Renaissance en granit. Groupées autour de la place, elles encadrent l'église Saint-Ronan, qui date du XVe siècle, magnifique construction de granit ouvragé. L'intérieur, avec ses voûtes en ogives est exceptionnel et contient un beau vitrail du XVe siècle et des statues anciennes. A son côté, la chapelle du Penity (XVIe siècle) et le tombeau de Saint-Ronan. Il faut flâner dans les rues voisines agrémentées de nombreuses boutiques d'antiquaires et d'artisans. Par la rue Moal on descend jusqu'à la chapelle Notre-Dame-de-Bonne-Nouvelle datant du XVIe siècle. Locronan a accueilli de nombreux artistes, dont le peintre Yves Tanguy.

♦ *704 habitants, 145 m d'altitude* ♦ ***Itinéraire d'accès :*** *à 17 km N-O de Quimper par D 39 et D 63* ♦ ***A voir :*** *musée municipal (route de Châteaulin), ateliers Saint-Ronan, tissages de l'ancienne Compagnie des Indes, atelier du Ménez, verrerie du Ponant* ♦ ***Aux alentours :*** *la montagne de Locronan (2 km E par la route de Châteaulin), la chapelle de Kergoat (3,5 km E par la route de Châteaulin)* ♦ ***Foires, festivités :*** *Grande Troménie tous les 6 ans (la prochaine aura lieu en 1995) les 2e et 3e dimanches de juillet, Petite Troménie le 2e dimanche de juillet ; Pardon de Notre-Dame-de-la-Palud (à 8 km au N-O direction Crozon) le dernier dimanche d'août* ♦ ***Hôtels :*** *Hôtel du Prieuré (tél. 98.91.70.89), 14 chambres (200 à 300 F), restaurant. A Plomodiern (3 km au N-O par C 10), Hôtel Porz-Morvan (tél. 98.81.53.23), hôtel de charme, 12 chambres (270 à 290 F). A Plonévez-Porzay, Manoir de Moëllien (tél. 98.92.50.40), hôtel de charme, 10 chambres (330 F)* ♦ ***Restaurant :*** *Au Fer à Cheval (tél. 98.91.70.74)* ♦ ***Mairie*** *(tél. 98.91.70.05) - **Syndicat d'initiative** (tél. 98.91.70.14).*

ILE MOLENE
29259 (Finistère)

Pour naviguer en mer d'Iroise, la ligne droite est inconnue, parce que dans l'archipel de Molène, il y a autant d'îles ou d'écueils que de jours dans l'année. Moal Enez, Molène, 1200 mètres de long et 800 mètres de large est si petite "qu'une vache n'a jamais les quatre sabots dans le même champ". Les petites maisons basses ont des volets roses, jaunes, rouges ou turquoise, des toits d'ardoises et des murs de granit. Les Molénais ont toujours récolté le goémon. Cet anneau noir qui entoure les côtes donne, une fois séché, un engrais très apprécié, la cendre de Molène. La grande activité des habitants de l'île est la pêche aux crustacés, mais aussi au filet. Si un jour vous bravez les courants, les écueils et le vent, vous n'oublierez plus l'île Molène, seul endroit de France à vivre à l'heure du soleil.

♦ *500 habitants* ♦ ***Itinéraire d'accès :*** *par transport maritime (tous les jours en été) depuis Brest ou Le Conquet (24 km O de Brest par D 789), S.M.D. (tél. 98.80.24.68)* ♦ ***A voir :*** *musée "Drumon Castle", musée sur le sauvetage en mer* ♦ ***Hôtels :*** *Kastell an Daol (tél. 98.07.39.11). Au Conquet, La Pointe Sainte-Barbe (tél. 98.89.00.26), 49 chambres (150 à 400 F), restaurant* ♦ ***Mairie*** *(tél. 98.07.39.05).*

ILE D'OUESSANT
29242 (Finistère)

L'île fait sept kilomètres de long, quatre kilomètres de large et culmine à soixante mètres au point le plus élevé. A Lampaul, le bourg de l'île, les vieilles maisons ont des volets bleus ou verts, les couleurs ouessantines. Terre de culture, l'île avait autrefois six grands moulins et une centaine de petits en bois ; aujourd'hui, il n'en reste qu'un. Ici la terre et les femmes se conjuguent ensemble, tout comme les hommes et la mer. Mais l'île cultivée d'hier appartient aux oiseaux migrateurs ou nicheurs, et aux moutons. Les vents et les vagues ont sculpté les côtes rocheuses d'Ouessant. Les bateaux doivent affronter des courants violents : le Fromrust au nord-ouest et le Fromveur au sud-est. Pour veiller sur les hommes, les phares de Nividic, la Jument, Kereon, le Stiff et le Créac'h. L'île fait partie du parc régional d'Armorique.

♦ *1255 habitants* ♦ ***Itinéraire d'accès :*** *par transport maritime depuis Brest ou Le Conquet, S.M.D. (tél. 98.80.24.68)* ♦ ***A voir :*** *l'Ecomusée dans deux maisons du hameau de Niou-Huella ; musée des phares et balises, phare du Créac'h* ♦ ***Foires, festivités :*** *Pardon de l'île à la chapelle Notre-Dame-de-Bon-Voyage le 1er ou le 2e dimanche de septembre* ♦ ***Hôtel :*** *pas d'hôtel confortable sur l'île. Au Conquet, La Pointe Sainte-Barbe (tél. 98.89.00.26), 49 chambres (150 à 400 F), restaurant* ♦ ***Syndicat d'initiative*** *(tél. 98.48.85.83).*

PONT-AVEN
29123 (Finistère)

"Pont-Aven, ville de renom, quatorze moulins, quinze maisons", disait-on au XIXᵉ siècle. La petite rivière qui joue avec les rochers et les ruines des anciens moulins à eau s'élargit et c'est là, entre estuaire et rivière, que Pont-Aven s'est installé. Le bois d'Amour, sur une colline qui borde l'Aven, a séduit les peintres, comme les villages ou les auberges de la région. De 1886 à 1889, Paul Gauguin avait à plusieurs reprises pris pension chez Marie-Jeanne Gloanec (place Paul-Gauguin bien entendu), et y vivait à crédit. Dans une maison voisine habitait "la belle Angèle", immortalisée par le peintre et qui, furieuse, n'a pas voulu de son portrait lorsqu'elle le vit. Quant à Théodore Botrel, s'il a chanté Paimpol et sa falaise, c'est à Pont-Aven qu'il est venu vivre en 1912. Dans la chapelle de Trémalo au toit dissymétrique, très beau Christ en bois du XVIIᵉ siècle. Avant de quitter Pont-Aven, n'oubliez pas de passer à la pâtisserie Kersale pour goûter ses délicieuses spécialités.

♦ *3295 habitants* ♦ ***Itinéraire d'accès :*** *à 32 km S-E de Quimper par N 165 et D 24 ; à 17 km O de Quimperlé par D 783* ♦ ***A voir :*** *musée municipal* ♦ ***Aux alentours :*** *l'église de Nêvez, le port de Kerdruc* ♦ ***Foires, festivités :*** *fête des fleurs d'ajonc le 1ᵉʳ dimanche d'août* ♦ ***Hôtels :*** *Le Moulin de Rosmadec (tél. 98.06.00.22), 4 chambres (350 à 450 F), restaurant gastronomique ; Les Ajoncs d'or (tél. 98.06.02.06), 21 chambres (210 à 240 F), restaurant. A Riec-sur-Belon (5 km O par D 783), Le Chatel (tél. 98.06.00.04), maison d'hôtes de charme, 5 chambres (170 F). A Kerdruc (5 km), Pen Ker Dagorn (tél. 98.06.85.01), maison d'hôtes de charme, 4 chambres (200 F)* ♦ ***Restaurants :*** *à 4 km O sur la route de Concarneau, La Taupinière (tél. 98.06.03.12)* ♦ ***Mairie*** *(tél. 98.06.00.35) -* ***Syndicat d'initiative*** *(tél. 98.06.04.70).*

PONT-CROIX
29122 (Finistère)

Située au fond de l'estuaire du Goyen, la petite cité de Pont-Croix était autrefois la capitale du cap Sizun. Son port de commerce était très actif et ses foires renommées dans toute la Bretagne.

Les maisons anciennes sont alignées le long des petites rues pavées, mais le joyau de Pont-Croix est sa magnifique église Notre-Dame-de-Roscudon, qui date du XIIIᵉ siècle. Sa tour-clocher a servi de modèle à celle de la cathédrale de Quimper. Le porche du XIVᵉ siècle ouvre sur la nef romane, et à l'intérieur on peut admirer une très belle Cène en bois sculpté.

♦ *1842 habitants* ♦ ***Itinéraire d'accès :*** *à 40 km N-O de Quimper par D 765 ; à 17 km S-O de Douarnenez par D 765* ♦ ***Aux alentours :*** *admirable point de vue à la Pointe du Raz, du Van, de Kastel Coz ; le port d'Audierne (5 km)* ♦ ***Foires, festivités :*** *foire-exposition fin avril, Grand Pardon et procession aux flambeaux le 15 août ; marché tous les jeudis* ♦ ***Hôtels :*** *à Plozévet (8,5 km S par D 2 et D 784), Le Moulin de Brénizènec (tél. 98.91.30.33), 10 chambres (290 à 360 F). A Audierne (5 km O par D 765), Hôtel Le Goyen (tél. 98.70.08.88), 20 chambres (270 à 410 F), restaurant* ♦ ***Mairie*** *(tél. 98.70.40.66) -* ***Syndicat d'initiative*** *(tél. 98.70.46.88).*

ILE DE SEIN
29162 (Finistère)

L'île est le dernier vestige apparent de la presqu'île qui existait jadis, et dont il ne reste que 56 hectares posés sur l'Océan à 1,50 mètre de hauteur moyenne. Pour sa conquête ce n'est pas entre eux que les hommes se sont battus le plus durement, mais contre les éléments : inondations, tempêtes, raz de marée. Celui de 1756 fut terrible, seuls émergeaient les toits des maisons. On commença alors la construction de digues. Autrefois, on disait que les Sénans étaient naufrageurs mais ils sont d'intrépides sauveteurs. En 1940, tous les hommes de l'île partirent en Angleterre rejoindre le Général de Gaulle et les Forces de la France Libre.
Le bourg aux maisons blanches ou de granit a des ruelles étroites et tortueuses pour briser la force du vent. Allez voir l'église et ses deux menhirs, le calvaire et le phare d'Ar-Men.

♦ *504 habitants* ♦ ***Itinéraire d'accès** : par transport maritime, S.M.D. (tél. 98.70.02.38) ; depuis Audierne à 22 km O de Douarnenez par D 765* ♦ ***Foires, festivités** : Pardon paroissial le dimanche de la Trinité, Pardon de Saint-Corentin le dimanche après le 15 août* ♦ ***Hôtels** : Hôtel d'Ar-Men (tél. 98.70.90.77) ; Hôtel des Trois Dauphins (tél. 98.70.92.09)* ♦ ***Mairie** (tél. 98.70.90.35).*

COMBOURG
35270 (Ille-et-Vilaine)

Construit en 1016 sur une hauteur par l'archevêque de Dol Guiguené, le château de Combourg se dresse, sévère forteresse, au-dessus d'un grand étang bordé de peupliers. Remanié extérieurement aux XIVe et XVe siècles, ses tours, ses mâchicoulis, ses créneaux et ses chemins de ronde dominent encore le village. Il fut vendu en 1761 au père de François-René de Chateaubriand et il appartient toujours à la même famille. Il a été remodelé intérieurement en 1875.

Dans le vieux bourg, les maisons aux toits d'ardoises et aux cheminées de brique se serrent les unes contre les autres. La maison de la Lanterne du XVIe siècle, abrite le syndicat d'initiative. "C'est dans les bois de Combourg que je suis devenu ce que je suis", écrit Chateaubriand dans les *Mémoires d'outre-tombe*.

♦ *4763 habitants* ♦ ***Itinéraire d'accès :*** *à 37 km N de Rennes par N 137 - Hédé et D 795* ♦ ***A voir :*** *le château (visites de juin à octobre), le musée international de la faune* ♦ ***Aux alentours :*** *le château de Lanrigan (XVe-XVIe siècle) à 5 km S-E par D 794 et D 83* ♦ ***Foires, festivités :*** *marché le lundi, foire à la brocante en mai, fête de la musique en août* ♦ ***Hôtels :*** *Hôtel du Château (tél. 99.73.00.38), 34 chambres (230 à 400 F), restaurant ; Hôtel du Lac (tél. 99.73.05.65), 30 chambres (92 à 265 F)* ♦ ***Mairie*** *(tél. 99.73.00.18) -* ***Syndicat d'initiative*** *(tél. 99.73.13.93).*

PAIMPONT
35380 Plélan-le-Grand (Ille-et-Vilaine)

La forêt de Paimpont, ancienne forêt de Brocéliande, est aujourd'hui la plus grande de Bretagne : 7000 hectares parsemés d'étangs, de châteaux, de lieux magiques et de légendes. Le bourg s'est construit au VIIe siècle autour d'un monastère qui se transformera en abbaye à la fin du XIIe siècle. La mairie actuelle est installée dans l'aile nord (XVIIe siècle) qui seule a subsisté. La petite église du XIIIe siècle, remaniée au XVIIe, possède de magnifiques statues du XVe et du XVIe siècle et un maître-autel du XVIe.

Un peu plus loin se trouve le pittoresque hameau des Forges où, du XVIe au XIXe siècle, les familles travaillaient aux hauts fourneaux. Vous ne résisterez pas au charme de ces maisons de schiste rose à toits d'ardoises. Paimpont ou Brocéliande... Il faut s'y promener au hasard des chemins à la rencontre de Viviane, de Merlin, du roi Arthur, ou des chevaliers de la Table Ronde.

♦ *1449 habitants* ♦ ***Itinéraire d'accès :*** *à 22 km O de Ploërmel par N 24 et D 312 ; à 40 km O de Rennes par N 24 et D 38* ♦ ***A voir :*** *musée de l'abbaye Notre-Dame* ♦ ***Foires, festivités :*** *fête de Thelhouët en août* ♦ ***Hôtels :*** *Manoir du Tertre (tél. 99.07.81.02), hôtel de charme, 8 chambres (385 à 400 F), restaurant ; Relais de Brocéliande (tél. 99.07.81.07), 25 chambres (150 à 250 F), restaurant* ♦ ***Syndicat d'initiative*** *(tél. 99.07.81.27).*

LA GACILLY
56200 (Morbihan)

Ce village situé dans la vallée de l'Arf, a appartenu en des temps lointains à une dame portant le joli nom de Julienne de Tournemine. Dans les ruelles en pente, les petites maisons de granit abritent des artisans d'art : tourneurs sur onyx, potiers, tisserands.

Le village vit aussi des plantes et des fleurs, et La Gacilly est connue pour ses produits de beauté à base d'essences naturelles. On peut d'ailleurs y visiter le musée Yves Rocher.

♦ *1700 habitants* ♦ ***Itinéraire d'accès :*** *à 52 km N-E de Vannes par N 166, D 776 et D 8 ; à 30 km S de Ploërmel par D 8* ♦ ***Aux alentours :*** *menhir de la Roche-Piquée* ♦ ***Hôtels :*** *Hôtel du Square (tél. 99.08.11.15), 17 chambres (160 à 205 F), restaurant ; Hôtel de France (tél. 99.08.11.15), 40 chambres (100 à 240 F), restaurant* ♦ ***Mairie - Syndicat d'initiative*** *(tél. 99.08.21.75).*

ILE DE HOUAT
56170 Quiberon (Morbihan)

Au large des côtes du Morbihan, voici l'île de Houat longue de cinq kilomètres et bordée de falaises. Elle a subi différents assauts : assauts guerriers des Anglais aux XVIIe et XVIIIe siècles, et ceux des tempêtes qui, en 1951, ont détruit le port.

Aujourd'hui on accoste au nouveau port de Saint-Gildas, empli de bateaux, au quai chargé de casiers pour les crustacés. Dans le village, les maisons blanches et fleuries bordent les ruelles qui mènent à la place des Trois Pouvoirs. Derrière l'église (XIXe siècle) un petit chemin conduit à un promontoire d'où l'on peut contempler un superbe panorama. Il faut parcourir les sentiers qui longent la côte au milieu d'une végétation parfumée, et partir à la découverte des superbes plages de sable blanc et des criques sauvages.

♦ *390 habitants* ♦ ***Itinéraire d'accès*** *: par transport maritime depuis Quiberon,* C.M.N.N. *(tél. 97.50.06.90)* ♦ ***Foires, festivités*** *: Pardon de Saint-Gildas le dernier dimanche de janvier, Pardon de la mer le 15 août* ♦ ***Aux alentours*** *: Le Bono, très joli petit port* ♦ ***Hôtel*** *: Hôtel des Iles (tél. 97.30.68.02), 7 chambres (105 à 120 F), restaurant* ♦ ***Mairie*** *(tél. 97.30.68.04).*

JOSSELIN
56120 (Morbihan)

Bâtie sur les bords escarpés de l'Oust, la petite cité de Josselin est connue surtout pour son magnifique château (XIVe-XVIIe siècle), la forteresse des Rohan. Le château a deux visages : imposant, militaire et défensif côté rivière, élégant, ouvragé, plus accueillant côté jardin. Ancienne chapelle du château, l'église Notre-Dame-du-Roncier (XIIe siècle, remaniée aux XIVe et XVIe siècles) présente un superbe ensemble de style gothique flamboyant. Les rues en pente du bourg sont bordées de maisons anciennes aux lucarnes de granit sculptées et ciselées, et de maisons à colombage des XVe et XVIe siècles.

Il est possible de découvrir Josselin en bateau par le canal de Nantes à Brest.

♦ *2740 habitants* ♦ ***Itinéraire d'accès*** *: à 42 km N-E de Vannes par N 166 et N 24 ; à 12 km O de Ploërmel par N 24* ♦ ***A voir*** *: musée de poupées* ♦ ***Aux alentours*** *: les petits bourgs de Gréguon et Trégranteur* ♦ ***Foires, festivités*** *: Pardon de Notre-Dame-du-Roncier le 8 septembre* ♦ ***Hôtels*** *: Hôtel du Commerce (tél. 97.22.22.08), 5 chambres (160 à 240 F), restaurant ; Hôtel du Château (tél. 97.22.20.11), 36 chambres (170 à 260 F), restaurant. A Guilliers (16 km N-E par D 16), Relais du Porhoët (tél. 97.74.40.17), 15 chambres (160 à 200 F), restaurant* ♦ ***Mairie*** *(tél. 97.22.24.17) - **Syndicat d'initiative** (tél. 97.22.36.43).*

LANVAUDAN
56240 (Morbihan)

Classé par les Monuments historiques, le hameau de Lanvaudan forme un bel ensemble du Moyen-Âge peu courant dans la région. Le granit prend ici des teintes ocre et roses, des harmonies douces et le chaume recouvre les grosses maisons paysannes bien restaurées groupées autour de l'église du XVIIe siècle. Sa simplicité et son harmonie sont les fidèles reflets de la foi de ses habitants d'hier. Sur les toits, il y a de toutes petites lucarnes et les façades sont ornées de fenêtres de toutes les tailles, les portes sont petites et parfois décorées.

Les nombreux puits sont souvent ornementés. Vous pourrez aussi voir, accolée à l'une des maisons, une superbe niche à chien en granit, à tête de lion.

♦ *827 habitants, 95 m d'altitude* ♦ ***Itinéraire d'accès :*** *à 9 km N de Hennebont par D 145* ♦ ***Hôtels :*** *à Bubry (13 km N-E par D 145 et D 2), Auberge de Coët-Diquel (tél. 97.51.70.70), hôtel de charme, 20 chambres (250 à 300 F), restaurant. A Kervignac (18 km S par D 145 - Hennebont et D 9), Château de Locguénolé (tél. 97.76.29.04), 31 chambres (400 à 1050 F), restaurant* ♦ ***Mairie*** *(tél. 97.33.33.08).*

ILE-AUX-MOINES
56780 (Morbihan)

Combien d'îles dans le golfe du Morbihan ? Combien de légendes ? L'île-aux-Moines est la plus grande de toutes : elle s'étire sur six kilomètres. Les religieux qui autrefois l'habitaient lui ont donné son nom. Très longtemps, les îliens ont cherché dans leur sol la sépulture de Jules César, qui y aurait été enseveli dans un cercueil d'or. Le nord de l'île est très habité. Le sud, plus sauvage, est couvert par les genêts et par la lande.

A Locmiquel, le village de l'île, les maisons de pêcheurs sont serrées autour de l'église Saint-Michel. Les façades, peintes à la chaux, sont égayées par des portes et des volets peints dans tous les tons de bleu. L'île est fleurie de mimosas, de lauriers, de palmiers. Les bois portent des noms évocateurs : le bois d'Amour, le bois des Soupirs, le bois des Regrets... Cette île est vraiment un endroit enchanteur.

♦ *590 habitants* ♦ ***Itinéraire d'accès :*** *par transport maritime (tél. 97.26.31.45) depuis Port-Blanc ; à 14 km S d'Avray par D 101 et D 316A* ♦ ***Foires, festivités :*** *régates pour le 15 août* ♦ ***Hôtels :*** *Hôtel de l'Ile (tél. 97.26.32.50), restaurant. A Saint-Avé (5 km N de Vannes par D 126), Le Moulin de Lesnuhé, (tél. 97.60.77.77), hôtel de charme, 12 chambres (190 à 230 F), restaurant* ♦ ***Restaurants :*** *Chez Charlemagne (tél. 97.26.32.43) ; La Désirade (tél. 97.26.36.81)* ♦ ***Mairie*** *(tél. 97.26.32.61) -* ***Syndicat d'initiative*** *(tél. 97.26.32.45) -* ***Port*** *(tél. 97.26.30.57).*

ROCHEFORT-EN-TERRE
56220 (Morbihan)

Sur une butte dominant l'Arz et le Gueuzon, Rochefort, ancienne cité fortifiée, étage ses pittoresques maisons. Sur cet emplacement privilégié, déjà choisi par les Romains, les comtes de Rochefort bâtirent un château au XIIIe siècle. Détruit par Anne de Bretagne, reconstruit, les Chouans le ruinent à nouveau en 1793. Du château féodal, il ne reste qu'une porte fortifiée. Au début du siècle, un riche Américain Alfred Klost, subjugué par le charme des lieux, achète les ruines et restaure les anciens communs (XVIIe siècle). Aujourd'hui, le château appartient au département.

Le centre du bourg est une merveille : la mairie s'est installée dans les anciennes halles de granit, la place est entourée de superbes maisons à tourelles ou à encorbellement. Il faut se promener dans la Grande Rue, place du Puits, pour découvrir d'autres demeures des XVIe et XVIIe siècles, il faut voir la chapelle Saint-Michel (XVIe siècle) et l'église Notre-Dame-de-la-Tronchaye qui date des XVIe et XVIIe siècles (tour du XIIe siècle). L'histoire semble s'être arrêtée à Rochefort-en-Terre.

♦ *613 habitants, 50 m d'altitude* ♦ *Itinéraire d'accès : à 35 km E de Vannes par N 166, D 775 et D 777* ♦ *A voir : le musée (peintures, mobiliers XVIe-XVIIe siècle, costumes, faïences de Quimper des XIIIe et XIVe siècles)* ♦ *Aux alentours : parc de préhistoire (2 km)* ♦ *Foires, festivités : fête artisanale en mai, Pardon de Notre-Dame-de-la-Tronchaye le dimanche après le 15 août* ♦ *Hôtels : Château de Talhouët (tél. 97.43.34.72), maison d'hôtes de charme, 9 chambres (550 à 950 F). A Questembert (10 km S-O par D 777), Hôtel Le Bretagne (tél. 97.26.11.12), 6 chambres (430 à 650 F), restaurant* ♦ *Restaurants : Hostellerie du Lion d'Or (tél. 97.43.32.80) ; Le Vieux Logis (tél. 97.43.31.71)* ♦ *Mairie (tél. 97.43.32.81).*

SAINT-CADO
56550 Belz (Morbihan)

Sur la bordure d'une presqu'île, bien à l'abri derrière la barre d'Etel, se trouve le village de Saint-Cado. Le site est vraiment merveilleux. La chapelle, le calvaire, les maisons blanches aux toits d'ardoise bleus et la fontaine forment un superbe ensemble à découvrir à marée haute. La très jolie chapelle est l'un des rares monuments romans du Morbihan. A l'intérieur, vous pourrez voir une Pietà du XVe siècle et le lit de saint Cado.

Au début du siècle, il y avait encore 250 thoniers qui montaient et descendaient la rivière pour se rendre au large des Açores. Aujourd'hui, ce sont plutôt les bateaux de plaisance qui naviguent dans cette petite mer intérieure. Pour terminer la visite, vous pouvez aller manger une crêpe à la ravissante petite crêperie, sur le port.

♦ *250 habitants* ♦ ***Itinéraire d'accès :*** *à 19 km N-O d'Auray par D 22 et D 16 ; à 7 km N d'Etel* ♦ ***Foires, festivités :*** *Pardon de Saint-Cado le 3e dimanche de septembre, foire à la brocante à Auray le 14 mai, le 14 juillet et le 15 août* ♦ ***Hôtels :*** *à Etel (7 km), Le Trianon (tél. 97.55.32.41), 22 chambres (260 à 320 F), restaurant. A Plouhinec (6 km par D 781 - Port-Louis), Hôtel de Kerlon, (tél. 97.36.77.03), hôtel de charme, 16 chambres (140 à 260 F), restaurant* ♦ ***Syndicat d'initiative*** *d'Auray (tél. 97.24.09.75).*

SAUZON
56360 Belle-Ile-en-Mer (Morbihan)

La plus belle façon de découvrir ce ravissant petit port de pêche, c'est d'y arriver en bateau, et de débarquer presque au pied de l'hôtel du Phare. On pourra alors découvrir un village encore préservé aux maisons coquettes. Le port s'étale sur une ria d'un kilomètre à l'intérieur des terres, entre des coteaux couverts de bruyère. Les pavillons, les friteries et boutiques de mode n'ont pas encore sévi et l'on peut se promener tranquillement sur les quais et dans les petites ruelles. L'ensemble a un charme suranné ; prendre l'apéritif au café d'Armor sur la place de l'église, déjeuner sur la terrasse de l'hôtel du Phare et dîner chez Arlette et Bill sont de jolis moments. Un seul point noir : les cars de visite de l'île viennent se garer sur la place de l'église.

♦ *570 habitants* ♦ ***Itinéraire d'accès :*** *par transport maritime, Quiberon-Le Palais en ferry, en été Quiberon-Sauzon (passagers seulement),* C.M.N. *(tél. 97.31.80.01) ; par avion de Lorient, Finist'Air (tél. 97.31.41.14)* ♦ ***Foires, festivités :*** *marché le mardi et le vendredi* ♦ ***Hôtels :*** *Hôtel du Phare (tél. 97.31.60.36), 15 chambres (150 à 170 F en demi-pension), restaurant. A Bangor (10 km S-E), Hôtel-Village La Désirade (tél. 97.31.51.76), hôtel de charme, 26 chambres (390 à 480 F). A Goulphar (7km S-E), Hôtel Castel-Clara (tél. 97.31.84.21), hôtel de charme, 32 chambres et 11 appartements (820 à 995 F), restaurant* ♦ ***Restaurants :*** *Arlette et Bill (tél. 97.31.60.60) ; Crêperie Les Embruns (tél. 97.31.64.78). A Bangor, La Forge (tél. 97.31.51.76) ; Crêperie Chez Renée (tél. 97.31.52.87)* ♦ ***Syndicat d'initiative*** *(tél. 97.31.81.73).*

ILE DE FEDRUN
44720 Saint-Joachim (Loire-Atlantique)

Lîle de Fédrun est l'une des sept îles posées sur le marais formant la commune de Saint-Joachim. Jusqu'au siècle dernier, c'est en barque que les Briérons reliaient la terre ferme. Pas de routes, mais des canaux entre les roseaux. Paradis des hérons et des petits passereaux, le marais se dévoile lentement, au bruit léger de la pigouille qui fait glisser la barque sur l'eau. Les îles furent données aux Briérons par François II en 1461 par lettre patente, ils sont ainsi devenus tous ensemble propriétaires en indivision de la Grande Brière.

L'île de Frédun est le plus typique des villages de la commune. Les maisons, aux toits de chaume, aux portes et aux volets peints de couleurs vives, sont petites et basses. Les murs passés à la chaux sont d'un blanc intense ou teintés de couleurs délavées par le temps. L'ensemble des chaumières était exceptionnel au début du siècle. Aujourd'hui, l'apparence du village a été hélas enlaidie par la construction de pavillons modernes. Mais en toutes saisons, la Brière garde un charme incomparable.

♦ *700 habitants* ♦ ***Itinéraire d'accès*** *: à 15 km N de Saint-Nazaire par N 171 et D 50 ; à 24 km S de la Roche-Bernard par N 165, D 2 et D 50* ♦ ***A voir*** *: maison de la Mariée, chaumière briéronne* ♦ ***Foires, festivités*** *: marché le samedi matin* ♦ ***Hôtels*** *: à Missillac (16 km N-E par D 50), Hôtel du Golf de la Bretesche (tél. 40.88.30.05), 27 chambres (370 à 500 F), restaurant. A Saint-Lyphard (16 km E par D 50 et D 51), Auberge de Kerhinet (tél. 40.61.91.46), hôtel de charme, 7 chambres (230 F), restaurant* ♦ ***Restaurants*** *: Auberge du Parc (tél. 40.88.53.01), Hutte Briéronne (tél. 40.88.43.05). A Saint-Lyphard, Auberge de la Breca (tél. 40.01.41.42)* ♦ ***Mairie*** *(tél. 40.88.42.31)* **-** ***Syndicat d'initiative*** *de Brière (tél. 40.66.85.01).*

SAINTE-SUZANNE
53270 (Mayenne)

Qui devinerait que ce charmant village, dressé en triangle sur un éperon rocheux, demeure la seule forteresse que Guillaume le Conquérant ne put jamais prendre ? C'est en effet en 1083 que Guillaume entreprend de mater la révolte des Manceaux soutenue par Hubert ii de Beaumont, vicomte du Maine. Retranché dans Sainte-Suzanne, celui-ci résistera à un siège de trois ans et verra sa bravoure récompensée par une offre de paix et la restitution des places fortes confisquées... Moins chanceux par la suite, le château passera aux Anglais lors de la guerre de Cent Ans, avant de revenir à la duchesse d'Alençon, puis à Henri iv qui le donnera à son contrôleur général des Postes. Lors de votre visite, gagnez le cœur du village, vous y verrez de belles maisons souvent ornées de sculptures, balcons, fenêtres à meneaux. Puis, par la rue du Château, rejoignez le vigoureux donjon médiéval autour duquel alternent vieilles murailles, douves sèches et espaces verdoyants avec, un peu à l'écart, le manoir Renaissance. Enfin, suivez la promenade de la poterne offrant de belles vues sur les fortifications et sur un immense panorama allant des collines des Coévrons aux paysages de l'Anjou.

♦ *925 habitants, 170 m d'altitude* ♦ ***Itinéraire d'accès*** *: à 31 km S-E de Mayenne par D 7 ; à 59 km O du Mans par A 81, sortie Vaizes et D 125* ♦ ***A voir*** *: musée de l'Auditoire* ♦ ***Aux alentours*** *: 15 km de sentiers balisés, nombreux étangs et rivières pour la pêche ; le petit village de Blandovet* ♦ ***Hôtels*** *: à Chammes (3,5 km S-O par D 125), Le Chêne Vert (tél. 43.01.41.12), maison d'hôtes de charme, 6 chambres (180 F). A Evron (5 km N), Relais du Gué de Selle (tél. 43.90.64.05), hôtel de charme, 26 chambres (283 à 362 F), restaurant* ♦ ***Syndicat d'initiative*** *(tél. 43.01.43.60).*

VOUVANT
85120 (Vendée)

Vouvant ressemble à un îlot rocheux contourné presque entièrement par une petite rivière, la Mère. A proximité se trouve un paysage de bocage et l'immense forêt domaniale de Vouvant-Mervent. Juché en hauteur, le village est entièrement ceint de remparts. Au XIIᵉ siècle, il était à l'abri d'un château dont il ne reste que le donjon appelé "Tour Mélusine", référence à la légende qui veut qu'en une nuit, la fée ait construit le château et soit l'ancêtre des comtes de Lusignan, seigneurs du lieu. Au hasard d'un enchevêtrement de petites rues aux maisons enduites de chaux, le promeneur découvrira l'église du XIᵉ siècle, remarquable par son portail roman décoré d'animaux et d'entrelacs de fleurs, mais endommagé par les guerres de Religion. Autre richesse architecturale, la poterne ; puissante ouverture dans les remparts, elle commandait l'accès au village.
Avant de quitter Vouvant, il est recommandé de gravir les cent vingt marches de la tour Mélusine pour découvrir, 36 mètres plus haut, un splendide panorama.

♦ *798 habitants, 78 m d'altitude* ♦ ***Itinéraire d'accès :*** *à 15 km N de Fontenay-le-Comte par D 938 et D 30* ♦ ***Aux alentours :*** *nombreux sentiers de randonnée* ♦ ***Hôtel :*** *Auberge de Maître Pannetier (tél. 51.00.80.12), hôtel de charme, 7 chambres (170 à 250 F), restaurant* ♦ ***Syndicat d'initiative*** *(tél. 51.00.86.80).*

CENTRE - ILE-DE-FRANCE

La région du Centre est le jardin de la France. La nature est douce et paisible, parsemée de châteaux et de villages anciens. Ce guide nous propose une promenade dans trois des départements de cette région, l'Indre-et-Loire, l'Indre et le Cher, ces deux derniers formant le Berry, province qui fut si présente dans l'œuvre de George Sand : "Le Berry n'est pas doué d'une nature éclatante. Ni le paysage, ni l'habitant ne sautent aux yeux par le côté pittoresque, par le caractère tranché. C'est la patrie du calme et du sang-froid. Hommes et plantes, tout y est tranquille, patient."

APREMONT-SUR-ALLIER
18150 La Guerche-l'Aubois (Cher)

Le petit village d'Apremont est installé sur les bords de l'Allier, à la frontière de la Bourgogne et du Berry ; il est dominé par un très beau château. De la forteresse médiévale, il ne reste aujourd'hui que cinq tours crénelées, le château ayant été partiellement reconstruit au XVe siècle puis embelli au XVIIe siècle. Il appartient à la même famille depuis 1722.

Le village, avec ses maisons en grès doré, toutes fleuries, s'étire au pied du château. Les habitations ont été restaurées ou reconstruites dans le style médiéval, par l'industriel Eugène Schneider dans les années trente. L'ensemble est tout à fait paisible et harmonieux.

Il faut visiter le château, le musée de calèches (dans les écuries), et le magnifique parc floral qui borde le village.

Apremont est site classé et fait partie de l'association des plus beaux villages de France.

♦ *83 habitants, 195 m d'altitude* ♦ ***Itinéraire d'accès :*** *à 16,5 km S-O de Nevers par N 7, D 976 et D 45 ; à 61 km S-E de Bourges par D 976 et D 45* ♦ ***A voir :*** *musée de calèches anciennes* ♦ ***Hôtels :*** *à Magny-Cours (9 km S-E par D 149 et D 200), La Renaissance (tél. 86.58.10.40), 11 chambres (330 à 700 F). A Saint-Pierre-le-Moûtier (19 km S-E par D 149 et D 200), Le Vieux Puits (tél. 86.37.41.96), 11 chambres (220 à 250 F). A Sancoins (16 km S-O par D 45), Hôtel du Parc (tél. 48.74.56.60), 11 chambres (150 à 200 F) ; Donjon de Jouy (tél. 48.74.56.88), 39 chambres (270 à 500 F), restaurant* ♦ ***Restaurant :*** *Le Restaurant du Parc (tél. 48.80.41.52), ouvert de Pâques à fin septembre* ♦ ***Mairie*** *(tél. 48.80.40.17).*

GARGILESSE
36190 Orsennes (Indre)

Gargilesse se blottit dans la verdoyante et paisible vallée de la Creuse. Le village forme un ensemble harmonieux avec ses vieilles maisons simples et fleuries, son château reconstruit au XVIIIᵉ siècle et son église romane. Il faut entrer dans cette ravissante église pour y voir les fresques de la crypte et surtout les chapiteaux décorés. Très sensible au pittoresque de ce village et à la beauté de son environnement naturel, George Sand s'y installa et en fit le théâtre de nombreux romans. Sa maison, transformée en musée, se trouve dans le bas du bourg. Gargilesse accueillit aussi beaucoup de peintres parmi lesquels Monet, Théodore Rousseau, Osterlind, etc. Aujourd'hui, de nombreux artistes habitent le village. La municipalité organise des expositions en été.

♦ *70 habitants, 145 m d'altitude* ♦ ***Itinéraire d'accès** : à 45 km S de Châteauroux par N 20 - Argenton, D 48 et D 40* ♦ ***A voir** : la maison de George Sand* ♦ ***Aux alentours** : circuit "George Sand en Berry", nombreux sentiers de randonnée, le lac d'Eguzon (10 km)* ♦ ***Foires, festivités** : marché le dimanche matin ; marché aux fleurs et aux produits fruitiers le 1ᵉʳ dimanche de mai ; concerts de harpe fin août* ♦ ***Hôtels** : Château du Vivier (tél. 54.24.22.99), hôtel de charme, 6 chambres (300 à 500 F), restaurant ; Hôtel du Pont Noir (tél. 54.47.85.20), 15 chambres (100 à 180 F), restaurant* ♦ ***Restaurants** : La Patache (tél. 54.47.85.23) ; Au Fil du Temps (tél. 54.47.89.67) ; Chez Bernadette (tél. 54.47.84.16)* ♦ ***Mairie** (tél. 54.47.83.11) **- Syndicat d'initiative** (tél. 54.47.85.06).*

SAINT-BENOIT-DU-SAULT
36170 (Indre)

Aux alentours de Saint-Benoît-du-Sault, le relief est paisible et vallonné. Cela ne laisse pas prévoir le haut rocher de granit sur lequel est perché le village. C'est probablement cette position défensive qui incita les moines bénédictins à choisir ce site pour implanter une abbaye en 974. Le village s'installa tout contre le prieuré, à l'intérieur de puissants remparts.

Aujourd'hui, la promenade dans les rues du bourg est très agréable. Il faut visiter l'église en partie romane et, juste à côté, aller sur la terrasse où s'élevait l'ancien prieuré, pour admirer en contrebas la vallée et les eaux calmes du Portefeuille. En suivant le chemin de Ronde, on emprunte une rue très escarpée sur la gauche pour atteindre une double porte en ogive et l'ancien bourg ; c'est un ensemble harmonieux datant essentiellement du XVe siècle avec des rues étroites et des maisons en granit. Il faut aller voir le beffroi, la maison du Gouverneur et la maison de l'Argentier (XVe siècle) qui comporte une très belle porte cloutée.

♦ *856 habitants, 220 m d'altitude* ♦ ***Itinéraire d'accès :*** *à 51 km S-O de Châteauroux par N 20 - Argenton et D 1* ♦ ***Aux alentours :*** *promenade de l'étang du prieuré, la Chatille, la Roche, le château de Montgarnaud ; nombreuses églises romanes ; les vallées de l'Abloux et de l'Anglin* ♦ ***Foires, festivités :*** *rencontres internationales de musique en été, foire à la brocante en août* ♦ ***Hôtels :*** *Hôtel du Centre (tél. 54.47.51.51). A Argenton-sur-Creuse (16 km N-E), Manoir de Boisvillers (tél. 54.24.13.88), 14 chambres (195 à 295 F). A Bouesse, Château de Bouesse (tél. 54.25.12.20), hôtel de charme, 11 chambres (390 à 490 F), restaurant* ♦ ***Mairie*** *(tél. 54.47.51.44).*

CANDES-SAINT-MARTIN
37500 (Indre et Loire)

En gaulois "candate" signifie "confluent", et c'est au lieu de rencontre de la Vienne et de la Loire que s'est implanté le village. Celui-ci est d'une homogénéité rare, ses maisons rivalisent en beauté, certaines datant souvent du XVe siècle. Construites en tuffeau blanc, leur décoration semble inspirée par les châteaux des alentours, leur empruntant mille détails. Avant de remonter jusqu'en haut du village pour découvrir ses habitations troglodytes creusées dans la falaise, attardez-vous rue "du Bas" ; c'est ici qu'habitaient les mariniers de la Loire, lorsque Candes était un port actif pour la pêche et la batellerie. Admirez l'église collégiale des XIIe et XIIIe siècles, édifiée à l'endroit même où mourut saint Martin en l'an 397. Cet événement fit de Candes un lieu de pèlerinage ; les rois de France et d'Angleterre y séjournèrent, rendant à cette occasion visite aux archevêques de Tours, dont vous pourrez également voir la résidence (XVe siècle). Enfin, les adeptes de la marche pourront gravir le petit sentier de pierres jusqu'à la colline surplombant le village ; la vue sur les toits d'ardoises et sur les deux rivières y est très représentative du charme de la "Douce France".

♦ *Itinéraire d'accès :* à 11 km E de Saumur par D 947 ♦ *A voir :* l'atelier de céramiques de Francis Katchatourof ♦ *Aux alentours :* les châteaux de la Loire (Ussé, Langeais, Villandry) ♦ *Hôtels :* à Chinon (18 km E par D 751), Hôtel Diderot (tél. 47.93.18.87), hôtel de charme, 24 chambres (190 à 320 F) ♦ *Mairie* (tél. 47.95.90.61).

MONTRESOR
37460 (Indre-et-Loire)

Dressé sur les bords de l'Indrois, Montrésor semble resté à l'écart de toute modernisation. En bas, les maisons en tuffeau blanc longent la rivière et remontent peu à peu le coteau. On y verra des demeures des XVᵉ et XVIᵉ siècles (dont une en bois) débouchant sur la collégiale et le château, tous deux Renaissance. L'ensemble est d'une très belle unité avec ses toits de tuiles plates et tous ces détails pittoresques qui organisaient la vie d'autrefois : lavoir, fontaine, halle aux laines... Pourtant Montrésor n'eut pas toujours cet aspect bonhomme et raffiné ; au XIᵉ siècle, Foulque Merra, tirant profit de ce promontoire rocheux protégé au nord par un ravin et au sud par la rivière, en avait fait une puissante forteresse. C'est sur ses bases que fut édifié l'actuel château ; lui aussi était plus imposant, vous n'en voyez aujourd'hui que le corps principal. Le château appartient toujours à la famille polonaise descendante du comte Xavier Branicki, ami de Napoléon III, qui l'avait acquis en 1849.

♦ *Itinéraire d'accès : à 60 km S-E de Tours par N 10 - Montbazon, D 17, N 143 - Loches et D 760* ♦ *A voir : le château (visites de Pâques à la Toussaint (tél. 47.92.60.04), pièces du trésor des rois de Pologne, superbe collection de tableaux (Raphaël, Véronèse, Caravage...)* ♦ *Aux alentours : les villages de Chemillé (église romane et chapelle du XVIᵉ siècle), Beaumont-Village, Novans-les-Fontaines et Villeloin-Coullangé (église du XIIᵉ siècle) ; le château de Montpoupon* ♦ *Foires, festivités : marché le samedi matin ; exposition de peinture pour la Pentecôte* ♦ *Hôtels : Hôtel de France (tél. 47.92.60.03). A Loches (20 km O), Hôtel George Sand (tél. 47.59.39.74), hôtel de charme, 20 chambres (190 à 360 F), restaurant ; Hôtel de France (tél. 47.59.00.32), 19 chambres (150 à 300 F), restaurant* ♦ *Mairie (tél. 47.92.60.19).*

BARBIZON
77630 (Seine-et-Marne)

Avant d'être adopté au XIXᵉ siècle par quelques peintres paysagistes, Barbizon n'était qu'un petit hameau de bûcherons. Modeste mais merveilleusement situé, car c'est ici que la forêt de Fontainebleau vient rencontrer la plaine de Bière. L'unique rue du village en constitue la frontière. Elle permet de s'enfoncer immédiatement dans la forêt et conduit vers un site surélevé, bordé de rochers. C'est cette nature qui a inspiré Théodore Rousseau, Millet et tous les peintres qui formeront "l'école de Barbizon". Préférant un travail en "plein air", ces artistes rompirent avec l'obligation d'une représentation historique ou mythologique du paysage. L'histoire de Barbizon se confond avec celle de ses peintres. Dans la rue du village, chaque petite maison conserve le souvenir d'un artiste, et si les hôtels et les restaurants sont nombreux, l'endroit est encore tout à fait charmant.

Il faut visiter l'auberge du père Ganne et le petit musée de l'école de Barbizon qui regroupe de nombreux souvenirs et quelques œuvres des peintres qui ont vécu dans le village.

♦ *1273 habitants* ♦ *Itinéraire d'accès : à 58 km S-E de Paris par A 6 sortie Cély-Fontainebleau, N 37 et D 64 ; à 10 km S-O de Melun par D 64* ♦ *A voir : l'Auberge du père Ganne, évocation des peintres paysagistes du XIXᵉ siècle ; maison de J.F. Millet ; musée municipal de l'école de Barbizon* ♦ *Aux alentours : les gorges de Franchard, la petite ville de Moret-sur-Loing (26 km S-E par N 7)* ♦ *Hôtels : Hostellerie de la Clé d'Or (tél. (1) 60.66.40.96), hôtel de charme, 16 chambres (300 à 450 F), restaurant ; Auberge les Alouettes (tél. (1) 60.66.41.98), hôtel de charme, 22 chambres (200 à 520 F), restaurant* ♦ *Restaurants : Le Relais de Barbizon (tél. (1) 60.66.40.28) ; L'Angélus (tél. (1) 60.66.40.30.)* ♦ *Mairie (tél. (1) 40.66.41.92) - Syndicat d'initiative (tél. 40.66.41.87).*

FRANCHE - COMTE

FRANCHE - COMTE

VESOUL ■

St-Hippolyte

■
BESANÇON

Lods
Mouthier-
Haute-Pierre

PONTARLIER ■

Beaume-les-Messieurs
●
■
LONS-LE-SAUNIER

Les monts du Jura couvrent les départements du Doubs, du Jura et de l'Ain.

Mais cette masse de montagnes cache des vallées profondes, des "reculées" étroites et pittoresques, dans lesquelles se blottissent de petits villages. Partout dans le paysage, des sources, des rivières, des lacs, font miroiter leurs eaux pures et transparentes. La végétation est superbe : les forêts s'étendent sur près de 500 000 hectares, les prairies déroulent un merveilleux tapis vert, couvert de fleurs au printemps, les prés nourrissent un abondant bétail.

Les torrents aux eaux vives sont le domaine de prédilection des pêcheurs.

Il faut partir à la découverte de la Franche-Comté, visiter ses villages encore secrets et silencieux, goûter ses délicieux fromages, ses poissons, ses vins parfumés.

LODS
25930 (Doubs)

Lods est un petit village accroché à flanc de coteaux aux bords de la Loue. Le bourg s'est développé et enrichi grâce à la culture de la vigne. Le long des rues, on peut voir d'anciennes maisons vigneronnes, certaines restaurées avec goût, avec des entrées de caves voûtées. Elles entourent l'église édifiée au XVe siècle, et remaniée au XVIIIe. En haut du village, on admirera la Maison forte des sires de Thoraise qui est du XIVe siècle. On peut visiter un petit musée de la vigne et du vin qui est installé dans une demeure du XVIe siècle. De l'autre côté de la rivière, se trouvent les anciens bâtiments des forges de Lods ; elles employaient de nombreux habitants du village au XIXe siècle.

Lods et sa région sont le paradis des amoureux de la nature qui pourront parcourir les nombreux sentiers de randonnée ou pêcher la truite dans les rivières.

♦ *284 habitants, 360 m d'altitude* ♦ ***Itinéraire d'accès :*** *à 35 km S-E de Besançon par D 67* ♦ ***A voir :*** *musée de la vigne et du vin, objets et documents concernant la culture de la vigne* ♦ ***Aux alentours :*** *nombreux sentiers de randonnée dans la vallée de la Loue* ♦ ***Hôtel :*** *La Truite d'Or (tél. 81.60.95.48), 13 chambres (130 à 200 F), restaurant* ♦ ***Mairie*** *(tél. 81.60.90.11).*

MOUTHIER-HAUTE-PIERRE
25920 (Doubs)

Le printemps est le moment idéal pour venir à Mouthier-Haute-Pierre. Les cerisiers fleurissent ce vaste amphithéâtre, traversé par la Loue. Ce sont les Bénédictins qui apportèrent cette culture quand ils vinrent s'y installer au IXe siècle. De l'ancien prieuré il reste de nombreux bâtiments qui appartiennent aujourd'hui à des particuliers. La vigne fut longtemps la principale source de revenu, mais aujourd'hui, il n'en reste que des souvenirs. Dans la partie haute du village subsistent des maisons de vignerons, avec leurs caves fermées par de grosses portes cloûtées (certaines sont maintenant bouchées) et leurs galeries à balcons de bois. En visitant Mouthier-Haut, on découvre aussi des fontaines, des passages voûtés, et surtout la rue Robert-Dame, la plus pittoresque, avec ses maisons étrangement alignées en coin et dont on peut admirer les superbes toits débordants. Le village est dominé par la belle église Saint-Laurent datant du XVe siècle. La partie la plus ancienne du village se trouve en bas, le long de la rivière. Mais avant de quitter Mouthier, n'oubliez pas de goûter son kirsch. Il paraît qu'il rivalise avec celui d'Alsace...

♦ *360 habitants, 430 m d'altitude* ♦ ***Itinéraire d'accès** : à 37 km S-E de Besançon par D 67* ♦ ***Aux alentours** : nombreux sentiers de randonnée ; le village de Hautepierre-le-Châtelet* ♦ ***Hôtel** : La Cascade (tél. 81.60.95.30), 23 chambres (210 à 270 F), restaurant* ♦ ***Mairie** (tél. 81.60.91.10).*

SAINT-HIPPOLYTE
25190 (Doubs)

Saint-Hippolyte est situé au confluent de deux rivières, le Doubs et le Dessoubre, au carrefour de leurs pittoresques vallées couvertes de forêts de sapins. Ancien bourg romain puis résidence des comtes de La Roche, le village était entouré de remparts (dont il ne reste que les ruines de deux tours) et de fossés. Aujourd'hui, les maisons sont toujours resserrées autour de la place centrale ; certaines conservent encore des escaliers du XVIIIe siècle. En face de l'Hôtel de Ville, on peut admirer une très belle maison avec des étages en surplomb.

Au bord du Doubs, l'ancien couvent des Ursulines élève sa masse imposante. A l'autre extrémité du village, l'église du XIVe siècle appartient au style ogival primitif ; le clocher gothique, détruit par un incendie, a été remplacé par un clocher comtois dit "en impérial".

Saint-Hippolyte a su conserver le charme du passé dans une merveilleuse nature sauvage et préservée.

♦ *1216 habitants, 380 m d'altitude* ♦ ***Itinéraire d'accès :*** *à 30 km S de Montbéliard par D 437* ♦ ***Aux alentours :*** *les vallées du Doubs et du Dessoubre, le village de Goumois (21 km S-E par D 437 et D 437B)* ♦ ***Foires, festivités :*** *marché le samedi, foire le 4e jeudi du mois ; fête de la cerise en juin, course de voitures anciennes début juillet* ♦ ***Hôtels :*** *Hôtel Bellevue (tél. 81.96.51.53), 15 chambres (110 à 235 F), restaurant. A Goumois, Auberge Le Moulin du Plain (tél. 81.44.41.99), hôtel de charme, 22 chambres (195 à 225 F), restaurant ; Hôtel Taillard (tél. 81.44.20.75), 17 chambres (250 à 320 F), restaurant. A Maîche (12 km S par D 437), Hôtel Panorama (tél. 81.64.04.78), 32 chambres (225 à 310 F), restaurant* ♦ ***Mairie*** *(tél. 81.96.55.74) -* ***Syndicat d'initiative*** *(tél. 81.96.53.75).*

BAUME-LES-MESSIEURS
39210 Voiteur (Jura)

Baume-les-Messieurs est un minuscule village blotti au carrefour
de trois vallées, dans un site magnifique, une petite plaine encaissée
bordée de falaises, au fond de laquelle coule la Seille. Le village ne
comporte que quelques maisons disséminées autour de son
"joyau" : une abbaye bénédictine fondée au VIe siècle. C'est au
Xe siècle que l'abbaye devint un grand monastère et que douze de
ses religieux partirent fonder l'abbaye de Cluny. Après la
Révolution, les biens de l'abbaye furent dispersés et les bâtiments
transformés en habitations pour des agriculteurs. L'abbaye souffrit
de cette occupation laïque : le cloître fut détruit, les salles
conventuelles abîmées, les pierres tombales dégradées. Mais les
vestiges demeurent, superbes, et les actuels propriétaires
s'emploient à la rénovation des bâtiments. On entre dans la cour de
l'abbaye par une porte voûtée. L'église abbatiale, en partie romane,
a été remaniée au XVe siècle. A l'intérieur, statue de saint Paul
(XVe siècle), statue de sainte Catherine et très beau retable flamand
du début du XVIe siècle. Au centre de l'ancienne cour du cloître,
aujourd'hui disparu, il y a une fontaine du XVIe siècle. Aujourd'hui,
le village semble un peu abandonné, plus de commerce, plus de
petit café. Mais il reste cet impressionnant paysage et, dans le
silence, comme le murmure des prières des moines.

♦ *202 habitants, 320 m d'altitude* ♦ ***Itinéraire d'accès :*** *à 72 km E
de Chalon-sur-Saône par D 978 - Lons-le-Saunier, D 471 et D 70E*
♦ ***A voir :*** *musée de l'artisanat jurassien (dans l'abbaye)* ♦ ***Aux
alentours :*** *le cirque de Baume, les grottes, le vallon du Dard, les
Echelles de Crançot* ♦ ***Foires, festivités :*** *fête de la Saint-Jean en
juin* ♦ ***Hôtel :*** *à Crançot (5,5 km S), Le Belvédère (tél.
84.48.22.18), 10 chambres, restaurant* ♦ ***Restaurant :*** *Les Grottes
(tél. 84.44.61.59)* ♦ ***Mairie*** *(tél. 84.44.61.41).*

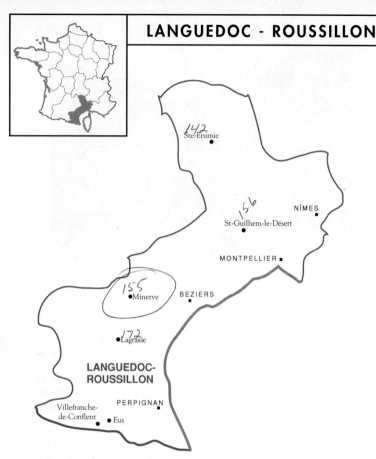

La région du Languedoc-Roussillon est pleine de contrastes, les paysages les plus différents se succèdent, aussi magnifiques les uns que les autres.

Au nord, les plateaux calcaires des Causses, lieux rudes et solitaires, troués de vallées encaissées, enserrant les splendides gorges du Tarn. Puis, plus bas, on découvre les âpres Cévennes culminant à 1702 mètres d'altitude au Mont Lozère. Leurs pentes sont boisées de châtaigniers ou couvertes de maigres pâturages à moutons. Plus au sud, la riante plaine du Languedoc couverte de vignes descend jusqu'à la Méditerranée.

Les villages perchés ou fortifiés, regroupés autour de leur château ou de leur abbaye s'intègrent parfaitement au paysage qui les entoure : les maisons ont des toits de lauzes et de schiste, des murs de granit, de pierres grises ou dorées, de calcaire ; les couleurs sont plus austères au nord, plus vives au sud.

Partout les vestiges du passé abondent : châteaux forts perchés à l'entrée des canyons et des vallées, églises romanes parfois fortifiées, demeures d'époque Renaissance.

LAGRASSE
11220 (Aude)

En pleine Corbières, Lagrasse s'inscrit dans un paysage de vignes et de collines. On suppose que c'est Charlemagne qui fit construire là une abbaye en 799. Dès le XIIe siècle, le village déborda sur la rive opposée de l'Orbieu reliée par un pont qui est toujours là, et se protégea pendant la guerre de Cent Ans avec des fortifications dont on peut voir de beaux vestiges. Ici, l'habitat est simple, les murs sont en pierre calcaire, les toits en tuiles canal, et l'on peut voir encore certaines maisons qui datent du XIVe siècle. Les demeures construites sur les remparts longeant la rivière sont de toute beauté. On peut se promener dans les ruelles étroites, découvrir un puits, des fenêtres à meneaux ou bien visiter l'église et admirer les halles qui sont du XIVe siècle. Lagrasse a toujours vécu de l'artisanat, mais aujourd'hui, c'est surtout son bon vin de Corbières et le tourisme qui sont ses principales sources de revenu.

♦ *612 habitants, 108 m d'altitude* ♦ ***Itinéraire d'accès :*** *à 35 km S-E de Carcassonne par N 113 et D 3 ; à 41 km S-O de Narbonne par N 113, D 613 et D 3* ♦ ***Aux alentours :*** *par la D 212, les sites impressionnants et les vestiges des châteaux de Termes et de Durfort (18 km environ) ; les magnifiques châteaux de Peyrepertuse et de Quéribus (50 km environ)* ♦ ***Hôtels :*** *à Ornaisons (25 km N-E par D 212 - Fabrezan, D 161 et D 261), Relais du Val d'Orbieu (tél. 68.27.10.27), hôtel de charme, 15 chambres (590 à 780 F), restaurant. A Carcassonne, Hôtel de la Cité (tél. 68.25.03.34), 26 chambres (560 à 950 F)* ♦ ***Mairie*** *(tél. 68.43.10.05).*

MINERVE
34210 (Hérault)

A la sortie des gorges de la Cesse et du Briant, là où les eaux des deux rivières se rejoignent, Minerve apparaît, à l'extrémité d'un plateau calcaire bordé de falaises abruptes dans un fantastique paysage minéral et tourmenté. Le site est fréquenté depuis le paléolithique, quant au village, son origine semble antérieure à la forteresse des vicomtes du Minervois construite au XIe siècle. Reliée au causse par un pont-levis, celle-ci sera, en 1210, l'un des bastions cathares assiégés par Simon de Monfort. Outre les vestiges du château (XIIe et XIIIe siècles), il faut voir le puits Saint-Rustique, car c'est sa destruction qui provoqua la reddition de Minerve. Il faut aussi visiter l'église romane (dont certains vestiges datent du Ve siècle) et le musée archéologique, parcourir les ruelles du village bordées d'antiques maisons sobrement construites en pierre du causse et goûter le vin local, produit depuis des siècles par les vignerons minervois.

♦ *112 habitants, 150 m d'altitude* ♦ ***Itinéraire d'accès :*** *à 45 km O de Béziers par D 11, D 607 - Aigues-Vives et D 907* ♦ ***A voir :*** *musée archéologique (tél. 68.91.22.92)* ♦ ***Aux alentours :*** *les villages pittoresques d'Agel et de La Caunette ; la chapelle de Centeilles (12 km S-O) et l'église de Rieux-Minervois (20 km S-O)* ♦ ***Foires, festivités :*** *marché le mardi matin à Olonzac ; festival du Minervois en août* ♦ ***Hôtel :*** *Relais Chantovent (tél. 68.91.14.18), hôtel de charme, 10 chambres (250 F), restaurant* ♦ ***Restaurant :*** *à Olonzac, le Minervois Bel (tél. 68.91.20.73)* ♦ ***Syndicat d'initiative*** *(tél. 68.91.81.43).*

SAINT-GUILHEM-LE-DESERT
34150 (Hérault)

Saint-Guilhem occupe un site exceptionnel à l'entrée des gorges du Verdus. Le village est installé dans un petit vallon bordé de parois rocheuses. Guilhem était le petit-fils de Charles Martel et le compagnon de Charlemagne. Il accompagna l'empereur au cours de maintes expéditions, puis, lassé de la guerre et de la violence, il abandonna le monde pour se consacrer à Dieu. Il édifia un monastère dans cette vallée sauvage et isolée et y déposa une précieuse relique offerte par Charlemagne : un morceau de la vraie Croix (aujourd'hui exposée dans l'abside nord de l'église). Jusqu'au XIIIe siècle, forte de la renommée de son fondateur, l'abbaye eut un grand rayonnement et le village se développa. Aujourd'hui, de l'abbaye, il ne reste que la très belle église du XIe siècle, et les galeries nord et ouest du cloître (le cloître a été vendu et reconstitué à New York). Le village a conservé de magnifiques maisons avec des fenêtres géminées, des linteaux gothiques, des meneaux Renaissance, des portes sculptées. Plus haut, à flanc de montagne, on peut marcher jusqu'aux ruines du château de Don Juan d'où la vue sur les gorges et le cirque de l'Infernet est splendide. Le village de Saint-Guilhem a un charme magique.

♦ *229 habitants, 89 m d'altitude* ♦ ***Itinéraire d'accès*** *: à 50 km N-O de Montpellier par N 109 - Gignac D 32 et D 27* ♦ ***A voir*** *: le musée lapidaire et le musée d'Histoire locale* ♦ ***Aux alentours*** *: les gorges de la Buèges, le village de Saint-Jean-de-Buèges (20 km N-E par D 4 et D 122)* ♦ ***Foires, festivités*** *: saison musicale en juillet et août* ♦ ***Hôtels*** *: sur la route d'Aniane, Hostellerie Saint-Benoît (tél. 65.57.71.63), 30 chambres (210 à 300 F), restaurant. A Gignac (9 km S par D 27 et D 32), Auberge du Vieux Moulin, (tél. 67.57.52.77), 10 chambres (180 à 220 F), restaurant* ♦ ***Mairie*** *(tél. 67.52.70.17).*

SAINTE-ENIMIE
48210 (Lozère)

Au cœur des gorges du Tarn, le village de Sainte-Enimie étage ses maisons sur les pentes verdoyantes d'un étroit canyon. Le village doit son nom à la princesse Enimie, fille de Clotaire Iᵉʳ et sœur de Dagobert. Atteinte de la lèpre, elle apprit qu'elle guérirait grâce à l'eau d'une source de la vallée du Gévaudan. Le miracle eut lieu, et Enimie fonda un monastère à cet emplacement. Le village s'est développé au pied de l'abbaye. Ses ruelles en pente, aux petits pavés, sont bordées de pittoresques maisons moyenâgeuses. La promenade est charmante ; à la place, on peut voir une maison du XIᵉ siècle admirablement restaurée. L'église du XIIᵉ siècle a été plusieurs fois remaniée, à l'intérieur, on peut voir de très belles statues des XIIᵉ et XVᵉ siècles. Tout en haut du village, l'abbaye, incendiée à la Révolution, a été en partie restaurée. Les bâtiments anciens comprennent trois salles, dont une salle capitulaire romane. Tout à côté, la chapelle Sainte-Madeleine. En souvenir d'Enimie, vous pourrez aller jusqu'à la source de Burle, ou monter jusqu'à l'Ermitage d'où la vue sur la vallée et les gorges est superbe.

♦ *500 habitants, 470 m d'altitude* ♦ ***Itinéraire d'accès :*** *à 27,5 km S de Mende par N 88 et D 986* ♦ ***A voir :*** *le "Vieux Logis" (musée folklorique)* ♦ ***Aux alentours :*** *les gorges du Tarn ; sur la D 907ᵇⁱˢ, les villages de Saint-Chély, de La Malène, de Prades et de Castelbouc* ♦ ***Hôtels :*** *Château de la Caze (tél. 66.48.51.01), 13 chambres (490 à 720 F), restaurant ; Hôtel Burlatis (tél. 66.48.52.30), 18 chambres (230 à 300 F). A La Malène, Manoir de Montesquiou (tél. 66.48.51.12), hôtel de charme, 12 chambres (330 à 440 F), restaurant. A Saint-Chély, Auberge de la Cascade (tél. 66.48.52.82), 8 chambres (135 F), restaurant* ♦ ***Restaurant :*** *Auberge du Moulin (tél. 66.48.53.08)* ♦ ***Mairie*** *(tél. 66.48.50.09) -* ***Syndicat d'initiative*** *(tél.66.48.53.44).*

EUS
66500 Prades (Pyrénées-Orientales)

Entre la vallée du Conflent et le mont Canigou coiffé de neiges éternelles, Eus (prononcez Eousse), fut construit dans un but défensif sur un mamelon jadis dominé par le château des comtes de Cerdagne. Celui-ci fut remplacé au XVIᵉ siècle par une imposante église typique du style régional qui contient un retable d'une exceptionnelle qualité. Pour sa construction, les ouvriers utilisèrent les pierres du château ainsi qu'en témoignent les pans de murs qui l'entourent. C'est de cet ancien chemin de ronde que l'on profite des plus beaux points de vue sur la région.

Dans le village, les rues étroites et pentues sont pavées de galets ; elles sont bordées de maisons anciennes souvent bien restaurées par les actuels habitants, agriculteurs ou artisans. A la sortie du village, près du cimetière, se trouve une très belle chapelle romane comprenant deux nefs parallèles et un portail en marbre. Avant de quitter la vallée, un dernier regard permet d'embrasser l'ensemble homogène de ce très beau village.

♦ *355 habitants, 387 m d'altitude* ♦ ***Itinéraire d'accès :*** *à 39 km O de Perpignan par N 116 et D 35* ♦ ***Aux alentours :*** *le village de Marcevol (10 km N-E par D 35)* ♦ ***Foires, festivités :*** *fête de l'été, le dimanche avant le 14 juillet ; concerts et expositions pendant l'été* ♦ ***Hôtels :*** *à Prades (5 km S-O par D 24 et D 619), Chalet de la Source (tél. 71.74.02.39), 17 chambres (180 à 200 F), restaurant. A Molitg-les-Bains (6 km O par D 24 et D 14), Château de Riell (tél. 68.05.04.40), Relais et Châteaux, 18 chambres (890 à 1050 F), restaurant ; Grand Hôtel (tél. 68.05.00.50), 59 chambres (129 à 510 F), restaurant* ♦ ***Restaurant :*** *Grangousier (tél. 68.96.28.32)* ♦ ***Mairie*** *(tél. 68.96.06.27).*

VILLEFRANCHE-DE-CONFLENT
66500 Prades (Pyrénées-Orientales)

Au XIe siècle, le puissant comte de Cerdagne opposé au comte de Roussillon, trouve en Villefranche un site stratégique permettant de verrouiller la vallée. La ville est en effet profondément encaissée au confluent des deux rivières. Aussitôt fortifiée, elle commence à jouer son rôle défensif et conservera longtemps cette vocation. A la fin de la guerre de Trente Ans la France gagne le Roussillon et la Cerdagne. Villefranche devient un poste clé, très vite modernisé par Vauban, qui revoit les fortifications, creuse un réseau de galeries et construit le fort Libéria qui, à flanc de montagne, domine et protège la cité. Entièrement édifiée à partir de marbre rose et de ses dérivés, Villefranche est d'une totale unité. Chaque époque, du XIe au XVIIe siècle, a contribué à son embellissement. Du haut Moyen-Âge, il reste la tour d'"En Solenell", et l'enceinte sud avec son chemin de ronde voûté, pris dans l'épaisseur du mur. L'église Saint-Jacques, au superbe portail roman en marbre rose et au riche mobilier, date du XVIIe siècle, ainsi que les quatre tours rondes qui renforcent l'enceinte, le beffroi et plusieurs maisons de notables. Les six bastions d'angle furent construits sous Vauban, la porte d'Espagne et la porte de France édifiées sous Louis XVI. Un ensemble médiéval intact et exceptionnel.

♦ *294 habitants, 432 m d'altitude* ♦ ***Itinéraire d'accès :*** *à 49 km S-O de Perpignan par N 116* ♦ ***Aux alentours :*** *Vernet-les-Bains (5 km S par D 116), l'abbaye de Saint-Martin du Canigou (7 km par D 116)* ♦ ***Foires, festivités :*** *fête des fleurs et des douceurs catalanes, le lundi de Pâques ; fête de la Saint-Jacques en juillet ; foire de la Saint-Luc en octobre* ♦ ***Hôtels :*** *Auberge du Cèdre (tél. 68.96.37.37), 10 chambres (190 à 250 F), restaurant ; Hôtel Vauban (tél. 68.96.18.03), 16 chambres (150 à 170 F)* ♦ ***Restaurant :*** *Au Grill (tél. 68.96.17.65)* ♦ ***Mairie*** *(tél. 68.96.10.78) -* **Syndicat d'initiative** *(tél. 68.96.22.96).*

Le Limousin nous offre déjà un petit air d'Aquitaine. L'habitat gagne en séduction, les maisons se coiffent de tuiles rondes, s'habillent de grès rose ou de fin calcaire blanc ; le paysage, parsemé de lacs et de rivières devient plus verdoyant et vallonné. Les monts de Blond (qui marquent la séparation entre la langue d'oc et la langue d'oïl), les monts d'Ambazac, le plateau de Millevaches (on dit qu'il possède mille sources) sont parcourus par de magnifiques sentiers de randonnée. Du Moyen-Âge, le Limousin a gardé de superbes richesses : abbayes de Bénévent, de Solignac, collégiales de Saint-Junien, de Saint-Léonard, mais aussi de très jolies petites églises au cœur de villages authentiques que nous vous invitons à découvrir.

COLLONGES-LA-ROUGE
19500 Meyssac (Corrèze)

Quelle extraordinaire vision médiévale ! Toute rouge et rose, Collonges fut d'abord un "bourg muré". Ses constructeurs surent exploiter le trésor de grès rouge du massif de l'Habitarelle qui la surplombe. Castels, tours, échauguettes foisonnent. La cité a été essentiellement aristocratique, les blasons en témoignent. La construction de l'église remonte loin dans le passé : une charte atteste de sa donation à l'abbaye de Charroux à la fin du VIIIe siècle. En 1557, Henri de La Tour d'Auvergne passe à la Réforme. L'église est alors séparée en deux nefs symboliques. En 1923, on dégage le tympan admirablement conservé du Christ en Majesté. Châteaux, hôtels, maisons nobles proclament l'apogée de Collonges aux XVe et XVIe siècles : Vassinhac, (château Faige) maison de Friac, château de Maussac, château de Benge. Les portes sont arquées, hospitalières, portant l'écu du maître. Les tours sont charmantes avec leurs coiffes en poivrière et leurs escaliers de grès en spirale. Bien qu'elle ne soit pas réellement sur le chemin de Compostelle, elle est mentionnée sur l'itinéraire de Bruges (XVe siècle). Ceci explique la vicairie de Saint-Jacques, sise tout contre l'église. Les toits sont de lauzes, d'ardoises, ou de tuiles sarrasines, accentuant le trait d'union entre le Nord et le Midi. Cette cité dont il semble que le sang bat "à fleur de pierre", est à visiter absolument.

♦ *379 habitants, 230 m d'altitude* ♦ ***Itinéraire d'accès** : à 21 km S-E de Brive-la-Gaillarde par D 38* ♦ ***A voir** : musée de la Sirène (arts et traditions populaires)* ♦ ***Aux alentours** : la vallée de la Dordogne* ♦ ***Foires, festivités** : fête votive le 3e dimanche de mai, marché d'antan le 1er dimanche d'août* ♦ ***Hôtel** : Relais de Saint-Jacques-de-Compostelle (tél. 55.25.41.02), hôtel de charme, 12 chambres (280 F), restaurant* ♦ ***Mairie** (55.25.41.09)* ***Syndicat d'initiative** (tél. 55.25.47.57).*

CUREMONTE
19500 (Corrèze)

Nous sommes en Corrèze, à l'extrémité sud du Limousin. Les carrières de grès ont fourni à cette région un matériau magnifique par ses qualités de solidité et surtout par sa belle coloration rose foncé : l'habitat y a gagné une séduction particulière. Curemonte veille encore sur les deux vallées qu'il surplombe, celle de la Sourdoise et celle du Maumont, comme en l'an 860, où, pour la première fois, l'Histoire le mentionne. Le village s'étire en long sur une ligne de crête, et de loin impose la silhouette de ses remparts.

Au XIIᵉ siècle, il prend son essor, sous la domination des comtes de Turenne. Sa prospérité atteindra son apogée à la Renaissance, ce qui nous vaut le bonheur de la vue de maisons nobles, aux toits de tuiles plates, à tourelles, vrais petits castels de grès rose, plus délicieux les uns que les autres. Curemonte a eu à se défendre, comme en témoigne l'enceinte flanquée de bastions à poivrières qui protège les châteaux du Plas et de Saint-Hilaire, des XVᵉ et XVIᵉ siècles. Leur donjon carré à mâchicoulis et meurtrières, et leurs énormes tours rondes dominent les remparts et leurs tours de garde. Au centre, près de la halle (XVIᵉ siècle) se trouve le joli petit château de la Johanie, datant de la même époque. L'église a gardé son clocher en auvent, mais a subi maints remaniements. La destination guerrière de Curemonte est bien gommée par la douceur de toutes ces beautés.

◆ *231 habitants, 276 m d'altitude* ◆ ***Itinéraire d'accès :*** *à 35 km S-E de Brive-la-Gaillarde par D 38 - Saint-Julien, D 10 et D 106* ◆ ***Aux alentours :*** *l'église romane de Saint-Hilaire-la-Combe ; l'église de Saint-Genest* ◆ ***Hôtels :*** *à Beaulieu-sur-Dordogne (18 km par D 15, D 38 et D 940), Le Turenne (tél. 55.91.10.16), 22 chambres (190 à 260 F), restaurant ; Central Hôtel Fournié (tél. 55.91.01.34), 30 chambres (130 à 250 F), restaurant* ◆ ***Mairie*** *(tél. 55.25.34.76).*

SAINT-ROBERT
19310 Ayen (Corrèze)

"Il est là-haut, accroché sur son plateau, le dos à la Dordogne et les yeux vers la Corrèze, décoiffé par les vents, presque caché dans le ciel..." (C. Michelet). Le saint patron de cette jolie bourgade est sans doute ce Robert de Turlande qui fit ériger par ses disciples bénédictins l'église dont nous ne pouvons plus admirer que le transept, le clocher octogonal et le chœur. Nous ne connaissons de Robert que la date de sa mort, 1067 ; rien de sa vie. A son image est le village : lourd d'un passé inconnu, posé dans un paysage typique de la Dordogne, sur une colline parmi d'autres collines, au milieu de bosquets de noyers et d'alignements de peupliers, dans la claire lumière d'Aquitaine... Pendant les guerres de Religion, nous dit-on, eurent lieu de sanglants combats qui se terminèrent par une défaite. On parle une autre fois de Saint-Robert en 1747, parce qu'un sénéchal est venu y vivre. Enfin, lors de la Révolution, il fut un temps débaptisé par les patriotes, et se nomma Mont Bel Air. Depuis la terrasse de la mairie, on a une belle vue sur le chevet de l'église. Une tourelle et une tour le flanquent, témoins d'un système de défense ajouté au XVIᵉ siècle. Alentour, dorment de très belles demeures seigneuriales, dévalent d'étroites ruelles, veillent encore les portes des anciennes fortifications.

♦ *371 habitants, 340 m d'altitude* ♦ ***Itinéraire d'accès :*** *à 26 km N-O de Brive-la-Gaillarde par D 901 et D 5 - Ayen* ♦ ***Foires, festivités :*** *foire le premier mercredi de chaque mois ; nombreux concerts et expositions en été* ♦ ***Hôtels :*** *Mont-Bel-Air (tél. 55.25.12.82), 10 chambres (80 à 150 F), restaurant. A Objat (12 km E par D 140 et D 3), Le Pré Fleuri (tél. 55.25.83.92), 7 chambres (150 à 195 F), restaurant. A Saint Aulaire (10 km S-E par D 5), Auberge Bellevue (tél. 55.25.81.39), 10 chambres (120 à 250 F), restaurant* ♦ ***Mairie*** *(tél. 55.25.11.12).*

SEGUR-LE-CHATEAU
19230 (Corrèze)

Une presqu'île formée par les caprices d'une boucle de l'Auvézère a été choisie par les comtes de Limoges pour y dresser un château fort. Ségur, étymologiquement "lieu sûr", existait déjà à l'époque gallo-romaine ; au IXᵉ siècle, il devient donc une place forte. Le donjon carré, épaulé de contreforts, domine le village, dont on peut admirer le dégradé de toits de tuiles brunes depuis le chemin de ronde. En bas, dans les ruelles, dites ici "charrièrous", des maisonnettes construites de schiste s'appuient les unes aux autres. Au XVᵉ siècle, ayant été élu comme siège de la cour des Appeaux, juridiction qui s'étendra sur les 361 justices seigneuriales du Limousin et du Périgord, Ségur-le-Château connait un renouveau extraordinaire. Les nobles font construire des hôtels particuliers aux façades décorées de granit sculpté, fenêtres à meneaux, tourelles, toits en poivrière, élégants épis de faîtage. Nombreux sont les détails d'architecture témoins de cette époque fastueuse ! Parmi les vicomtes de Ségur, deux sont passés à la postérité : Jean de l'Aigle, qui battit l'Anglais à la bataille de Castillon et mit fin à la guerre de Cent Ans et à l'occupation. Et Henri IV, roi de Navarre, qui fut le dernier vicomte de Ségur. Dans le village d'ailleurs, on vous fera admirer sa maison.

♦ *304 habitants, 280 m d'altitude* ♦ ***Itinéraire d'accès :*** *à 55 km S de Limoges par D 704 - Saint-Yrieux et D 18* ♦ ***Aux alentours :*** *Pompadour (10 km S-E par D 6), château, haras national et l'église romane d'Arnac ; Lubersac (10 km E par D 149), église romane, château du Verdier* ♦ ***Hôtels :*** *à Arnac-Pompadour, Auberge de la Marquise (tél. 55.73.33.98), 12 chambres (225 à 270 F), restaurant ; Auberge de la Mandrie (tél. 55.73.37.14), 22 chambres (184 à 220 F), restaurant* ♦ ***Restaurant :*** *Auberge Henri IV (tél. 55.98.72.67)* ♦ ***Mairie*** *(tél. 55.73.53.21) -* ***Syndicat d'initiative*** *(tél. 55.73.63.07/55.73.54.14).*

TREIGNAC-SUR-VEZERE
19260 (Corrèze)

Treignac est devenue une villégiature de vacances tout à fait riante et fort fréquentée. Que vous y passiez, ou que vous séjourniez en touristes, n'omettez pas d'explorer sa vieille ville : elle est pleine de merveilles. On descend par une rue à forte pente jusqu'au vieux pont gothique qui saute par-dessus une Vézère dont le cours est ici fort fougueux. Les murs en terrasse du vieux château ruiné dominent la rivière, les vieilles demeures coiffées d'ardoises, et l'église. Celle-ci date du XIIe siècle ; elle est carrée, flanquée d'un clocher hexagonal couvert d'ardoises. Il est voûté d'ogives et repose sur de gros piliers. Restaurée dans les années 1960, elle a un autel de granit en forme de dolmen, et des vitraux modernes faits par un artiste du pays, Camille Fleury. Les rues de l'ancienne ville murée, dont on retrouve une porte, conservent des maisons des XVIe, XVIIe et XVIIIe siècles, en granit. La halle aussi est en granit. Il subsiste un ensemble de demeures à tourelles et portails sculptés, décoré de nombreux motifs de coquilles Saint-Jacques, qui attestent que Treignac fut une étape sur la route du pèlerinage de Compostelle. Proche, l'excursion au "rocher des Folles", à faire à pied, où l'on verra un chaos de blocs granitiques. La vue y est remarquable sur les gorges et les collines boisées qui entourent le cours de la Vézère.

♦ *1800 habitants, 500 m d'altitude* ♦ ***Itinéraire d'accès :*** *à 76 km S-E de Limoges par D 979 - Eymoutiers et D 940* ♦ ***A voir :*** *musée des Arts et Traditions populaires de la Moyenne-Vézère (ouvert juillet-août) : ethnologie régionale* ♦ ***Aux alentours :*** *le lac de Vassivière, le village de Magnat-l'Etrange* ♦ ***Foires, festivités :*** *fête du village en juin, foire à la brocante en août* ♦ ***Hôtels :*** *à Uzerches (28 km S-O par D 3E), Hôtel Teyssier (tél. 55.73.10.05), 17 chambres (130 à 250 F), restaurant* ♦ ***Mairie*** *(tél. 55.98.00.49).*

TURENNE
· 19500 Meyssac (Corrèze)

C'est la famille de la Tour d'Auvergne qui rendit célèbre la maison de Turenne. Le grand Henri de Turenne laisse son nom à l'Histoire, d'abord par sa participation à la Fronde et sa conspiration contre Mazarin, plus tard quand, s'étant soumis au roi, il devient l'un des plus grands capitaines des temps modernes. Son tombeau se trouve aux Invalides. Les ruines du château se dressent au plus haut point de la butte. Une terrasse fleurie sur le promontoire va de la tour de César à la tour de l'Horloge. De là, le panorama est unique, plongeant sur le bourg et au-delà, sur le paysage verdoyant et vallonné. Une seule rue droite descend du château vers la ville. De riches demeures, faites de fin calcaire blanc, la bordent, accrochées aux flancs de la colline. On est dans le village médiéval à la place du Foirail. Nombre d'hôtels particuliers des XVe, XVIe et XVIIe siècles, avec leur tourelle à encorbellement, leurs poivrières, sont en général en bon état de conservation. Dans la maison du Grenier à sel se tenaient les états généraux de la vicomté. L'église collégiale fut construite sur le désir de Charlotte de Lamark, épouse du premier vicomte de Turenne. Elle contient un retable de bois doré, une chaire, une mise au tombeau remarquables. Turenne est faite de trois faubourgs, ou "barris". Ne pas négliger celui du "Marchadiol", ancien marché aux huiles, où les ruelles sont très pittoresques.

♦ *718 habitants, 350 m d'altitude* ♦ ***Itinéraire d'accès :*** *à 16 km S de Brive-la-Gaillarde par D 38 et D 8* ♦ ***Aux alentours :*** *le gouffre de la Fage (7 km N-O)* ♦ ***Hôtels :*** *La Maison des Chanoines (tél. 55.85.93.43), chambres (290 à 360 F), restaurant. A Collonges-la-Rouge (10 km E par D 150 et D 38), Relais de Saint-Jacques-de-Compostelle (tél. 55.25.41.02), hôtel de charme, 12 chambres (280 F), restaurant* ♦ ***Syndicat d'initiative*** *(tél. 55.85.94.38).*

LE MOUTIER-D'AHUN
23150 Ahun (Creuse)

Dans sa haute vallée, la Creuse est enjambée par un très beau pont romain à avant-becs. Depuis les collines boisées dévalent nombre de ruisseaux qui s'en vont grossir la rivière. C'est là que se niche Moutier-d'Ahun, village-rue, prolongement d'Ahun, proprement dit. Ce jumelage était assez courant au temps où la chrétienté était dans toute sa puissance : d'une part, un village seigneurial, de l'autre, les possessions monastiques. Le "moûtier" date du Xe siècle. Boson, comte de la Marche avait fait don d'une église à l'abbaye d'Uzerche, pour la fondation d'un monastère de règle bénédictine.

Au XIIe siècle, le Moûtier est au faîte de sa prospérité. Il n'échappera pas, hélas, aux malheurs de la guerre de Cent Ans, pas plus qu'aux guerres de Religion. Ce qu'il reste et que nous pouvons admirer, est dû à une restauration faite par les moines en 1610. En 1673 et 1681, d'admirables boiseries seront ajoutées pour décorer l'abside et le chœur de l'église. L'ancien portail flamboyant est encore debout ; il ouvre sur un jardin et sur une allée d'arbres à l'emplacement de la nef disparue. Les plus intéressantes maisons d'Ahun remontent au XVe siècle, dont des hôtels particuliers à baies soulignées de pilastres et assorties de frontons à boule.

♦ *234 habitants, 349 m d'altitude* ♦ ***Itinéraire d'accès :*** *à 80 km N-E de Limoges par D 941 - Pontarion et D 13* ♦ ***Foires, festivités :*** *expositions de tapisseries d'Aubusson, fête de la Saint-Roch le 16 août ; marché à Ahun (2 km) le mercredi matin* ♦ ***Hôtels :*** *à Saint-Georges-la-Pouge (14 km S), Domaine des Mouillères (tél. 55.66.60.64), 7 chambres (170 à 300 F), restaurant. A Saint-Hilaire-le-Château (21 km S), Du Thaurion (tél. 55.64.50.12), 10 chambres (150 à 280 F), restaurant* ♦ ***Mairie*** *(tél. 55.62.45.63).*

MORTEMART
87330 (Haute-Vienne)

Mortemart est née dans cette plaine humide et marécageuse, d'où vient son nom, "Mare mortuum", mer morte. Abon Drut, l'un des premiers seigneurs, avait guerroyé victorieusement contre Guillaume de Poitiers, et sauvé la place de Bellac. Il fut autorisé, en récompense, à édifier un château en 995. De ce château, il ne reste que les tours et le dessin des douves, car il fut démantelé sur ordre du cardinal de Richelieu. En 1330, le cardinal Pierre Gauvain, autre fils du pays, fonde à Mortemart trois édifices religieux : l'Hôtel-Dieu tenu par les Carmes, le collège des Augustins et un monastère de Chartreux. Ce dernier a totalement disparu. Par contre, le couvent des Carmes fut agrandi au XIXe siècle par un bâtiment néo-classique, et la chapelle des Augustins est devenue église paroissiale. Son clocher à bulbe, en ardoise est curieux. A l'intérieur, on voit de fort belles stalles de bois sculpté, et un retable baroque. De son passé commercial prospère, Mortemart conserve une jolie halle. A voir aussi la maison du Sénéchal, à tour carrée, du XVe siècle, qui dans ses jardins garde les restes de l'ancien portail de l'église Saint-Hilaire. La maison de Verdilhac et celle du chevalier de Béon conservent des tourelles et des éléments gothiques à leurs fenêtres.

♦ *161 habitants, 290 m d'altitude* ♦ **Itinéraire d'accès :** *à 80 km S-E de Poitiers par N 147 - Bellac et D 675* ♦ **Aux alentours :** *nombreux sentiers de randonnée ; circuit des mégalithes, circuit dans les monts de Blond* ♦ **Foires, festivités** : *marché fermier le dimanche matin en été, foire à la brocante le 3e week-end de mars* ♦ **Hôtels :** *Le Relais (tél. 55.68.12.09), 6 chambres (120 à 180 F), restaurant. A Bellac (13 km N-E), Les Châtaigniers (tél. 55.68.14.82), 27 chambres (210 à 350 F), restaurant* ♦ **Mairie** *(tél. 55.68.12.09) -* **Syndicat d'initiative** *(tél. 55.68.98.98).*

MIDI - PYRENEES

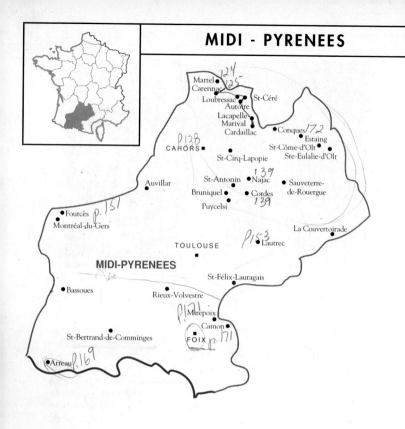

Les contreforts du Massif Central, les Pyrénées en toile de fond confèrent souvent aux paysages de la région Midi-Pyrénées un caractère plus rude, plus austère que ceux d'Aquitaine. Ici, les maisons se coiffent de lauzes brunes, d'ardoises ; parfois, elles s'en cuirassent pour se protéger des intempéries. Et la tuile romaine est souveraine dès que l'on aborde les sites ensoleillés si évocateurs de l'ancienne colonie. Le bois, ici aussi, est très présent ; vertigineuses et artistiques constructions de toitures, colombages souvent prétexte d'ornement, sculptures aux colonnes des cloîtres ou des couverts. L'imagination artistique est immense. La brique cuite, les galets de Garonne, sont assemblés en effets savants lorsque l'artiste n'a pas eu à sa disposition la pierre de taille. L'évocation historique nous est imposée sans cesse : remparts encore debout, puissants châteaux perchés en sentinelle, tout rappelle les temps dangereux. Pourtant les seules invasions, souhaitées cette fois, sont celles de touristes amoureux de la beauté du Midi-Pyrénées.

CAMON
09500 (Ariège)

L'Hers court à l'abri de sa vallée dans un paysage de coteaux boisés, dans cette partie de l'Ariège à vocation mi-agricole, mi-forestière. Dès 778, le monastère de Camon est fondé dans une boucle de la vallée. L'abbaye deviendra au Xe siècle un simple prieuré, les moines ayant dû se soumettre à l'abbaye de Lagrasse, sa puissante voisine de l'Aude. En 1279, Camon fut détruit par une inondation. Il fut reconstruit à l'image des forteresses royales dès 1316. Il faut attendre l'avènement de Philippe de Lévis, évêque de Mirepoix, pour voir à nouveau une ère prospère. De grands travaux sont entrepris : un mur d'enceinte entoure le village, une puissante tour rectangulaire est édifiée. Ce sera le "château". Les prieurs qui se succèderont aux XVIIe et XVIIIe siècles embelliront leur église et les bâtiments conventuels. Malheureusement, en 1791, le prieuré est vendu comme "bien national". On aborde le village par la porte voûtée de l'église. Il est charmant, coiffé de tuiles romanes, et encadre son château. Une promenade longe les remparts, où s'adosse la "maison haute", qui date du XVIe siècle, embellie au XVIIIe. Sa façade en pierre et bois, est percée d'une belle porte cloutée et de fenêtres à meneaux. A voir aussi une tour ronde accolée aux remparts, sur ordre du cardinal Georges d'Armagnac. L'église renferme des trésors : peintures, objets sacerdotaux, mobilier, tout cela classé et répertorié aux monuments historiques.

♦ *Itinéraire d'accès* : *à 55 km S-O de Carcassonne par D 119 - Mirepoix, D 625 et D 7* ♦ *Foires, festivités* : *"l'Abbaye en musique", nombreux concerts en juillet et août, expositions d'art en été* ♦ *Hôtel* : *Château de Camon (tél. 61.68.14.05), maison d'hôtes de charme, 3 chambres (500 à 1000 F pour 2 personnes), table d'hôtes le soir* ♦ *Restaurants* : *La Tartine (tél. 61.68.28.28), La Table du Prieur (tél. 61.68.21.40), La Bergerie (tél. 61.68.83.00)* ♦ *Mairie (tél. 61.68.12.07).*

MIREPOIX
09500 (Ariège)

La petite ville de Mirepoix est sur la route qui va de Carcassonne à Lourdes. Son histoire remonte aux Celtes, mais c'est au Moyen-Âge, après la destruction de la cité par une inondation que la ville abandonna les bords de l'Hers et fut rebâtie en des lieux plus sûrs, sur le modèle des villes modernes : axes perpendiculaires divisant le quadrilatère en vingt-huit îlots ou "moulons". La beauté de Mirepoix se réclame surtout de l'époque fastueuse de son évêché, les plus belles maisons datent des XIVe et XVe siècles. Après le traité de Brétigny, et, des bandes de routiers dévastant le pays, des remparts seront édifiés (1364) pour assurer à la ville meilleure protection. De nos jours, il ne reste comme témoin que la porte d'Aval. La place est entièrement entourée de galeries de bois. Les couverts reposent sur de solides poteaux carrés en cœur de chêne. Sur le "grand couvert" furent édifiés la maison de justice du Seigneur, devenue maison des consuls, et l'Hôtel de Ville (1692). La cathédrale gothique fait, à juste titre, la fierté des habitants. Le porche et le clocher (fin XVe, début XVIe siècle) sont dus à Philippe de Lévis, évêque de Mirepoix. Il fit également construire le palais épiscopal.

♦ *3578 habitants, 308 m d'altitude* ♦ ***Itinéraire d'accès :*** *à 34 km N-E de Foix par N 20, D 12 et D 119 ; à 47 km S-O de Carcassonne par D 119* ♦ ***Aux alentours :*** *nombreux sentiers de randonnée, château de Terride (privé)* ♦ ***Foires, festivités :*** *grand marché le lundi matin, petit marché le jeudi matin ; foire à la brocante et salon de la carte postale à la Pentecôte ; semaine médiévale 2e quinzaine de juillet* ♦ ***Hôtel :*** *Le Commerce (tél. 61.68.10.29), 31 chambres (88 à 220 F), restaurant* ♦ ***Restaurant :*** *Le Colombage (tél. 61.68.17.70)* ♦ ***Mairie*** *(tél. 61.68.10.47) -* ***Syndicat d'initiative*** *(tél. 61.68.83.76).*

142

CONQUES
12320 Saint-Cyprien-sur-Dourdou (Aveyron)

Au IXᵉ siècle, l'abbaye est comme oubliée dans sa vallée. Les pèlerins en route pour Compostelle boudent cette étape. Aussi l'abbé décide-t-il d'un moyen pour ramener les foules pieuses : il fait enlever les reliques de sainte Foy, petite vierge révérée à Agen. Dès lors, Conques devient un lieu de pèlerinage. Hors le splendide trésor d'orfèvrerie religieuse, il faut absolument voir l'église romane des XIᵉ et XIIᵉ siècles, dont le tympan est un chef-d'œuvre. Les ruelles du village sont bordées de maisons aux toits de lauzes. Dans un coin, le château des seigneurs d'Humières (XVIᵉ siècle), la "porte de Vinzelle", une très pittoresque maison de torchis à pans de bois et la rue Charlemagne, rude à gravir. De la chapelle Saint-Roch, on découvre Conques dans sa splendeur retrouvée, grâce à un élan de restauration entrepris en 1974. Hélas, en 1991 le maire a entrepris la construction d'un bâtiment au pied des remparts du village. Ira-t-il au bout de ce projet qui dénaturerait un des plus beaux villages de France ?

♦ *400 habitants, 250 m d'altitude* ♦ ***Itinéraire d'accès :*** *à 38 km N de Rodez par D 901* ♦ ***A voir :*** *le trésor de l'église Sainte-Foy, musée lapidaire* ♦ ***Foires, festivités :*** *concerts en juillet et août ; pèlerinage à Sainte-Foy en août, fête patronale de Sainte-Foy en octobre ; marché à Saint-Cyprien (7 km) le dimanche matin et foire tous les 1ᵉʳ jeudis du mois* ♦ ***Hôtels :*** *Hôtel de Sainte-Foy (tél. 65.69.84.03), 34 chambres (220 à 600 F), restaurant ; Hostellerie de l'Abbaye (tél. 65.72.80.30), 8 chambres (280 à 420 F) ; Auberge Saint-Jacques (tél. 65.72.86.36), 14 chambres (135 à 260 F), restaurant* ♦ ***Mairie*** *(tél. 65.69.85.11)* **- Syndicat d'initiative** *(tél. 65.72.85.00).*

LA COUVERTOIRADE
12230 (Aveyron)

Sur le haut plateau du Larzac surgit soudain la masse fortifiée de La Couvertoirade. Cette étonnante silhouette découpée sur les étendues austères du paysage évoque irrésistiblement la vision des ksour bâtis en Orient par les seigneurs croisés, dans les vastes étendues du désert. La petite cité, d'abord dépendance du prieuré de l'abbaye de Nant, doit son prestige passé à l'installation des Templiers au XIIe siècle, qui seront ses seigneurs temporels et spirituels jusqu'à la suppression de l'Ordre. Ils seront alors remplacés par les Chevaliers de Malte. L'intérêt réside essentiellement dans les superbes fortifications, presqu'entières, à l'exception de la porte Sud. On aborde la visite de La Couvertoirade par la tour carrée au nord. A l'intérieur des remparts flanqués de sept tours, on voit, regroupés autour du château, l'église et le cimetière des Templiers. Le clocher est d'allure massive, avec huit ouvertures en son étage supérieur. A l'intérieur, la croix de Malte orne les clefs de voûte, rappelant la longue présence des Hospitaliers. Quelques très belles demeures ont été construites au XVIIIe siècle lors de l'apogée démographique et économique du village. Les habitants de La Couvertoirade, conscients de vivre dans un lieu à haut intérêt touristique, se sont mis à développer l'artisanat, à vendre les produits de leurs fermes. On pourra prolonger l'agréable souvenir d'une visite en achetant des fromages de brebis, des confitures, ou encore les gourmandises cuisinées à partir de volailles grasses.

♦ *140 habitants, 790 m d'altitude* ♦ ***Itinéraire d'accès :*** *à 41 km S-E de Millau par N 9 et D 185* ♦ ***A voir :*** *musée municipal (histoire local)* ♦ ***Hôtel :*** *à St-Jean-du-Bruel (19 km N par D 55, D 7 et D 999), Hôtel du Midi-Papillon (tél. 65.62.26.04), hôtel de charme, 19 chambres (87 à 177 F), restaurant* ♦ ***Restaurants :*** *Auberge de La Couvertoirade (tél. 65.62.21.43), Le Médiéval (tél. 65.62.27.01)* ♦ ***Mairie*** *(tél. 65.62.25.81).*

ESTAING
12190 (Aveyron)

L'histoire d'Estaing est celle d'une famille. Le premier dont on doit parler est Dieudonné ; pour avoir sauvé la vie du roi Philippe-Auguste à la bataille de Bouvines, il reçut le droit de porter sur ses armes les fleurs de lys royales. Le plus attachant est l'amiral-comte Charles d'Estaing ; connu pour ses nombreuses expéditions aux Indes, en Amérique, aux Antilles, l'amiral terminera cependant sa destinée sur l'échafaud. Le château d'Estaing a été bâti principalement aux XVe et XVIe siècles. C'est un ensemble de constructions de matériaux disparates : schiste, grès rouge, calcaire, galets du Lot. Imbriquées les unes aux autres, elles se pressent autour du donjon qui s'élève au-dessus d'une belle terrasse à balustres de pierre. Le village se situe au confluent de la Caussanne qui descend des monts d'Aubrac, et du Lot, non loin de ses gorges sauvages. En face du château, se trouve l'église. Elle abrite les reliques de saint Fleuret, patron d'Estaing, et évêque de Rodez, qui fut responsable de la construction de l'admirable clocher. Dans la vieille ville, plusieurs hôtels particuliers à voir, témoins de l'époque prospère. Ils sont bâtis de schiste, et ont d'étonnants toits de lauzes en écailles de poisson. Château, église, village, pont vieux aux arches harmonieuses, plan d'eau formé par un barrage du Lot en aval, tout le site est classé. De là, on pourra aussi aller visiter Entraygues et Espalion, autres beaux villages, tout proches.

♦ *666 habitants, 300 m d'altitude* ♦ ***Itinéraire d'accès** : à 39 km N-E de Rodez par D 988 et D 920* ♦ ***Aux alentours** : la chapelle de l'Ouradou, les églises romanes de Vinnac (4 km S-E) et de Sebrazac (7 km S par D 556)* ♦ ***Foires, festivités** : fête de Saint-Fleuret le 1er dimanche de juillet* ♦ ***Hôtel** : Aux Armes d'Estaing (tél. 65.44.70.02), 44 chambres (120 à 190 F), restaurant* ♦ ***Mairie** (tél. 65.44.70.32).*

NAJAC
12270 (Aveyron)

Raymond IV, comte de Toulouse, achète la seigneurie de Najac à la fin du XIe siècle. La guerre de Cent Ans épargne relativement le Rouergue, mais, après la défaite de Poitiers, Najac subira l'occupation anglaise jusqu'en 1368. Le bourg n'existe que par son château, perché sur une colline rocheuse, enserré par une boucle de l'Aveyron ; il est défendu par d'épaisses murailles et un système fortifié flanqué de grosses tours rondes. De là, la vue est stupéfiante : plongée sur l'Aveyron, les toits d'ardoises du bourg et l'édifice gothique de l'église, construite sur ordre des Inquisiteurs sur une arête rocheuse. La plupart des maisons du bourg datent du XVIe siècle ; une très belle maison du XIVe possède d'élégantes fenêtres à colonnettes. On peut admirer deux superbes fontaines, particulièrement celle de la rue du Bourguet, avec sa vasque de granit monolithique. Et puis, le bourg s'étire, jusqu'au faubourg, les colombages se font plus humbles...

♦ *818 habitants, 258 m d'altitude* ♦ ***Itinéraire d'accès** : à 83 km S de Figeac par D 922 et D 39 ; à 34 km S de Villefranche-de-Rouergue par D 922 et D 35* ♦ ***Aux alentours** : les gorges de l'Aveyron, la vallée du Lot* ♦ ***Foires, festivités** : concerts dans l'église en été, fête de la Saint-Barthélémy en août* ♦ ***Hôtels** : à La Fouillade, Oustal del Barry (tél. 65.29.74.32), hôtel de charme, 21 chambres (280 F), restaurant ; Hôtel Loncol (tél. 65.29.63.36), hôtel de charme, 15 chambres (380 à 700 F), restaurant ; sur D 39, Hôtel Belle Rive (tél. 65.29.73.90), 39 chambres, (235 à 265 F), restaurant* ♦ ***Mairie** (tél. 65.29.71.34) - **Syndicat d'initiative** (tél. 65.29.72.05).*

SAINT-COME-D'OLT
12500 (Aveyron)

Site classé, le bourg de Saint-Côme est situé à un carrefour de routes qui relient Espalion à l'Aubrac, Saint-Geniez et Mende. Autant dire, en plein passage des grandes transhumances vers les plateaux aveyronnais et lozérien. C'est une belle petite ville fortifiée, dont le passé a dû être très florissant, à en voir les demeures des XVᵉ et XVIᵉ siècles dont d'orgueilleux pignons dominent les étroites ruelles moyenâgeuses.

Le tour de ville est circulaire, ancien emplacement des fossés. De vieilles portes à l'entrée des rues engagent à pénétrer le cœur de la ville. Le plus ancien monument de Saint-Côme est la chapelle de la Bouysse, bijou roman du Xᵉ siècle. Le château date de la Renaissance, comme l'église, au très rare clocher, en "vrille", évoquant la montée d'une flamme vers le ciel. Le portail conserve ses vantaux sculptés. Près de l'église, on peut admirer un hôtel du XIIIᵉ siècle : ce fut l'ancienne demeure des seigneurs de Calmont et de Castelnau. Les environs de la ville sont riants ; Saint-Côme est bordé au nord par de verdoyants coteaux, au midi par la masse basaltique de Roquelaure et le pic de Vernus.

♦ *1044 habitants, 378 m d'altitude* ♦ ***Itinéraire d'accès :*** *à 32 km N-E de Rodez par D 920 - Espalion et D 6* ♦ ***Aux alentours :*** *la vallée du Lot, la petite cité d'Espalion (3 km O), l'église romane de Perse (XIᵉ siècle), le château de Roquelaure (2 km S)* ♦ ***Hôtels :*** *à Espalion (3 km O), Hôtel Moderne (tél. 65.44.05.11), 28 chambres (200 à 300 F), restaurant. A Bozouls (12 km S-O par D 6 et D 988), Le Belvédère (tél. 65.44.92.66), 11 chambres (195 à 220 F), restaurant ; A la route d'Argent (tél. 65.44.92.27), 18 chambres (100 à 180 F), restaurant* ♦ ***Restaurant :*** *Le Méjane (tél. 65.48.22.37)* ♦ ***Syndicat d'initiative*** *(tél. 65.48.24.46).*

SAINTE-EULALIE-D'OLT
12130 Saint-Geniez-d'Olt (Aveyron)

Le Lot, que l'on nommait autrefois "Olt", serpente difficilement entre les monts d'Aubrac et les contreforts du causse de Sauveterre. Et puis soudain sa vallée s'élargit, formant un joli bassin de verdure. Sainte-Eulalie s'y niche, à l'abri des collines boisées de chênes et de châtaigniers. La petite ville occupe la rive droite du Lot. Son ère de prospérité s'est prolongée jusqu'au XVIIIe siècle, ses habitants faisant fortune avec la fabrication du drap. Le témoin de cette industrie reste le vieux moulin à roue verticale qui servait à produire la poudre nécessaire aux tanneurs. Il a été restauré, fort bien, par son propriétaire, en 1980. Le château de Curières de Castelnau, du XVe siècle, occupe le cœur du village. Il fut édifié à l'emplacement de la grande écurie de l'ancien château. L'église est un chef-d'œuvre d'art roman et gothique. Avec son déambulatoire et ses trois absidioles, elle est une copie réduite parfaite de l'abbatiale de Conques. La promenade dans les vieilles rues très fleuries est délicieuse, évocatrice d'un passé heureux, qui se serait endormi dans le présent sans le dynamisme des habitants : Sainte-Eulalie est devenue "station verte de vacances". Souhaitons-lui longue vie.

♦ *Itinéraire d'accès : à 45 km N-E de Rodez par D 920 - Bozouls et D 988* ♦ *Aux alentours : le lac de Cabanac* ♦ *Foires, festivités : fête de la Sainte-Epine le 2e dimanche de juillet* ♦ *Hôtels : Le Moulin d'Alexandre (tél. 65.47.45.85), 12 chambres (180 F), restaurant. A Saint-Geniez-d'Olt (3 km O), Hôtel de France (tél. 65.70.42.20), 42 chambres (120 à 215 F), restaurant ; Hôtel de la Poste (tél. 65.47.43.30), 50 chambres (160 à 250 F), restaurant ; Hôtel du Lion d'Or (tél. 65.47.43.32), 21 chambres (75 à 200 F), restaurant* ♦ *Mairie (tél. 65.47.44.59).*

SAUVETERRE-DE-ROUERGUE
12800 Naucelle (Aveyron)

Edifiée au XIIIe siècle, la petite ville ne tarde pas à se développer lorsqu'en 1330, l'évêque de Rodez y fait établir une église paroissiale. Artisans et commerçants y vivent bien ; l'agriculture, hélas, reste le point faible de ces régions des Causses. Le soulèvement des Croquants en 1643 et d'autres révoltes moins connues sont une avant-première de la position révolutionnaire des Sauveterrats en 1789. Des murs d'enceinte il ne reste que le grand fossé des douves, encore rempli d'eau. La place royale se situe en plein centre, entourée d'un couloir d'arcades, "chitats", en forme d'ogive, en pierre de taille, des XIVe et XVe siècles. La maison "Unal" est un splendide exemple d'architecture médiévale, avec ses encorbellements qui donnent sur la rue Saint-Jean. A admirer l'Hôtel de Ville, la maison Dalmas-Rességuier avec sur sa façade les armoiries des La Pérouse, dont est issu le célèbre navigateur, avant de jeter un regard d'ensemble du haut de la tour-clocher.

♦ *793 habitants, 460 m d'altitude* ♦ ***Itinéraire d'accès*** *: à 33 km S-O de Rodez par N 88 et D 38 ; à 7 km N-O de Naucelle par D 997* ♦ ***A voir*** *: musée de l'Oustal Rouergat* ♦ ***Aux alentours*** *: les châteaux du Bosc et de Taurines* ♦ ***Foires, festivités*** *: journées artisanales de Pentecôte, fête de la châtaigne et du cidre doux en octobre* ♦ ***Hôtel*** *: Auberge du Sénéchal (tél. 65.47.05.78), 14 chambres (250 à 280 F), restaurant* ♦ ***Mairie*** *(tél. 65.47.05.32) -* ***Syndicat d'initiative*** *(tél. 65.47.05.39).*

RIEUX-VOLVESTRE
31310 (Haute-Garonne)

Dans la région du Volvestre, Rieux se plaît dans la douce boucle de l'Arize, que deux ponts franchissent, l'un depuis le XVe siècle, l'autre bâti au XVIIIe siècle, en même temps que le palais épiscopal. En 1317, le pape Jean XXII crée l'évêché de Rieux. Au vieux sanctuaire du XIIe siècle est greffée la nef d'une nouvelle cathédrale. A cet ensemble sera ajouté le chœur des évêques orné de stalles. La tour-clocher est considérée comme un chef-d'œuvre du style toulousain. Octogonale, à trois étages ajourés, elle s'élance, gracieuse, signalant comme un phare la présence de la cathédrale loin au-delà de la vallée. A voir, le reliquaire de saint Cizi, héros des chansons de geste.

Aujourd'hui heureusement, demeurent les merveilles architecturales : maisons où la brique et le bois se joignent, porches de briques roses ornés de têtes d'homme en pierre, lourdes portes de chêne qui gardent les entrées des anciens hôtels particuliers, et aux balcons, des guirlandes de fer forgé.

♦ *1462 habitants* ♦ ***Itinéraire d'accès :*** *à 45 km S-O de Toulouse par N 117 et D 627* ♦ ***Foires et festivités :*** *fête du Papogay le premier dimanche de mai* ♦ ***Hôtels :*** *à Martres-Tolosane (18 km S-O par D 25 et D 10), Hôtel Castet (tél. 61.98.80.20), 14 chambres (150 à 250 F), restaurant. A Salies-du-Salat (30 km par D 25, D 10 et D 13), Le Grand Hôtel (tél. 61.90.56.43), 26 chambres (100 à 220 F), restaurant* ♦ ***Mairie*** *(tél. 61.87.61.17) -* ***Syndicat d'initiative*** *(tél. 61.87.63.33).*

SAINT-BERTRAND-DE-COMMINGES
31510 Barbazan (Haute-Garonne)

Dressé sur son piédestal rocheux, le bloc de la cathédrale et de la ville se détache sur le fond des proches Pyrénées. Le site a toujours été consacré à la divinité. En 72 avant J.-C., Pompée en fait une ville. Les fouilles attestent que c'était une cité de grande importance. Au IVe siècle apparaît le christianisme : une première basilique est édifiée près de la chapelle Saint-Julien-du-Plan. Ce ne sera qu'au XIe siècle, à l'arrivée de Bertrand de l'Isle comme évêque du Comminges que la ville prendra un nouvel essor. Sous un toit unique, le "vaisseau cathédral" abrite trois églises d'époque et de style différents : l'église romane (XIIe siècle) bâtie par saint Bertrand, l'église gothique (XIVe siècle) édifiée par l'évêque Bertrand de Goth et l'église Renaissance de l'évêque Jean de Mauléon. Le cloître s'ouvre au sud, trois galeries sur quatre sont romanes, celle du nord est gothique. Dans la ville haute, les maisons se pressent autour du centre religieux : demeures nobles, vieilles demeures à colombage, humbles maisonnettes médiévales blotties derrière les remparts, leur barbacane et les solides portes d'entrée. L'évêché supprimé à la Révolution, la ville haute entre dans une somnolence qu'elle ne quittera plus, tandis qu'en bas, les constructions gagnent la plaine.

♦ *228 habitants* ♦ ***Itinéraire d'accès :*** *à 60 km S-E de Tarbes par N 117 - Montréjeau, N 125 - Barbazan et D 26* ♦ ***A voir :*** *musée de Comminges et galerie des Trophées ; trésor de l'église Sainte-Marie* ♦ ***Aux alentours :*** *grottes préhistoriques de Gargas (6 km), villa gallo-romaine de Montmaurin* ♦ ***Foires, festivités :*** *concerts de musique classique dans le cadre du festival de Comminges de juin à septembre* ♦ ***Hôtels :*** *Hôtel de Comminges (tél. 61.88.31.43), 13 chambres (130 à 150 F), restaurant ; L'Oppidum (tél. 61.88.33.50), 12 chambres (180 à 280 F), restaurant. A Barbazan (5 km par D 26), Hostellerie de l'Aristou (tél. 61.88.30.67), 8 chambres (165 à 330 F), restaurant* ♦ ***Mairie*** *(tél. 61.88.33.12) -* ***Syndicat d'initiative*** *(tél. 61.88.37.07).*

SAINT-FELIX-LAURAGAIS
31540 (Haute Garonne)

Un conseil : découvrez le village à partir de la route qui monte de la plaine de Revel. Il se découpe en ombre chinoise, barré par l'énorme masse de la façade du château, ce qui reste de ses remparts, un très beau clocher occitan, et ses moulins. Il en reste six, hélas désarmés ; l'on dit que le bruit de leurs ailes faisait taire le vent d'autan, pourtant si fort... Saint-Félix eut le curieux privilège d'abriter le premier concile cathare (1167). Deux siècles plus tard, naquit ici Guillaume de Nogaret, le conseiller de Philippe le Bel, célèbre pour ses démêlés avec le pape Boniface VIII. Autre enfant du pays, et bien plus proche de nous, le musicien Déodat de Sèverac, dont la belle maison est sur la place centrale. Le village est beau, peu abîmé ; les maisons à colombage se restaurent, artisans potiers, peintres, doreurs sur bois ont choisi d'y vivre. Le couvert, sur la place, a de très vieux piliers de bois. Un charmant bistrot, "Le Cocagne" fait un clin d'œil au fastueux passé des temps du pastel. On quitte la place par une petite rue où s'élève l'imposante collégiale, jouxtée par la belle maison de la Commanderie. Entrez : les orgues, du XVIIIe siècle, sont en cours de réfection ; la dimension de l'église témoigne de l'époque où les chanoines tenaient chapitre à Saint-Félix, qui était alors si vivant. Au bout de la rue, franchie une porte des anciens remparts, on reprendra la route vers Toulouse, à moins que l'on ne prenne le temps d'une halte à la jolie "Auberge du Poids Public".

♦ *259 habitants, 322 m d'altitude* ♦ ***Itinéraire d'accès :*** *à 42 km S-E de Toulouse par D 2* ♦ ***Aux alentours :*** *les villages de Saint-Julia (5 km N par D 67) et de Montgey (11 km N-E par D 43, D 51 et D 45) ; le château de Montmaur (13 km)* ♦ ***Hôtel :*** *Auberge du Poids Public (tél. 61.83.00.20), hôtel de charme, 13 chambres (245 à 295 F), restaurant* ♦ ***Mairie*** *(tél. 61.83.01.71).*

BASSOUES
32320 Montesquieu (Gers)

L'histoire de Bassoues commence à la fondation d'un monastère bénédictin (1020), sur les lieux d'un miracle que la mémoire collective nous transmet : Fris, neveu de Charles Martel, avait été atteint d'une flèche lors de la poursuite des guerriers d'Abder Rhaman. Son cheval l'amena au pied des côteaux de Bassoues, où il expira, et fut enseveli par ses compagnons. La tombe, longtemps ignorée, fut découverte par un paysan. Le chevalier, casqué et cuirassé, ses armes au côté, fut mis dans un sarcophage de grès, et transporté dans l'église construite en son honneur. A 300 mètres au levant, on voit la basilique restaurée où dort enfin en paix le chevalier chrétien. En 1279, l'archevêque d'Auch accorde à Bassoues charte et coutumes.

La bastide gasconne est classique : place carrée, halle couverte que traverse la rue centrale. L'enceinte fortifiée a quatre tours d'angle, et s'appuie sur le château, hélas défiguré par de nombreux remaniements. L'église édifiée à la même époque, fut restaurée aux XVIᵉ et XIXᵉ siècles. La plus spectaculaire image de Bassoues est son donjon, d'une architecture militaire imposante. La tour, appelée "masse", domine de sa hauteur la bastide et la protège de son flanc et de ses murs.

♦ *503 habitants* ♦ ***Itinéraire d'accès :*** *à 35 km O d'Auch par D 943* ♦ ***Hôtel :*** *Hostellerie du Donjon (tél. 62.64.90.04), 8 chambres (100 à 180 F), restaurant* ♦ ***Mairie*** *(tél. 62.70.90.47).*

FOURCES
32250 (Gers)

Située dans la vallée de l'Auzoue, Fourcès fut d'abord bâtie autour d'un château au donjon de bois, sur la "motte vieille". Parfaite bastide ronde, elle fut constituée autour des quelque vingt maisons rescapées de la démolition de 1488. La porte Ouest est intacte, dans l'ancienne tour du Pourtau, aujourd'hui tour de l'Horloge. Au sud de la tour, en haut du mur d'enceinte, se détache une tête d'homme en pierre : le chevalier qui veillera sur la cité jusqu'à la fin des temps, dit la légende. Le château actuel aurait été construit sous le règne de Louis XII et François Ier, sur l'emplacement de l'ancienne place forte, démantelée par Edouard III Plantagenêt. Hors l'enceinte, l'église a conservé son clocher d'origine, carré, hélas flanqué d'une flèche pointue rajoutée en 1870. Le moulin fortifié ne garde qu'une très belle salle de meules. Fourcès fait actuellement de gros efforts de restauration.

♦ *357 habitants* ♦ ***Itinéraire d'accès :*** *à 64 km N-O d'Auch par N 124, D 930 - Condom, D 15 et D 29* ♦ ***Aux alentours :*** *à Montréal (5 km), musée municipal (archéologie gallo-romaine) ; à Condom (20 km), musée de l'Armagnac* ♦ ***Foires, festivités :*** *marché aux fleurs le dernier dimanche d'avril, festival de Bandas y Penas à Condom le 2e dimanche de mai* ♦ ***Hôtel :*** *à Condom, Hôtel des Trois Lys (tél. 62.28.33.33), hôtel de charme, 10 chambres (250 à 500 F)* ♦ ***Restaurants :*** *à Montréal, Chez Simone (tél. 62.29.44.40). A Condom, La Table des Cordeliers (tél. 62.68.28.36)* ♦ ***Mairie*** *(tél. 62.29.40.13).*

MONTRÉAL-DU-GERS
32250 (Gers)

Un oppidum celtibère fut élevé à l'emplacement de cette très belle bastide, qui reçut sa charte en 1255, ce qui la classe parmi les plus anciennes. Nous sommes sur les coteaux de la Ténarèze, en plein pays Armagnac. Montréal, qui avait traversé sans trop de mal les pires moments de son histoire, fut malheureusement détruite à la Révolution. Des remparts, il ne reste qu'une porte fortifiée et l'église de Saint-Genens, au très beau portail roman, surmonté d'un chrisme des VIIᵉ et VIIIᵉ siècles. Une longue rue descend vers le centre, bordée de façades à colombage ; tout à côté d'elle, un pigeonnier. Les environs immédiats de Montréal-du-Gers témoignent aussi de l'importance de son histoire. A commencer, bien sûr, par la villa gallo-romaine de Séviac. Puis l'église gothique de Luzanet, le château de Balarin (XIIIᵉ-XIVᵉ siècle) ; de nombreux points de défense datant de la guerre de Cent Ans : Labarrère, la tour de Luzan, font face aux forteresses des Armagnacs : Lamothe, Lagraulet, Lauraet. Prenez vraiment le temps d'une longue promenade. Succombez à la tentation de l'Armagnac, mais ne manquez pas, surtout, la merveilleuse "croustade", pâtisserie gasconne unique en son genre : un rare délice...

♦ *1326 habitants, 131 m d'altitude* ♦ ***Itinéraire d'accès :*** *à 59 km N-O d'Auch par D 930 - Condom et D 15* ♦ ***A voir :*** *musée municipal, archéologie gallo-romaine, mosaïques (ouvert de juin à octobre)* ♦ ***Aux alentours :*** *le village fortifié de Larressingle (XIIIᵉ siècle), l'abbaye de Flaran (XIIᵉ siècle)* ♦ ***Foires, festivités :*** *marché le vendredi matin, foire annuelle le lundi avant Noël* ♦ ***Hôtels :*** *à Condom (15 km E par D 15), Hôtel des Trois Lys (tél. 62.28.33.33), hôtel de charme, 10 chambres (250 à 500 F)* ♦ ***Restaurants :*** *Chez Simone (tél. 62.29.44.40) ; La Gare (tél. 62.29.43.37)* ♦ ***Mairie*** *(tél. 62.29.43.10) -* ***Syndicat d'initiative*** *(tél. 62.29.42.85).*

AUTOIRE
46400 (Lot)

Au hasard des ruelles empruntées, on découvre ici une fontaine entourée de maisons à colombage ; plus loin, les encorbellements de vieilles demeures blanches à toits de tuiles brunes ; ailleurs, des gentilhommières plus jolies les unes que les autres, pimpantes, flanquées de tourelles. De l'église, on passe sur une terrasse dont la vue plonge sur le moulin de Limargue, et découvre le cirque rocheux qui abrite Autoire. Les vicomtes de Turenne eurent soin de leurs vassales et durant la guerre de Cent Ans, Saint-Céré comme Autoire eurent peu à souffrir, protégées qu'elles étaient par les puissants remparts de Saint-Laurent. Autoire poursuit sa vie paisible, au cœur d'une magnifique région où tout est à voir : du haut, pour ses châteaux, jusqu'en bas, pour son cirque, et plus bas encore, pour les grottes de Presque et le gouffre de Padirac avec sa mystérieuse rivière souterraine.

♦ *233 habitants, 300 m d'altitude* ♦ ***Itinéraire d'accès :*** *à 49 km N de Figeac par N 140, D 940, D 673 et D 38 ; à 5 km O de Saint-Céré par D 673 et D 38* ♦ ***Aux alentours :*** *la petite ville de Saint-Céré, musée de l'automobile ; atelier de Jean Lurçat* ♦ ***Hôtels :*** *Auberge du Moulin de Siramon (tél. 65.38.19.32), chambres (90 à 200 F), restaurant. A Alvignac (14 km S-E par D 673), Hôtel du Château (tél. 65.33.60.14), hôtel de charme, 40 chambres (180 à 260 F), restaurant* ♦ ***Restaurant :*** *à Saint-Vincent-du-Pendit (2 km S par D 48), Ric (tél. 65.38.04.08)* ♦ ***Mairie*** *(tél. 65.38.05.26).*

CARDAILLAC
46100 Figeac (Lot)

Le fort est fermement ancré sur un éperon rocheux en Haut-Quercy. Le nom de Cardaillac sonne un peu "gascon", évoque des climats plus hospitaliers... C'est que nous sommes à la porte sud du Ségala. Nombreux sont les seigneurs de Cardaillac qui ont fait parler d'eux au cours des temps : Guillaume v, fondateur de l'abbaye de Leyme, participa à la croisade des Albigeois ; Jean, au XIVᵉ siècle, fut évêque de Rodez ; Marques, dont une rue du village porte le nom, défendit son Quercy pendant la guerre de Cent Ans (1356). L'"aujourd'hui" de Cardaillac, c'est l'orgueil de son site, dans le paysage haché de vallons secrets dans de sombres bois ; c'est son fort, véritable ville-miniature, à trois tours : celles des Barons et de l'Horloge, massives, carrées, celle de Sagnes, ronde, un peu isolée des autres. Franchie la porte qui donne accès au plateau, on se trouve en plein Moyen-Âge. Des venelles à caniveau central, pas toujours empierrées, serpentent entre les maisons ocre, bâties de grès. Elles ont des noms évocateurs : "Rue du Sénéchal, de la Magnanerie, de la Bataillerie". Beaucoup de détails d'architecture subsistent, ogives, enseignes sculptées. On tombe sur une maison en terrasse, défiant le vide, qui a été bien restaurée. D'autres, plus humbles, s'appuient les unes aux autres, avec des colombages à un ou deux niveaux, dans le silence de ces ruelles un peu trop désertes... Mais heureusement, se dessine un regain d'intérêt pour la tradition. De vieux métiers revivent, des artisans créent.

♦ *453 habitants* ♦ ***Itinéraire d'accès*** *: à 9 km N de Figeac par N 140 et D 15* ♦ ***Foires, festivités*** *: foire à la brocante en juillet, grande fête votive en août, foire de la Saint-Martin en novembre* ♦ ***Hôtel*** *: à Figeac, Hôtel des Carmes (tél. 65.34.20.78), 40 chambres (275 à 355 F), restaurant* ♦ ***Restaurant*** *: Chez Marcel (tél. 65.40.11.16), avec chambres* ♦ ***Mairie*** *(tél. 65.40.14.32).*

CARENNAC
46110 Vayrac (Lot)

La petite cité moyenâgeuse n'a conservé de ses remparts qu'une tour du XVᵉ siècle et une porte fortifiée. Le village, fait de toits compliqués aux tuiles brunes, de terrasses en surplomb et de balcons fleuris, forme un ensemble de charme autour du prieuré-doyenné où vécut Fènelon, de 1681 à 1695.

L'abbaye borde la Dordogne dont elle est protégée par un grand mur, ouvert d'une porte en ogive. Franchie la porte, on trouve l'église, de pur art roman. Son tympan représente les apôtres aux pieds du Christ, et à l'intérieur, on admirera une émouvante mise au tombeau, du XVIᵉ siècle. Le cloître, adjacent, mi-roman, mi-gothique, a été bien restauré ; il forme un carré harmonieux avec les bâtiments conventuels.

Fènelon a, dit-on, écrit ici son "Télémaque". Une petite île sur la Dordogne a été baptisée "île de Calypso", en son souvenir. Nul doute qu'après la visite de Carennac, nous trouvions plus de beauté à la petite ode composée à sa gloire par le grand Fènelon :

"En quelque climat que j'erre,
Plus qu'en tout autre lieu,
Cet heureux coin de la terre
Me plaît et rit à mes yeux."

♦ *376 habitants, 126 m d'altitude* ♦ ***Itinéraire d'accès :*** *à 50 km S-E de Brive-la-Gaillarde par D 38 et D 20* ♦ ***Aux alentours :*** *le gouffre de Padirac (8 km S par D 20 et D 60), nombreux sentiers de randonnée* ♦ ***Foires, festivités :*** *fête patronale le dimanche après le 15 août* ♦ ***Hôtels :*** *Auberge du Vieux Quercy (tél. 65.38.69.00), 24 chambres (200 à 270 F), restaurant ; Hostellerie Fènelon (tél. 65.38.67.67), 16 chambres (200 à 240 F), restaurant* ♦ ***Mairie*** *(tél. 65.38.48.36) -* ***Syndicat d'initiative*** *(tél. 65.39.73.75).*

LACAPELLE-MARIVAL
46120 (Lot)

Lacapelle-Marival, chef-lieu de canton, est situé dans un paysage qui a déjà un parfum méridional. Collines douces, bois et prés mêlés, environs paysans imprégnés de traditions gourmandes, et de qualité de vie. La couleur du grès des constructions est spécifique à la région. Un peu bigarré, du jaune à l'ocre, avec de petits cristaux de quartz qui font des clins d'œil au soleil. La petite ville se découvre sur une place ombragée de platanes. On y voit le château massif, carré, surmonté d'un toit à quatre pans, d'un chemin de ronde à mâchicoulis flanqué d'échauguettes. Ce fut le fief des Cardaillac, puissants seigneurs du Quercy. Après avoir contourné l'église face à la forteresse, on tombe sur les restes des remparts dont une porte monumentale débouche sur le quartier médiéval. Place resserrée, belle halle aux tuiles romanes, hautes maisons à armatures en ogive. En haut, un couvent édifié au XVIIIᵉ siècle, bordé d'une vaste terrasse, domine le panorama de Lacapelle. L'endroit est très vivant, animé tout au long de l'année de festivités religieuses et païennes : 14 juillet, fête de la bière, 15 août, fête locale. L'enceinte du château est utilisée pour l'exposition "Marivalcis", qui regroupe sculptures, peintures, tapisseries, poteries et céramiques d'artistes, nombreux à avoir élu ce coin charmant pour enrichir leur inspiration.

♦ *1337 habitants, 385 m d'altitude* ♦ ***Itinéraire d'accès :*** *à 21 km N-O de Figeac par N 140 et D 940* ♦ ***Aux alentours :*** *église romane du Bourg (3 km S), église (XIIIᵉ siècle) de Rudelle (5,5 km O), château d'Aynac (11 km N-O)* ♦ ***Foires, festivités :*** *expositions d'art au château en août, fête de la bière en juillet* ♦ ***Hôtel :*** *La Terrasse (tél. 65.40.80.07), 15 chambres (150 à 270 F), restaurant* ♦ ***Syndicat d'initiative*** *(tél. 65.40.81.11).*

LOUBRESSAC
46130 Bretenoux (Lot)

Le château, l'église et le village de Loubressac apparaissent cramponnés à un promontoire vertigineux, qui surplombe les vallées de la Dordogne, de la Cère et de la Bave. C'est en 1211 que le baron de Castelnau accorde sa première charte au village. Vers le XVe siècle, les Auvergnats et les Limousins repeuplent Loubressac qui avait été ruiné par la guerre de Cent Ans. Ere de prospérité qui sera remise en cause par les malheurs des guerres de Religion. Aujourd'hui, son meilleur atout est la beauté de ses pierres ocre, son extraordinaire panorama, d'où l'on voit le château de Montal, les tours de Saint-Laurent et Saint-Céré, le puissant château de Castelnau... et le paysage agreste qui s'étend à ses pieds, tout blanc au printemps des fruitiers en fleurs. On rentre par une porte fortifiée, on passe devant la belle maison des Gardes (XVe siècle), dont le porche a des pans de bois ; on arrive à l'église Saint-Jean-Baptiste, commencée au XIIIe siècle, achevée en 1520. Son portail représente le Christ en Majesté. A l'intérieur, la nef est en ogive, avec quatre chapelles. La montée continue vers le château, manoir du XVe siècle, remanié au XVIIe. Le donjon d'entrée est majestueux. En face du château se dresse la maison de l'intendant, du XVe siècle. Passants, de cette jolie vallée, ne manquez pas de lever les yeux vers un nid d'aigles qui de loin cache sa beauté. Il faut voir Loubressac.

♦ *405 habitants, 360 m d'altitude* ♦ ***Itinéraire d'accès :*** *à 65 km S-E de Brive-la-Gaillarde par N 20, N 14 et D 673 - Alvignac et D 38* ♦ ***Aux alentours :*** *le village de Carennac, la vallée de la Bare (5 km E), le château de Montal (XVIe siècle), le château de Castelnau (5 km N)* ♦ ***Foires, festivités :*** *fête le 2e dimanche de juillet* ♦ ***Hôtel :*** *à Alvignac (13 km S-O), Hôtel du Château (tél. 65.33.60.14), hôtel de charme, 40 chambres (180 à 260 F), restaurant* ♦ ***Restaurant :*** *Lou Cantou (tél. 65.38.20.58)* ♦ ***Syndicat d'initiative*** *(tél. 65.38.18.30).*

MARTEL
46600 (Lot)

Fondée au XIIᵉ siècle, juste à côté de l'église édifiée par Charles Martel après sa victoire contre les Arabes en 732, la cité prit le nom de Martel puis fut choisie par les vicomtes de Turenne comme capitale. Elle eut à résister aux assauts anglais, ce qu'elle fit courageusement, bien abritée derrière ses remparts, mais elle dut se soumettre après le traité de Brétigny en 1360. La fin du XIIIᵉ siècle et le XIVᵉ siècles seront des périodes prospères pour Martel : constructions civiles et militaires fleurissent, massives et élégantes, édifiées dans la belle pierre blanche du causse. Aujourd'hui encore, on peut contempler toutes ces merveilles ; vous admirerez la tour de Tournemire, seul vestige des anciens remparts, l'église gothique Saint-Maur avec sa tour-clocher de 48 mètres formant donjon, et la place des Consuls avec ses halles du XVIIIᵉ siècle et ses jolies maisons. Il faut voir aussi le très bel hôtel de la Raymondie (actuel hôtel de ville) qui date de 1330, avec son beffroi crênelé et sa jolie cour intérieure, la maison Fabri et toutes les pittoresques maisons de la rue de Tournemire. La promenade dans ce délicieux village vous laissera une douce impression de paix et de sérénité.

♦ *1441 habitants, 240 m d'altitude* ♦ ***Itinéraire d'accès** : à 33 km S de Brive-la-Gaillarde par N 20 et N 140* ♦ ***A voir** : musée de la Raymondie* ♦ ***Foires, festivités** : soirées musicales en juillet et août, festival de poésie début septembre ; foire de la noix samedi, dimanche et lundi de Pâques, foire à la laine et à la brocante le 23 juillet* ♦ ***Hôtels** : à Gluges (5 km S par N 140 et D 43), Hôtel Les Falaises (tél. 65.37.33.59), hôtel de charme, 15 chambres (190 à 280 F), restaurant. A Lacave (15 km S-O par D 23), Le Pont de L'Ouysse (tél. 65.37.87.04), hôtel de charme, 13 chambres (500 F), restaurant* ♦ ***Restaurant** : Le Quercy (tél. 65.37.30.30), Ferme-Auberge des Landes (tél. 65.37.30.69)* ♦ ***Mairie** (tél. 65.37.30.03).*

SAINT-CERE
46400 (Lot)

L'imposant ensemble de Saint-Laurent dresse ses tours et ses remparts au carrefour du Limousin, de l'Auvergne et du Quercy. Au VIe siècle, à ce même emplacement, avait été érigé le château de Saint-Serenus. La petite ville qui se blottit dans la vallée de la Bave, à deux kilomètres, en dessous de Saint-Laurent, lui doit son nom, Saint-Céré. C'est au XIIIe siècle que les habitants obtiennent leurs franchises des comtes de Turenne, leurs suzerains. Saint-Céré s'enrichit vite, grâce à l'administration habile de ses consuls et au génie commercial de la cité. Dans la vieille ville, on peut admirer maints beaux hôtels des XVe, XVIe et XVIIe siècles. Ils sont coiffés de jolies tuiles brunes, certains ont conservé leurs façades à pans de bois à encorbellement. La place du "Mercadial", place du marché, a elle aussi gardé tout son cachet : elle est entourée de maisons à colombage. A l'angle de la "maison de Jean de Séguier", du XVe siècle, on verra le "taoulié", un banc de pierre qui servait d'étalage aux pêcheurs lorsqu'ils venaient vendre leurs prises. La flânerie dans la vieille ville promet de bien jolies découvertes. L'église Sainte-Spérie, gothique, a été restaurée au XVIIIe siècle. Sur la place, se trouve l'hôtel de Puymule (XVe siècle) flanqué d'une tour ronde. A voir aussi, l'hôtel Ambert, et derrière le presbytère, un bel ensemble de maisons des XVe et XVIe siècles.

♦ *4207 habitants, 152 m d'altitude* ♦ ***Itinéraire d'accès :*** *à 54 km S-E de Brive-la-Gaillarde par D 38, D 20 et D 940* ♦ ***A voir :*** *musée Jean Lurçat ; musée de l'automobile* ♦ ***Aux alentours :*** *les châteaux de Montal et de Castelnau ; le village de Sousceyrac* ♦ ***Foires, festivités :*** *festival de musique début août* ♦ ***Hôtels :*** *Coq Arlequin (tél. 65.38.02.13), 30 chambres (220 à 400 F), restaurant ; Hôtel de France (tél. 65.38.02.16), 25 chambres (230 à 320 F), restaurant* ♦ ***Restaurant :*** *Ric (tél. 65.38.04.08) avec chambres* ♦ ***Syndicat d'initiative*** *(tél. 65.38.11.85).*

SAINT-CIRQ-LAPOPIE
46330 Cabrerets (Lot)

"Situé au détour de ces falaises qui, dans la vallée du Lot, jalonnent les catacombes de la préhistoire", le village de Saint-Cirq a quelque chose de magique, et figure tout le mystère médiéval. Il est en majeure partie classé monument historique. Saint-Cirq s'étend le long d'une rue principale, rue Pelissaria (des pelletiers) à son commencement, elle devient Peyroleria (des chaudronniers). Elle est coupée de venelles pittoresques, très fleuries, de "carrièrons" ou d'escaliers de maisons. Toutes les places sont merveilleuses. En dessous du Carol, on aperçoit le mirador de la maison du peintre Henri Martin, et une très belle maison à tour-pigeonnier (XIIIᵉ siècle), "l'auberge des mariniers". Du château de la Gardette, fait de deux corps de bâtiment flanqués d'une échauguette et réunis par une tour, on domine le Lot, dans de délicieux jardins. Du Sombral, perché sur le rocher de Lapopie, on domine tout le village.

♦ *179 habitants, 320 m d'altitude* ♦ ***Itinéraire d'accès :*** *à 33 km E de Cahors par D 653 et D 662 ; à 45 km S-O de Figeac par D 13, D 653 et D 662* ♦ ***A voir :*** *musée de la Gardette, maison Rignault (sculptures des XVᵉ et XVIᵉ siècles)* ♦ ***Aux alentours :*** *la vallée du Lot* ♦ ***Foires, festivités :*** *fête votive le dimanche après le 14 juillet* ♦ ***Hôtels :*** *Hôtel de la Pelissaria (tél. 65.31.25.14), hôtel de charme, 8 chambres (370 à 440 F), restaurant ; Auberge du Sombral (tél. 65.31.26.08), hôtel de charme, 8 chambres (275 à 375 F), restaurant* ♦ ***Mairie*** *(tél. 65.31.24.14) -* ***Syndicat d'initiative*** *(tél. 65.31.23.22).*

ARREAU
65240 (Hautes-Pyrénées)

Site alluvionnaire et donc fertile, la vallée d'Aure fut occupée aux époques les plus reculées. Les villas romaines sont à l'origine de la plupart des villages de la vallée. Le sol et le sous-sol, riches en fer, en cuivre, en argent et en or, furent exploités par les Romains. Arreau se présente comme une petite ville plutôt qu'un village, très groupée, coiffée d'ardoises. L'église Saint-Exupère date du XIIIe siècle. Son portail à colonnettes, fait de marbre des Pyrénées, témoigne de l'art roman : tout près d'Arreau sont les carrières de marbre rouge, veiné de jaune ou de gris. La vie est centrée sur l'eau torrentueuse qui court partout, comme une rue le long des maisons d'architecture montagnarde, avec leurs galeries de bois qui marquent les étages. La maison du Lys (XVIe siècle) s'élève en encorbellement au-dessus d'un rez-de-chaussée de pierre. Ses colombages sont une œuvre d'art. La mairie, en colombage elle aussi, abrite à l'étage une belle halle au couvert en anse de panier.

♦ *816 habitants, 704 m d'altitude* ♦ ***Itinéraire d'accès :*** *à 27 km S de Lannemezan par D 929 ; à 59 km S-E de Tarbes par D 935 et D 918* ♦ ***A voir :*** *musée de l'An Mil* ♦ ***Aux alentours :*** *Sarrancolin, ses carrières de marbre et son église du XIIe siècle* ♦ ***Hôtels :*** *Hôtel d'Angleterre (tél. 62.98.63.30), 25 chambres (190 à 230 F), restaurant. A Espiaube (19 km S), La Sapinière (tél. 62.98.44.04), 15 chambres (220 à 260 F), restaurant* ♦ ***Mairie*** *(tél. 62.98.62.26).*

CORDES
81170 (Tarn)

En 1222, le comte de Toulouse Raimond VII choisit le roc de Mordagne pour bâtir Cordes, bastide de défense campée sur son piton, dominant la plaine. C'est un siècle plus tard que s'érigea la bastide que nous pouvons voir aujourd'hui, magnifique architecture italienne, pur joyau de la Renaissance. Résidence de chasse des seigneurs du Languedoc, Cordes connut un temps fastueux de fêtes et de culture. La cité fut épargnée par les guerres de Religion, et plus tard, par la Révolution. La chasse est partout présente dans le souvenir : maison du Grand Veneur, du Grand Fauconnier, du Grand Ecuyer... Larges façades, fenêtres à ogives et colonnettes groupées par deux ou trois, étages ouverts en galeries. Les tours qui ornaient les maisons nobles ont malheureusement été rasées ; il n'en subsiste que de beaux escaliers à vis, tronqués au ras des toits. Cordes doit être parcourue à pied, au long de ses rues pavées : Grand'rue, rues Chaude, Barry, Bourysset, Fourmiguier. Les maisons populaires de brique ou de torchis forment un ensemble très pittoresque. Seule fausse note, un affreux bâtiment moderne enlaidit la vision d'ensemble de ce merveilleux village.

♦ *852 habitants, 279 m d'altitude* ♦ ***Itinéraire d'accès :*** *à 25 km N d'Albi par D 600* ♦ ***A voir :*** *musée Charles-Portal (archéologie régionale gallo-romaine et médiévale) ; musée Yves-Brayer (maison du Grand Fauconnier) : œuvres du peintre de 1937 à 1975* ♦ ***Foires, festivités :*** *fête du Grand Fauconnier en juillet, marché médiéval, festival de musique en juillet et août* ♦ ***Hôtels :*** *Le Vieux Cordes (tél. 63.56.00.12), 21 chambres (265 à 400 F), restaurant ; Le Grand Ecuyer (tél. 63.56.01.03), 12 chambres (540 à 790 F), restaurant. Aux Cabannes (1 km par D 600), Hôtel Le Parc (tél. 63.56.02.59), 14 chambres (180 à 300 F), restaurant* ♦ ***Mairie - Syndicat d'initiative*** *(tél. 63.56.00.52).*

LAUTREC
81440 (Tarn)

Albi, sa splendeur architecturale et son beau musée, fait naturellement partie des "must" de tout visiteur de la région. Un peu excentré des routes principales qui y mènent, se trouve Lautrec. L'ancienne place forte doit son nom à ses vicomtes, les lointains ancêtres de Toulouse-Lautrec, le génial peintre qui a donné une gloire de plus à sa ville. De tous côtés le panorama est splendide. Le village n'est pas à une grande altitude, mais situé de telle sorte qu'il plonge sur toute la plaine de Castres, face à la ligne de la Montagne Noire. Des restes de murailles entourent encore la ville. On y pénètre par une porte étroite ; à l'angle de la place, deux magnifiques maisons à colombage dont les toits se frôlent, laissent à peine passer la rue dallée de La Caussade, qui descend à la porte fortifiée du même nom. Elle date du XIIIᵉ siècle, seule rescapée des remparts, qui en comptaient huit auparavant. La place centrale et son puits est entourée de gracieuses maisons en encorbellement du XIVᵉ siècle, sur piliers de bois. Un grand porche donne accès à la place des Marronniers, et à la petite rue de l'Eglise, belle collégiale dédiée à saint Rémy. Du calvaire, juché en haut du village, on peut embrasser la vue sur les monts de Lacaune, la Montagne Noire et la riante plaine castraise.

♦ *1563 habitants* ♦ ***Itinéraire d'accès*** *: à 30 km S d'Albi par N 112 - Réalmont et D 92* ♦ ***A voir*** *: musée (archéologie gallo-romaine et médiévale, histoire locale)* ♦ ***Aux alentours*** *: les châteaux de Puech Assaut, Braconnac, Montaquet* ♦ ***Foires, festivités*** *: marché le vendredi matin (vente d'ail de juillet à avril), fête du printemps le dernier dimanche de mai ; fête de l'ail le 3ᵉ vendredi d'août* ♦ ***Hôtel*** *: à Réalmont (10 km N-E), Hôtel Noël (tél. 63.55.52.80), 8 chambres (195 à 300 F), restaurant* ♦ ***Restaurant*** *: Les Marronniers (tél. 63.75.90.08)* ♦ ***Mairie*** *(tél. 63.75.90.04).*

PUYCELSI
81140 (Tarn)

Emergeant de la forêt de la Grésigne, entre Gaillac et Caussade, le bourg est dressé, en position de forteresse, sur une roche plate, et domine la vallée de la Vère. Il ne reste du château que les salles basses, dont une a servi de collecteur de pluies. La chapelle Saint-Roch fut construite par les habitants, après la peste de 1705. Les remparts suivent la table de roc, pour s'arrêter à l'à-pic de 85 mètres qui les rend inutiles. Le château des capitaines-gouverneurs est flanqué de deux tours, leurs fenêtres géminées laissent passer des armes à feu par leurs orifices. La place du Fus rappelle qu'ici l'on fabriquait rouets et fuseaux. Une rue très pentue amène à la belle maison des Gardes et à la porte de l'Irissou. Le chemin de ronde tourne jusqu'à la tour de la Prison. La place de la Mairie est l'endroit le plus séduisant du village. La maison commune, restée telle qu'au XVIe siècle, a été fort bien restaurée. En face, la maison "Féral", avec sa façade du XVIe siècle, est à visiter : l'intérieur est aussi beau que l'extérieur. L'endroit mérite de revivre... Il reste d'admirables maisons bien ruinées, qui réclament un maître.

♦ *442 habitants, 299 m d'altitude* ♦ ***Itinéraire d'accès :*** *à 22 km N-O de Gaillac par D 964 et D 8 ; à 35 km E de Montauban par D 8* ♦ ***Aux alentours :*** *la forêt de Grévigne* ♦ ***Foires, festivités :*** *fête du village le 3e dimanche d'août* ♦ ***Hôtel :*** *à Gaillac, Hôtel Occitan (tél. 63.57.11.52), 13 chambres (110 à 220 F)* ♦ ***Mairie*** *(tél. 63.33.11.14) - **Syndicat d'initiative** (tél. 63.33.19.25).*

AUVILLAR
82340 (Tarn-et-Garonne)

"Alta Villa" au temps des Gallo-Romains, Auvillar descendit de sa colline pour essaimer au bord de la Garonne, et plus tard, l'installation d'un port fit sa fortune. Au XIIIe siècle, les habitants se séparent des comtes de Toulouse, et seront les premiers à accueillir un monastère dominicain (1275). La guerre de Cent Ans n'épargne pas la cité, pas plus qu'en 1562 et 1574, les Huguenots : la ville, la tour Saint-Pierre et le château sont détruits. Dans le bourg d'en haut, rue Obscure, on admire la tourelle de briques polygonales, et de belles maisons à pans de bois. L'église Saint-Pierre a été restaurée au XIXe siècle dans son style initial (XIVe siècle). La place de la halle a des cornières en plein cintre et anses de panier. En son milieu, une très jolie halle aux grains, ronde, à colonnades toscanes. Rue des Nobles, la maison de Bertrand de Goth, futur Clément V. De la promenade du château, le panorama sur la Garonne et le port est grandiose. Au port, il faut voir l'église Sainte-Catherine (monogramme du Christ de l'époque carolingienne).

♦ *833 habitants* ♦ ***Itinéraire d'accès** : à 30 km S-E d'Agen par N 113 - Valence-d'Agen et D 11* ♦ ***A voir** : musée de la Poterie* ♦ ***Foires, festivités** : fête bachique de la Saint-Noé fin mai* ♦ ***Hôtels** : Hôtel de l'Horloge (tél. 63.39.57.55), 8 chambres (60 à 90 F), restaurant. A Moissac (18 km E), Le Pont Napoléon (tél. 63.04.01.55), 13 chambres (180 à 250 F), restaurant* ♦ ***Restaurant** : à Valence-d'Agen, La Campagnette (tél. 63.39.65.97)* ♦ ***Mairie** (tél. 63.39.57.33).*

BRUNIQUEL
82800 (Tarn-et-Garonne)

L'histoire de Bruniquel commence avec Bertrand de Bruniquel, son seigneur. Au XVIe siècle, la ville est une des premières à se libérer du joug catholique. Bientôt "place de sécurité", c'est l'une des quinze églises protestantes du Haut-Languedoc. Les jalons du passé de la cité sont nombreux : la fontaine des Malades, l'église, hélas remaniée, reconstruite avec les pierres mêmes du temple protestant, après la révocation de l'Edit de Nantes. La promenade du Ravelin part de l'église, vers le Rocas. Les remparts ont été démantelés après la paix de Montpellier en 1622. La place du Rocas s'étend au pied du mur Vieilh, et communique vers la campagne par la porte basse. La rue droite traverse la cité, et presque toutes les rues convergent vers la place du Mazel. Du château, il ne reste que l'ancien donjon, de construction romane. Le castel Biel figure un autre temps, avec sa galerie Renaissance et sa tour octogone. Le château Jeune (fin XVe) est né d'un partage familial. Dans le village, un peu partout, les maisons conservent la mémoire du Moyen-Âge : arcades et étals de pierre d'une boutique, fenêtre géminée d'une maison de notable. Séduits par l'authenticité de Bruniquel, nombreux sont les artistes qui y séjournèrent.

♦ *446 habitants* ♦ ***Itinéraire d'accès*** *: à 28 km E de Montauban par D 115* ♦ ***Aux alentours*** *: le village de Penne (6 km), la forêt de Grésigne* ♦ ***Hôtels*** *: à Caussade (17 km N par D 964), Hôtel Dupont (tél. 63.65.05.00), 31 chambres (140 à 250 F), restaurant ; Hôtel Larroque (tél. 63.93.10.14), 24 chambres (100 à 210 F), restaurant* ♦ ***Mairie*** *(tél. 63.67.24.91).*

SAINT-ANTONIN-NOBLE-VAL
82140 (Tarn-et-Garonne)

Noble-Val, situé dans un cirque à la sortie des gorges sauvages de l'Aveyron, est dominé par une impressionnante falaise, le roc d'Anglars. On franchit un pont de trois arches, qui conduit à la ville médiévale, lacis de ruelles tortueuses et pittoresques. Saint-Antonin a eu à souffrir de terribles inondations. Cela explique les époques et styles divers des vieilles demeures : une maison ayant été construite à la place d'une autre, on passe, dans la même rue, du XIIe au XVIIIe siècle. Lors de l'Edit de Nantes, la cité s'était constituée en république protestante et les troupes royales vinrent l'assiéger. A la révocation de l'Edit de Nantes, Saint-Antonin aura à subir les Dragonnades. La visite de la ville médiévale est bien guidée. Son joyau est l'Hôtel de Ville, du XIIe siècle, dont la façade est portée par trois arcades à arc brisé, la quatrième supportant la tour. Sur la même place, plusieurs autres belles demeures, du XIIe au XIVe siècle. La halle, ravissante, date seulement du XIXe siècle.

♦ *2080 habitants, 130 m d'altitude* ♦ ***Itinéraire d'accès :*** *à 41 km E de Montauban par N 20, D 926 et D 5* ♦ ***A voir :*** *musée de préhistoire, d'archéologie et d'ethnographie* ♦ ***Aux alentours :*** *les gorges de l'Aveyron, les grottes du Bosc* ♦ ***Foires, festivités :*** *soirées musicales de la mi-juillet à la mi-août* ♦ ***Hôtel :*** *Hôtel Viollet-le-Duc (tél. 63.68.21.00), 11 chambres (250 à 360 F), restaurant* ♦ ***Restaurant :*** *La Bergerie (tél. 63.30.60.58)* ♦ ***Mairie*** *(tél. 63.30.60.23) -* ***Syndicat d'initiative*** *(tél. 63.30.63.47).*

NORD - PICARDIE

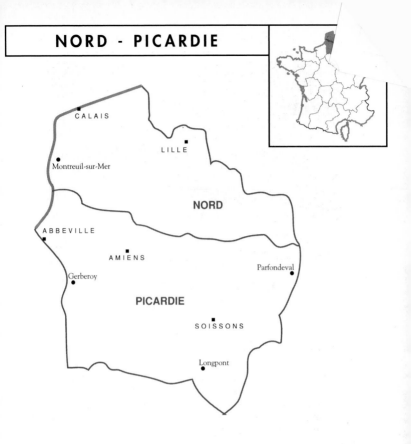

La région Nord-Picardie est riche de contrastes : paysages de plateaux, de vallées verdoyantes, de forêts, de rivières, d'étangs et de marais, champs à perte de vue, beauté sauvage de la baie de Somme et du parc naturel régional du Marquenterre. Les villages sont très différents selon les régions : de briques et d'ardoises au nord-est, ils ont des maisons basses, blanchies à la chaux avec des portes et des fenêtres gaiement colorées en Artois et sur la côte, puis ils deviennent presque normands au sud-ouest.

Malgré les guerres que cette région eut à subir au cours des siècles, elle a gardé de nombreux témoignages du passé : les cathédrales d'Amiens, de Beauvais, joyaux de l'art gothique, ou le château de Pierrefonds de Viollet-le-Duc, chef d'œuvre du gothique flamboyant.

Vous serez émerveillés par la beauté tranquille de la région Nord-Picardie où la nature, l'art et l'histoire se mêlent si agréablement.

MONTREUIL-SUR-MER
62170 (Pas-de-Calais)

Ceinturée de remparts, la petite cité de Montreuil surplombe la vallée de la Canche. Le bourg était autrefois un port de mer. De sa grandeur passée, Montreuil a gardé ses remparts et sa forteresse. C'est en l'an 900 que le comte de Ponthieu éleva la première citadelle ; cinq siècles plus tard, la ville fut assiégée et rasée par les troupes de Charles Quint (1532). L'actuelle citadelle date de 1550, elle mêle des vestiges de tours du XIIIe siècle à des éléments fortifiés des XVIe et XVIIe siècles, parmi lesquels certains sont dus à Vauban. Aujourd'hui, le tour des remparts constitue une agréable promenade longue de trois kilomètres environ. De là, la vue est magnifique. Il faut se balader le long des rues pavées. La Cavée Saint-Firmin, la rue du Clape-en-Bas sont très pittoresques avec leurs petites maisons blanchies à la chaux, aux vieux toits de tuiles. Il faut aussi aller voir l'église Saint-Saulve, ancienne abbatiale des Bénédictins, datant du XIe siècle, remaniée au XIIIe et au XVIe siècle. A l'intérieur, très belles toiles du XVIIIe siècle. Un peu plus loin, sur la place, vous pourrez admirer la chapelle de l'Hôtel-Dieu de style flamboyant. Ce sont les rues et le ciel du Nord aux lumières changeantes qui séduisirent de nombreux peintres de la fin du siècle dernier ; ils forment la fameuse "école de Montreuil", illustrée par Thaulow, Cazin, Gorre..

♦ *2948 habitants, 45 m d'altitude* ♦ ***Itinéraire d'accès :*** *à 44 km N d'Abbeville par N 1* ♦ ***A voir :*** *musée Roger Rodière (art religieux, peintures, souvenirs de la guerre 1914-1918)* ♦ ***Aux alentours :*** *la vallée de la Course, le village de Montcravel et son église de style flamboyant (par D 126 et D 150)* ♦ ***Hôtels :*** *Château de Montreuil (tél. 21.81.53.04), 14 chambres (500 à 690 F), restaurant gastronomique. A La Madeleine-sous-Montreuil (2,5 km S), Auberge La Grenouillère (tél. 21.06.07.22), 4 chambres, restaurant* ♦ ***Restaurant :*** *Les Hauts de Montreuil (tél. 21.81.95.92)* ♦ ***Mairie*** *(21.06.01.33) -* ***Syndicat d'initiative*** *(tél. 21.06.04.27).*

LONGPONT
02600 Villers-Cotterets (Aisne)

C'est à l'endroit où la voie romaine Meaux-Soissons traversait la rivière "Savière" que fut édifié le village, dans un paysage de marais en bordure de la forêt de Retz. Un lieu célèbre depuis 1131 quand saint Bernard vint y fonder un monastère. L'église abbatiale sera consacrée en 1227 en présence de saint Louis et de Blanche de Castille. L'abbaye sera prospère et cette richesse ne manquera pas d'attirer les pillards : Longpont verra ainsi se succéder Anglais, Bourguignons, protestants... Pour leur faire face, les moines avaient construit une enceinte dont il reste la porte, du XIVe siècle, et ses quatre tourelles. L'abbaye et ses terres seront vendues à la Révolution. Aujourd'hui, de l'immense église il ne reste que la façade principale se dressant, tel un décor de théâtre, derrière lequel vous découvrirez quelques piliers au milieu de la verdure. Vous verrez aussi les bâtiments conventuels : le chauffoir (XIIIe siècle), l'aile ouest remaniée au XVIIIe siècle avec le vaste hall et le cellier (devenu salle d'accueil), ainsi qu'une partie du cloître, le reste étant occupé par l'église paroissiale. Quant au village, malgré une destruction quasi-totale en 1918, il conserve beaucoup de charme grâce à une très habile restauration.

♦ *306 habitants, 89 m d'altitude* ♦ ***Itinéraire d'accès :*** *à 20 km S de Soissons par N 2 et D 2* ♦ ***Aux alentours :*** *la forêt de Retz, le château de Villers-Cotterets, le château de Montgobert (musée du Bois et de l'Outil), le château fort de Pierrefonds* ♦ ***Hôtel :*** *Hôtel de l'Abbaye (tél. 23.96.02.44), hôtel de charme, 12 chambres (175 à 320 F), restaurant* ♦ ***Mairie*** *(renseignements 05.11.91.19).*

PARFONDEVAL
02360 Rozoy-sur-Serre (Aisne)

Ici, les briques des maisons sont splendides. Faites en ces temps anciens où chaque nuance dépendait des hasards de la cuisson, elles peuvent être rouges, brunes ou orangées (certaines, vernissées, forment des motifs géométriques qui ont une signification ésotérique). Les rues sont agrémentées de fleurs venant renforcer l'incarnat des murs ; une petite mare à canards et de jolies pelouses rappellent les verts bocages de la campagne alentour. Plutôt impressionnante, l'église fut bâtie au XVIe siècle ; elle protégeait les villageois et formait une enceinte avec les maisons qui l'encadraient. On y accède par un beau passage voûté, rehaussé d'un clocher-donjon encadré par deux tours. D'en haut la vue est intéressante car le village est situé sur une colline. En 1685, lors de la Révocation de l'Edit de Nantes, des paysans protestants furent accueillis ici. Au XIXe siècle, ils construisirent un temple et leurs descendants sont toujours là. C'est au printemps qu'il faut venir en Thiérache ; vous verrez alors autour de Parfondeval un très beau paysage égayé par les pommiers en fleurs, et dans les prés d'opulentes vaches laitières.

♦ *193 habitants, 245 m d'altitude* ♦ ***Itinéraire d'accès :*** *à 58 km N de Reims par D 966 - Moncornet, D 946 - Rozoy et D 977* ♦ ***Aux alentours :*** *circuit des églises fortifiées : Renneval, Archon, Dohis, Morgny, Jeantes, Plomien ; le village de Dagny* ♦ ***Hôtels :*** *à Landouzy-la-Ville (20 km N-O), Domaine du Tilleul (tél. 23.98.48.00), 23 chambres (300 à 450 F), restaurant. A Vervins (25 km N-O), La Tour du Roy (tél. 23.98.00.11), 15 chambres (220 à 450 F), restaurant* ♦ ***Restaurant :*** *à Plomion (13 km N-O), Le Huteau (tél. 23.98.81.21)* ♦ ***Mairie*** *(tél. 23.97.61.42).*

GERBEROY
60380 (Oise)

Perché sur une butte du pays de Bray, Gerberoy est le pays des roses, mais aussi des glycines, des clématites, des marguerites qui débordent de vieux murs, envahissent les ruelles et occupent les pavés. Sur cette hauteur, à la frontière du royaume de France et du duché de Normandie, Normands et Anglais croisèrent et recroisèrent le fer avec les Français. Guillaume le Conquérant y affronta même son fils, en 1079, quand Robert Courteheuse eut des vues sur la Normandie. Le village fut encore mis à mal par Jean-sans-Terre, les Bourguignons, les Ligueurs, avant que la peste et l'incendie ne le dévastent au XVIᵉ et au XVIIᵉ siècles. Classé parmi les plus beaux villages de France, Gerberoy est très photogénique avec ses remparts, ses jardins qui s'étagent en terrasses sur l'emplacement de l'ancien château (bâti en 922), ses rues pavées, sa halle ancienne, la petite collégiale Saint-Pierre et le puits communal restauré. Avec encore, dans la Grande Rue, le logis qui aurait accueilli, en 1592, Henri IV blessé à Aumale, et cette maison normande au bois bleu qui a fait de la figuration dans de nombreux films.

♦ *136 habitants* ♦ ***Itinéraire d'accès :*** *à 59 km S-O d'Amiens par N 29, D 901 et D 930 ; à 63 km E de Rouen par N 31 et D 930* ♦ ***A voir :*** *musée municipal, la Maison bleue, la Galerie de Gerberoy* ♦ ***Aux alentours :*** *Saint-Germer-de-Fly (route 915 direction Gisors)* ♦ ***Foires, festivités :*** *fête des Roses le 3ᵉ dimanche de juin* ♦ ***Hôtel :*** *à Bézancourt (17 km S-O par D 930, D 916 et D 62), Château du Landel (tél. 35.90.16.01), 17 chambres (350 à 600 F), restaurant* ♦ ***Restaurant :*** *Hostellerie du Vieux Logis (tél. 44.82.71.66)* ♦ ***Mairie*** *(tél. 44.82.45.23).*

Un clocher pointu, quelques maisons à colombage autour d'une place, des vaches sous les pommiers et de verts pâturages. Telle est la Normandie côté terre. Côté mer, c'est une petite plage encaissée dans la falaise, avec des barques de pêcheurs, bordée de villas baroques construites au début du siècle dernier quand la capitale découvrit les bains de mer. En Normandie, les clichés ont la vie dure, mais ils sont si charmants !

Quelques ruines viennent troubler cette paisible apparence. La Normandie a connu bien des batailles, bien des conquêtes depuis les fiers Northmen, pillards vikings, déjà appelés Normands, qui ont construit à l'aube du premier millénaire le plus puissant des duchés. Forteresses, châteaux, abbayes témoignent d'un passé aussi prestigieux qu'agité. Les villageois s'en souviennent, qui les racontent volontiers autour d'un verre de cidre, à moins qu'ils ne vous content une des légendes qui peuplent cette si douce région.

BALLEROY
14490 (Calvados)

A la frontière du Calvados et de la Manche, les maisons du village de Balleroy, toutes simples, toutes semblables, en pierres et schiste, alignées le long de la grande rue – qui est en fait l'allée menant au château – semblent faire la révérence. Le terrain se prête au jeu en se creusant un peu à l'approche de la grande demeure. Le château de Balleroy construit par Mansart de 1626 à 1636 est d'une grande justesse de proportions, de volumes. Il faut remarquer l'harmonieuse utilisation de la pierre blanche de Caen et du schiste rouge du pays. S'inscrivant dans une suite de très beaux jardins à la française, dessinés par Le Nôtre, avec un jeu de balustrades et de douves, il est encadré de pavillons et de dépendances. Le bourg s'est rangé sur les flancs du château, vers la petite vallée de la Drôme. Au-delà de la Drôme, très poissonneuse, commence la forêt des Briards, l'une des plus belles de Normandie, composée de hêtres et de chênes.

♦ *780 habitants, 100 m d'altitude* ♦ ***Itinéraire d'accès** : à 18,5 km S-O de Bayeux par D 572* ♦ ***A voir** : musée des Ballons dans les anciennes écuries du château* ♦ ***Foires, festivités** : marché fermier le mardi matin ; rassemblement international de ballons-montgolfières début juin* ♦ ***Hôtels** : à Molay-Littry (6 km N par D 10), Château du Molay (tél. 31.22.90.82), 36 chambres (350 à 700 F). A Nonant (18 km N-E par D 13, D 33 et D 6), Manoir du Chêne (tél. 31.92.58.81), 17 chambres (190 à 350 F), restaurant* ♦ ***Restaurant** : Manoir de la Drôme (tél. 31.21.60.94)* ♦ ***Mairie** (tél. 31.21.60.26).*

BEAUMONT-EN-AUGE
14950 (Calvados)

Dans le pays d'Auge, c'est du promontoire de Beaumont-en-Auge, village haut perché, que la vallée de la Touques se laisse le mieux découvrir. Au loin, on entrevoit Canapville et ses vieilles demeures. Plus près, l'église de Saint-Etienne-La-Thuie dresse son fin clocher. Un beau panorama que l'on contemple en compagnie de Pierre-Simon Laplace, astronome, mathématicien et physicien, dont la statue se dresse près de sa maison natale. L'école militaire où il fit ses études est en face. Une grande bâtisse, qui fut auparavant un collège royal (fondé par Louis XV), et plus tôt encore, un prieuré bénédictin construit en 1060 par Robert Bertran, vicomte de Beaumont. De son riche passé, Beaumont garde de belles demeures du XIXᵉ siècle aux façades de pierre et de brique, aux balcons finement décorés, qui viennent rompre l'alignement des maisons à colombage plus anciennes. Les trois rues montent rapidement vers la place et l'église, qui a gardé sa tour centrale d'origine.

♦ *397 habitants* ♦ ***Itinéraire d'accès :*** *à 37 km N-E de Caen par N 175 et D 275* ♦ ***A voir :*** *musée Laplace* ♦ ***Aux alentours :*** *à Saint-Hymer (8 km S-E par D 280), église du XIVᵉ siècle et vestiges romans du prieuré* ♦ ***Hôtels :*** *Le P'tit Beaumont (tél. 31.64.80.22), 7 chambres (120 à 170 F), restaurant. A Pont-l'Evêque (9 km E par D 118 et N 175), Le Lion d'Or (tél. 31.65.01.55), 25 chambres (160 à 265 F), restaurant* ♦ ***Restaurant :*** *Auberge de l'Abbaye (tél. 31.64.82.31)* ♦ ***Mairie*** *(tél. 31.64.85.41).*

BEUVRON-EN-AUGE
14430 (Calvados)

C'est le plus augeron des villages, une véritable carte postale, avec ses maisons à pans de bois, sa place centrale ornée de halles, sa petite rivière et ses manoirs disséminés dans la campagne ; c'est presque trop beau pour être vrai... Le village possède de lointaines origines et il a été un fief de la famille d'Harcourt jusqu'à la Révolution, mais le Beuvron d'aujourd'hui est beaucoup plus neuf : les halles ont été construites voilà une petite trentaine d'années avec des vieux bois, et tout un programme de restauration des façades a été soigneusement mené. Beuvron-en-Auge affiche fièrement tout un jeu de colombages – verticaux, obliques, croisés, comblés au torchis, parés de tuilots ou de briques – sur ses maisons des siècles passés... et prend aussi le soin d'ajouter, outre les fleurs, des échoppes d'artisans et de brocanteurs. Le tour de Beuvron-en-Auge effectué, allez donc vous perdre dans la campagne. Après être passé devant le manoir de la Hogue, vous monterez, par un petit chemin, à la chapelle Saint-Michel-de-Clermont.

♦ *276 habitants* ♦ **Itinéraire d'accès :** *à 30 km E de Caen par N 175 et D 49* ♦ **Foires, festivités :** *foire aux géraniums le 2ᵉ dimanche de mai, fête du cidre le 3ᵉ dimanche de novembre* ♦ **Hôtels :** *Chez Mme Hamelin (tél. 31.39.00.62), maison d'hôtes de charme, 1 chambre (180 F). A Bavent (15 km N-O par D 49, N 175 et D 224), Hostellerie du Moulin du Pré (tél. 31.78.83.68), hôtel de charme, 10 chambres (165 à 280 F), restaurant* ♦ **Restaurants :** *Le Pavé d'Auge (tél. 31.79.26.71) ; La Boule d'Or, crêperie La Galère* ♦ **Mairie** *(tél. 31.79.23.31).*

HOULGATE
14510 (Calvados)

Entre Seine et Orne, nichée dans le petit vallon du Drochon, Houlgate, "le chemin du trou", appartient au chapelet des plages chics qui s'égrènent le long de la Côte normande. En 1854, à la belle époque de la découverte des bains de mer, Houlgate a attiré la plus sérieuse des clientèles du monde des affaires. C'est l'époque de la construction des grandes villas, de l'édification du Grand Hôtel (1870) ; sa rotonde d'angle couronnée d'un dôme couvert faisait l'admiration générale. Sa plage de sable très fin attira des touristes célèbres, le prince Napoléon, l'impératrice Alexandra Fédorovna de Russie, le roi de Naples. Camille Saint-Saëns y écouta la mer, comme Claude Debussy. Et Zola vint y passer des vacances très bourgeoises. Houlgate conserve toujours le charme de cette époque, avec sa digue-promenade, ses parc fleuris et ses maisons typiques de l'architecture du XIXᵉ siècle.

♦ *1784 habitants* ♦ ***Itinéraire d'accès :*** *à 27 km N-E de Caen par D 513* ♦ ***Aux alentours :*** *falaise des Vaches Noires* ♦ ***Foires, festivités :*** *marché fermier le jeudi matin* ♦ ***Hôtels :*** *Hôtel Santa Cecilia (tél. 31.91.20.95), 13 chambres (280 à 360 F) ; Le 1900 (tél. 31.91.07.77), 19 chambres (125 à 280 F), restaurant. A Bavent (11 km S-O par D 513 et D 95), Hostellerie du Moulin du Pré (tél. 31.78.83.68), hôtel de charme, 10 chambres (165 à 280 F), restaurant* ♦ ***Mairie*** *(tél. 31.91.06.28) -* ***Syndicat d'initiative*** *(tél. 31.91.33.09).*

LE BEC-HELLOUIN
27800 Brionne (Eure)

Entre Seine et Risle s'étend le plateau du Roumois. Il y a plus de neuf siècles, le chevalier Herluin de Brionne, qui avait fondé une petite communauté religieuse dans le voisinage, décida de s'installer dans ce vallon baigné par la petite rivière, Le Bec. La première église abbatiale fut consacrée en 1041. Plusieurs fois détruite et reconstruite, l'abbaye fut ruinée sous la Révolution et l'Empire. L'église abbatiale fut transformée en carrière de pierres et le reste des bâtiments en dépôt de remonte pour la cavalerie. C'est sur une intervention de Mendès-France que les militaires quittèrent Le Bec, laissant la place aux moines qui depuis septembre 1948, restaurent l'abbaye. On peut aujourd'hui faire le tour des sévères bâtiments conventuels, flâner dans le parc et admirer la bibliothèque dans l'ancien réfectoire mauriste du XVIIIe siècle, ensemble dominé par la puissante tour Saint-Nicolas (XVe siècle), seul vestige de la grande église abbatiale. Le village aux maisons à colombage et pans de bois sagement restaurées et repeintes, aux fenêtres et balcons abondamment fleuris, se masse autour de son église paroissiale et de sa place gazonnée.

♦ *476 habitants, 70 m d'altitude* ♦ ***Itinéraire d'accès** : à 45 km N-E de Lisieux par N 13, N 138 et D 130* ♦ ***A voir** : musée automobile de l'abbatiale* ♦ ***Aux alentours** : le château féodal d'Harcourt (12 km S-E par D 130 et D 137)* ♦ ***Hôtel** : Auberge de l'Abbaye (tél. 32.44.86.02), hôtel de charme, 8 chambres (320 à 350 F), restaurant* ♦ ***Mairie** (tél. 32.44.86.40).*

LYONS-LA-FORET
27480 (Eure)

Près de Rouen, entourant Lyons-la-Forêt, s'étend, sur dix mille hectares, la plus belle hêtraie de France. Le village s'édifia naturellement autour des remparts dont quelques éléments de murailles apparaissent encore. Sur la place, la halle, superbe construction du XVIIe siècle avec un toit immense, abrite toujours le marché. Tout autour, les maisons anciennes aux linteaux incroyablement bombés accueillent de nombreux antiquaires. Au fil des rues, vous pourrez admirer la sergenterie et le prieuré, le couvent des Cordeliers, reconverti en manufactures d'indiennes sous la Révolution et le couvent des Bénédictins devenu école. Dans la rue de l'Enfer, la demeure de Maurice Ravel qui venait chercher ici calme et inspiration ! Dans le vieux quartier du Bout-du-Bas, se trouve la belle église Saint-Denis aux murs décorés d'un damier de grès et de silex.

♦ *734 habitants, 109 m d'altitude* ♦ ***Itinéraire d'accès :*** *à 36 km E de Rouen par N 31 et D 321* ♦ ***A voir :*** *collections du pays de Lyons* ♦ ***Foires, festivités :*** *fête de la vénerie en mai, journées artisanales à la Pentecôte, foire de la Saint-Denis en octobre* ♦ ***Aux alentours :*** *la forêt de Lyons ; l'abbaye de Mortemer* ♦ ***Hôtels :*** *La Licorne (tél. 32.49.62.02), 18 chambres (340 à 410 F), restaurant ; Domaine Saint-Paul (tél. 32.49.60.57), 17 chambres (250 à 325 F en demi-pension). A Bézancourt (15 km N-E par D 14, D 14E et D 401), Château du Landel (tél. 35.90.16.01), 17 chambres (350 à 600 F), restaurant* ♦ ***Syndicat d'initiative*** *(tél. 32.49.31.65).*

AUDERVILLE
50440 (Manche)

Le Finistère Normand, ultime promontoire, fut jadis une falaise. Les maisons basses d'Auderville, faites de moellons de grès et de granit, couvertes d'épaisses ardoises de schiste, se blottissent les unes contre les autres pour échapper à l'emprise du vent. Même l'église, à la puissante ossature de granit, ne s'élève que d'un logement à claire-voie abritant les cloches. Des cloches qui, prétendent les vieux, se mettent d'elles-mêmes en branle pour sonner l'alarme lors des grandes tempêtes. Au bout de la route, le petit port de Goury, station de sauvetage, à double cale de lancement, pour répondre à toutes les éventualités. Car nous sommes juste en face du terrible raz Blanchard. La croix Vendémiaire, plantée face à la mer, rappelle la disparition en juin 1912 de l'un des premiers sous-marins français. Auderville abrite sans doute l'un des plus grands cimetières marins de France. Nombre des charpentes des maisons les plus anciennes furent faites avec les mâts, retaillés à l'épinette, des bateaux rejetés sur les grèves après les naufrages. Derrière l'église d'Auderville, un chemin mène au hameau de Roche qui doit son appellation à Gargantua.

*♦ 218 habitants ♦ **Itinéraire d'accès :** à 28 km N-O de Cherbourg par D 901 ♦ **Hôtel :** à Bricquebec (39 km S-E par D 901, D 22 et D 900), Le Vieux Château (tél. 33.52.24.49), 25 chambres (120 à 315 F), restaurant ♦ **Restaurant :** à Goury (1 km N par D 901), Auberge de Goury (tél. 33.52.77.01) ♦ **Mairie** (tél. 33.52.85.92).*

BARFLEUR
50760 (Manche)

A la pointe nord-est de la presqu'île du Cotentin, Barfleur est la plus petite commune du département de la Manche. Pas plus de sept cents habitants y occupent un peu moins d'une centaine d'hectares. Port romain, puis viking, avant d'être le premier havre normand au temps de Guillaume le Conquérant, Barfleur n'est plus qu'un petit village marin. Mais s'il a perdu ses ambitions défensives de l'époque normande, à la suite d'une riposte sanglante d'Edouard III d'Angleterre, il reste un petit port terriblement photogénique, qui attire chaque année de nombreux peintres. Les maisons, sagement rangées le long du quai et de la rue principale, construites dans le granit gris du pays, couvertes de schiste, ont comme particularité d'être ornées de curieuses crêtes de toit dentelées, terminées sur les pignons et les lucarnes, par des éléments en terre cuite en forme d'animaux ou de personnages stylisés. La grande rue conduit à l'église Saint-Nicolas (XVIIe-XIXe siècle) ; juchée sur un éperon rocheux, entourée d'un petit cimetière marin, elle domine la mer.

♦ *630 habitants* ♦ ***Itinéraire d'accès :*** *à 27 km E de Cherbourg par D 901* ♦ ***Aux alentours :*** *phare de la pointe de Barfleur (4 km N par D 10)* ♦ ***Hôtels :*** *Le Conquérant (tél. 33.54.00.82), 17 chambres (150 à 310 F). A Saint-Vaast-la-Hougue (12,5 km S par D 902 et D 1), Hôtel de France et des Fuchsias (tél. 33.54.42.26), hôtel de charme, 32 chambres (260 à 360 F)* ♦ ***Mairie*** *(tél. 33.54.04.49) -* ***Syndicat d'initiative*** *(tél. 33.54.02.48).*

GENETS
50530 (Manche)

Jamais de la côte du Cotentin, le Mont-Saint-Michel n'apparaît aussi proche. Il est vrai que deux lieues seulement séparent le village de l'abbaye. Ces deux lieues-là étaient empruntées à pied, aux XVe et XVIe siècles, par des milliers d'enfants qui se rendaient au Mont lors du pèlerinage des pastoureaux. Après une ultime étape dans l'église romane de Genêts, ils passaient au pied de Tombelaine, avant de marcher tout droit sur le Mont. A cette époque, Genêts était un port très actif. Edifié autour d'un prieuré aujourd'hui disparu, Genêts est fait de petites maisons aux murs de grès et de schiste, aux encadrements de portes et de fenêtres en granit taillé, aux toits d'ardoises ; l'ensemble, d'une grande harmonie, d'une sobriété rare, est desservi par un réseau de petites rues qui viennent déboucher dans les voies plus importantes menant au port, désormais ensablé et recouvert d'une vaste pelouse d'herbue.

♦ *524 habitants* ♦ ***Itinéraire d'accès*** *: à 10 km O d'Avranches par D 911* ♦ ***Aux alentours*** *: le Mont-Saint-Michel (à 32 km S en voiture, ou 2 km S à pied en suivant le guide du bec d'Andaine)* ♦ ***Hôtels*** *: à Avranches (10 km E par D 911), Hôtel de la Croix d'Or (tél. 33.58.04.88), 30 chambres (110 à 450 F), restaurant ; Le Pratel (tél. 33.68.35.41), 7 chambres (250 à 290 F). A Ducey (20 km S-E par D 911, N 175 et N 176), Auberge de la Sélune (tél. 33.48.53.62), hôtel de charme, 19 chambres (230 à 250 F), restaurant* ♦ ***Syndicat d'initiative*** *(tél. 33.70.86.46).*

EXMES
61310 (Orne)

Sur sa butte, Exmes semble monter la garde. Il est vrai qu'au temps des rois de Neustrie, cette cité était une petite capitale, résidence d'un gouverneur, et qu'au Moyen-Âge, le seigneur d'Exmes, dont le château fortifié était perché sur un promontoire, tenait toute la région sous sa coupe. Aujourd'hui, le village se souvient de son passé glorieux. L'église Saint-André, bel édifice à trois nefs du XIe siècle, et chœur du XVe, possède le riche mobilier de l'abbaye bénédictine disparue. Tout proche d'Exmes, le haras du Pin, avec ses bâtiments de Mansart et ses jardins de Le Nôtre fondé par Colbert en 1665, est un véritable "Versailles du cheval" ; quatre-vingt-deux étalons y vivent "royalement". Toute la campagne environnante se consacre à l'élevage du cheval. Quelques manoirs apparaissent ici et là, comme le manoir d'Argentelles, avec ses quatre tourelles d'angle et sa tour escalier qui se reflète dans un plan d'eau voisin.

♦ *341 habitants* ♦ ***Itinéraire d'accès :*** *à 17 km E d'Argentan par N 26 et D 14 ; à 73 km S-E de Caen par N 158, N 26 et D 14* ♦ ***Foires, festivités :*** *courses hippiques avec défilés d'attelages et présentation d'étalons en septembre et octobre, concours de percherons début octobre* ♦ ***Hôtels :*** *à Gacé (11 km N-E par D14 et D 932), Castel Morphée (tél. 33.35.51.01), 10 chambres (250 à 340 F). A Macé (20 km S par D 14, D 16 - Almêches et D 38 - Vandel), L'Ile de Sées (tél. 33.27.98.65), 16 chambres (245 à 270 F), restaurant* ♦ ***Mairie*** *(tél. 33.39.95.56).*

MOUTIERS-AU-PERCHE
61110 (Orne)

Entre les forêts de Saussay et de Logny, dans le vallon de la Corbionne, se niche le village de Moutiers-au-Perche où saint Lhomer, venant de Chartres, construisit un monastère qui prospéra sous le règne de saint Benoît. Mais les invasions normandes lui furent fatales et seule la tour du prieuré témoigne de ce passé. L'essentiel du village semble avoir voulu monter à l'assaut de la colline située au nord, à la recherche du soleil, dans un jeu de maisons étagées, aux murs de pierre, recouverts d'enduits de sable et de chaux, avec les premiers appareillages de brique autour des fenêtres et des portes. En haut de la rue principale, qui se termine en raidillon sur un beau panorama de la Corbionne, l'église se distingue par son clocher qui porte un dôme en ardoises. A l'intérieur, les piliers sont décorés de curieux retables en pierre peinte. Au-delà, commence le royaume des chênes et des hêtres qui, avec le pin sylvestre, peuplent les forêts de Perche, forêts déjà protégées par Colbert.

♦ *510 habitants* ♦ *Itinéraire d'accès : à 66 km E d'Alençon, par N 12, D 912 - Mortagne-au-Perche, D 8 - Longny-au-Perche et D 918* ♦ *Aux alentours : à Mortagne-au-Perche, musée Alain ; musée percheron* ♦ *Hôtels : à Villeray (18 km S par D 92 et D 10), Moulin de Villeray (tél. 33.73.30.22), 10 chambres (640 à 740 F), restaurant. A Mortagne-au-Perche (28 km O), Le Tribunal (tél. 33.25.04.77), 18 chambres (105 à 280 F), restaurant ; Hostellerie Genty-Home (tél. 33.25.11.53), 4 chambres (270 F), restaurant ; Château des Carreaux (tél. 33.25.02.00), 5 chambres (275 à 395 F)* ♦ *Mairie (tél. 33.73.91.45).*

SAINT-CENERI-LE-GEREI
61250 (Orne)

Dans la région des Alpes mancelles, à l'intérieur d'une boucle de la Sarthe, Saint-Céneri-le-Gerei s'est logé sur une petite crête. L'humble village, composé de maisons toutes simples, faites de moellons d'un grès gris-rosé et recouvertes de petites tuiles ocre, s'organise autour de l'église romane, perchée sur un promontoire granitique, au clocher à baies géminées et à toiture en batière. A l'intérieur, des fresques du XIVe siècle, très belles, ont été malheureusement mal restaurées. A l'entrée du village, on peut encore apercevoir quelques traces du château fortifié, construit à l'époque du duché de Normandie, qui barrait l'éperon rocheux. En empruntant le petit pont de pierre qui enjambe la Sarthe, les promeneurs peuvent se rendre à la chapelle de Saint-Céneri où l'ermite Céneri, d'origine italienne, décida de s'installer en 669, pour y fonder un oratoire, puis un monastère qui fut incendié par les envahisseurs normands.

♦ *136 habitants* ♦ ***Itinéraire d'accès :*** *à 14 km S-O d'Alençon par D 1 et D 101* ♦ ***Aux alentours :*** *à Alençon, musée des beaux-arts et de la dentelle ; la forêt d'Ecouves* ♦ ***Hôtels :*** *à Saint-Léonard-des-Bois (5 km S par D 146), Touring Hôtel (tél. 43.97.28.03), 33 chambres (250 à 380 F), restaurant. A Arconnay (11 km E par D 56, D 30 et D 55ᴾ), Hostellerie du Château de Maleffre (tél. 33.31.82.78), 13 chambres (85 à 260 F)* ♦ ***Mairie*** *(tél. 33.26.60.00).*

LA BOUILLE
76530 (Seine-Maritime)

Au siècle dernier, aux beaux jours et les dimanches, La Bouille était prise d'assaut par les Rouennais venus par le fleuve pour y déjeuner dans les bonnes auberges. Le village s'étire le long de la Seine, sous la falaise. Les vieilles ruelles étroites, bordées de maisons à colombage, entourent l'église et le grenier à sel. Les plus belles demeures font face au fleuve. L'une d'elles abrita Hector Malot, l'auteur de *Sans famille*, quand il n'était que le fils du maire de La Bouille. La place centrale, ouverte elle aussi sur la Seine, s'appelle la place du Bateau. Elle rappelle que La Bouille fut un port où passait tout le trafic de marchandises vers la Basse-Normandie et la Bretagne. Au XVIe siècle, le bateau de La Bouille était un coche d'eau, tiré par des chevaux depuis le chemin de halage qui effectuait le voyage entre La Bouille et Rouen en quatre heures !

♦ *550 habitants* ♦ ***Itinéraire d'accès :*** *à 20 km S-O de Rouen par D 3* ♦ ***Hôtels :*** *Le Saint-Pierre (tél. 35.18.01.01), 7 chambres (300 à 400 F), restaurant ; Le Bellevue (tél. 35.18.05.05), 20 chambres (160 à 320 F), restaurant* ♦ ***Restaurants :*** *Les Gastronomes (tél. 35.18.02.07) ; La Maison Blanche (tél. 35.18.01.90) ; La Poste (tél. 35.18.03.90)* ♦ ***Mairie*** *(tél. 35.23.80.05/35.18.01.48).*

CLERES
76690 (Seine-Maritime)

A Clères, près de Rouen, les maisons de briques rouges semblent faire une haie d'honneur à la Clérette, une petite rivière qui fait chanter de nombreuses fontaines taillées dans la craie blanche du pays. Des petits ponts en passerelles, on aboutit à la place centrale où trône une ancienne halle à pans de bois du XVIIIᵉ siècle. Son château, construit sur les ruines d'un ancien château fort, constamment remanié au cours des siècles, arbore finalement un décor gothique. Au début du siècle, Jean Delacour, naturaliste, décida d'acclimater de nombreuses espèces animales dans son parc normand. Aujourd'hui, on y rencontre des kangourous, des antilopes, des paons et quelques autres mammifères exotiques. Clères s'enorgueillit aussi d'un superbe musée de l'automobile.

♦ *1262 habitants* ♦ ***Itinéraire d'accès :*** *à 26 km N-E de Rouen par N 15 et D 155* ♦ ***A voir :*** *musée automobile et militaire (voitures anciennes, véhicules de la dernière guerre)* ♦ ***Hôtels :*** *à Saint-Martin-du-Vivier (25 km S par D 6, D 151 et D 47), La Bertelière (tél. 35.60.44.00), 44 chambres (385 à 435 F), restaurant. A Forges-les-Eaux (33 km E par D 6 et D 919), Le Relais du Bois des Fontaines (tél. 35.09.85.09), 10 chambres (250 à 400 F), restaurant* ♦ ***Mairie*** *(tél. 35.33.23.31).*

ETRETAT
76790 (Seine-Maritime)

A la fin du siècle dernier, oubliant son passé de simple bourgade de pêcheurs, Etretat recevait le Tout-Paris : Maupassant s'installait à La Guillette, Offenbach tenait salon à la villa Orphée, Hermine Lecomte du Nouy se croyait dans un décor d'opéra-comique. Maurice Leblanc avait placé le repaire d'Arsène Lupin dans l'Aiguille d'Etretat, rebaptisée "l'Aiguille Creuse". Etretat et ses falaises restent aujourd'hui l'un des sites les plus visités de la Normandie. Entre ses deux portes naturelles, la porte d'aval à l'arche naturelle ponctuée de son aiguille, et la porte d'amont avec à son sommet, la Chapelle Notre-Dame-de-la-Garde et le monument dédié à Nungesser et Coli, le village d'Etretat s'est agrandi de part et d'autre du casino. Sa vieille halle normande, surmontée d'un fin clocheton, fait office de cœur stratégique à partir duquel les nombreux touristes s'égaillent pour admirer les villas à tourelles, ou pour se balader le long de la digue-promenade dédiée à Claude Monet.

♦ *1577 habitants* ♦ *Itinéraire d'accès : à 28 km N du Havre par D 940* ♦ *A voir : musée Nungesser et Coli (souvenirs des deux aviateurs)* ♦ *Aux alentours : à Fécamp (17 km N-E par D 940), église de la Trinité (XIIᵉ-XIIIᵉ siècle), musée de la Bénédictine, musée municipal* ♦ *Foires, festivités : bénédiction de la mer le jour de l'Ascension, fêtes normandes début mai* ♦ *Hôtel : Le Donjon (tél. 35.27.08.23), hôtel de charme, 8 chambres (600 à 800 F par personne en demi-pension)* ♦ *Syndicat d'initiative (tél. 35.27.05.21).*

JUMIEGES
76480 (Seine-Maritime)

Ici, la Seine forme sa seconde boucle en aval de Rouen, encerclant presque Jumièges. Jumièges, ce sont avant tout des ruines, celles de la plus puissante des abbayes normandes, fondée en 654 par saint Philibert, saccagée et incendiée en 851 par Oskar le Viking, relevée puis achevée sous Guillaume le Conquérant qui revint d'Angleterre pour sa consécration en 1067. La Révolution mit fin à son rayonnement. Mais Notre-Dame-de-Jumièges, mutilée, est encore plus spectaculaire avec ses arcs romans, au milieu de l'herbe et des arbres. Le village semble se blottir contre son abbaye, avec sa petite place, sa mairie, ses quelques maisons bourgeoises et son bureau de poste qui ressemble à un petit manoir de carte postale ! Les moines avaient fort sagement fait construire l'église un peu à l'écart, au XIIe siècle, en hauteur pour qu'elle ne fût pas arasée, mais elle ne fut jamais terminée.

♦ *1634 habitants* ♦ ***Itinéraire d'accès :*** *à 27,5 km E de Rouen par D 982 et D 143* ♦ ***Hôtels :*** *Auberge des Ruines (tél. 35.37.24.05), 4 chambres (90 à 110 F), restaurant. A Caudebec-en-Caux (15 km N-O par D 982), Le Manoir de Rétival (tél. 35.96.11.22), hôtel de charme, 5 chambres (300 à 600 F), restaurant ; Hôtel de Normandie (tél. 35.96.25.11), 16 chambres (179 à 305 F), restaurant. A Duclair (8 km N-E), Hôtel de la Poste (tél. 35.37.50.04), 20 chambres (150 à 180 F), restaurant* ♦ ***Restaurant :*** *Restaurant du Bac (tél. 35.37.24.16)* ♦ ***Mairie*** *(tél. 35.37.24.15).*

RY
76116 (Seine-Maritime)

Un simple fait divers, les mésaventures conjugales de l'officier de santé Eugène Delamare et de son épouse Delphine, née Couturier, a fait la gloire de Ry, petit village proche de Rouen, niché dans la petite vallée du Crevon. Cela aurait pu n'émouvoir que les seuls habitants de ce petit village paisible, mais Gustave Flaubert écrivit *Madame Bovary* et Ry devint célèbre. C'est donc à une rêverie littéraire que nous invite ce petit village-rue avec son auberge, sa mairie aux trois colonnes ioniques, ses maisons à colombage. L'église du XIIᵉ siècle a un joli porche Renaissance en bois sculpté et une tour-lanterne à corniche. Il faut aussi prendre la direction du pavillon de chasse du château de la Huchette, près du hameau de Villers, où Emma avait ses rendez-vous galants avec Rodolphe.

♦ *544 habitants* ♦ ***Itinéraire d'accès :*** *à 20 km E de Rouen par N 31 - Martainville et D 13* ♦ ***A voir :*** *musée d'automates, galerie Bovary (500 automates dans cet ancien pressoir du XVIIIᵉ siècle) ; marché le samedi matin* ♦ ***Hôtels :*** *Auberge de la Crevonnière (tél. 35.23.60.52), 4 chambres, restaurant. A Bézancourt (21 km O par D 12, N 31 et D 140), Château du Landel (tél. 35.90.16.01), 17 chambres (350 à 600 F), restaurant* ♦ ***Mairie*** *(tél. 35.23.60.61).*

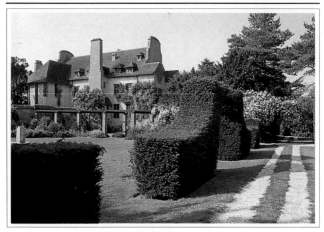

VARENGEVILLE-SUR-MER
76119 (Seine-Maritime)

Près de Dieppe, Varengeville, enfoui sous une verdure débordante, est perché sur une falaise, à une petite centaine de mètres au-dessus de la mer. Varengeville ressemble à un jardin, avec ses chemins creux bordés de talus fleuris, avec ses petites maisons basses entourées d'une végétation au désordre très ordonné, avec ses somptueux parcs comme ceux de la famille Mallet et de la princesse Sturza, où l'on pratique l'art de la botanique. La plus belle des allées conduit au manoir de Jean Ango (XVIe siècle), armateur dieppois, qui a découvert le site de New York aux côtés de Jean Verrazano avant d'être le banquier de François Ier. Sa résidence secondaire allie le traditionnel normand de l'époque à la première Renaissance italienne. L'église du XIIIe siècle aurait été, selon une légende, maintenue au bord de la falaise par la volonté de saint Valéry. Dans le fameux cimetière qui l'entoure, repose le peintre Georges Braque (dont un vitrail décore l'église).

♦ *1048 habitants, 83 m d'altitude* ♦ ***Itinéraire d'accès :*** *à 8 km O de Dieppe par D 75* ♦ ***Aux alentours :*** *le phare d'Ailly* ♦ ***Foires, festivités :*** *marché aux puces le 15 juillet et le 12 août ; salon de la côte d'Albâtre (peintres de la région) du 14 juillet au 15 août* ♦ ***Hôtels :*** *à Vasterival (3 km N-O par D 75), La Terrasse (tél. 35.85.12.54), 25 chambres (260 F), restaurant. A Sainte-Marguerite-sur-Mer (3 km O), Hôtel des Sapins (tél. 35.85.11.45), 25 chambres (105 à 225 F), restaurant* ♦ ***Syndicat d'initiative*** *(tél. 35.84.71.06).*

VEULES-LES-ROSES
76980 (Seine-Maritime)

Longtemps bourg de pêcheurs et de tisserands, Veules, sur la côte d'Albâtre, est devenue une station balnéaire au siècle dernier grâce à Anaïs Aubert, sociétaire de la Comédie-Française, qui y entraîna ses amis. Le littérateur Paul Meurice y reçut Victor Hugo, la station était lancée. Les peintres, les musiciens, compositeurs et acteurs qui la fréquentèrent ajoutèrent "les Roses" à son nom, tandis que les villas fleurissaient sur ses pentes. Veules, c'est aussi "le plus petit fleuve de France", qui prend sa source en bordure du plateau cauchois pour emprunter le chemin des Champs-Elysées. C'est lui qu'il faut prendre comme guide, plutôt que de se rendre sur la plage, aujourd'hui encadrée de pavillons modernes. Il vous conduira derrière l'église au solide clocher carré ou sous le beau calvaire en grès, décoré de petits personnages du jardin de Saint-Nicolas.

♦ *686 habitants, 42 m d'altitude* ♦ ***Itinéraire d'accès :*** *à 24 km O de Dieppe par D 925 ou D 75 et D 68* ♦ ***Aux alentours :*** *à Blosseville (3 km S), l'église (clocher* XII*ᵉ siècle, beaux vitraux Renaissance)* ♦ ***Foires, festivités :*** *en été nombreux concerts de musique classique et de jazz ; en septembre foire aux chevaux* ♦ ***Hôtels :*** *à Saint-Valéry-en-Caux, Les Terrasses (tél. 35.97.11.22), 12 chambres (220 à 330 F), restaurant. A Cany-Barville (20 km S-O par D 925), Le Manoir de Caniel (tél. 35.97.88.43), 6 chambres (300 à 370 F)* ♦ ***Restaurants :*** *Les Galets (tél. 35.97.61.33). A Bourg-Dun (3,5 km E), Auberge du Dun (tél. 35.83.05.84)* ♦ ***Syndicat d'initiative*** *(tél. 35.97.63.05).*

VILLEQUIER
76490 (Seine-Maritime)

Là où la Seine dessine son méandre le plus large, à mi-chemin entre Rouen et la mer, s'effectuait le changement entre les pilotes de Seine, les "margats", et ceux de l'estuaire, les "perroquets". C'est là, le 4 septembre 1843, que Charles Vacquerie et sa jeune épouse Léopoldine, fille de Victor Hugo, se noyèrent en Seine. A l'entrée du village, face à l'endroit du naufrage, se dresse la statue de Victor Hugo affligé. Tournant le dos à la route départementale, s'ouvrant sur le fleuve, la belle demeure de la famille Vacquerie est devenue musée Victor-Hugo. Toutes les demeures, en pierre, en brique, en silex, du village font de même, donnant au quai en bord de Seine le rôle de rue principale. Charles et Léopoldine reposent dans le petit cimetière qui entoure l'église, au-dessus du village. En entrant à l'intérieur du sanctuaire, on découvre une belle nef couverte d'un lambris en berceau et ornée de têtes d'animaux fantastiques.

♦ *769 habitants, 115 m d'altitude* ♦ ***Itinéraire d'accès :*** *à 41 km N-O de Rouen par D 982 et D 81* ♦ ***A voir :*** *musée Victor-Hugo ; Maison Blanche (manoir du XVe siècle)* ♦ ***Aux alentours :*** *la chapelle de Barre-y-Va, le château d'Etelan, le parc de Brotonne* ♦ ***Hôtels :*** *Auberge du Grand Sapin (tél. 35.56.78.73), 5 chambres (230 à 280 F), restaurant. A Caudebec-en-Caux (à 5 km N-E par D 81), Le Manoir de Rétival (tél. 35.96.11.22), hôtel de charme, 5 chambres (300 à 600 F), restaurant ; Hôtel de Normandie (tél. 35.96.25.11), 16 chambres (140 à 290 F), restaurant* ♦ ***Syndicat d'initiative*** *(tél. 35.56.78.25).*

YPORT
76111 (Seine-Maritime)

Encaissé dans cette muraille de craie que le pays de Caux dresse face à la mer, sur la côte d'Albâtre, Yport prend des allures de modèle réduit qui séduisirent de nombreux peintres, des impressionnistes aux fauves. Sur la plage, des galets. Ils ont envahi le village, on les retrouve dans les murs des maisons et de l'église au clocher-porche, flanquée de tourelles, construite par les pêcheurs d'Yport pour affirmer leur indépendance au village voisin de Criquebeuf-en-Caux. Sur la plage, on prend le soleil à l'abri de la pointe Chicart qui coupe les vents d'ouest ; et au jusant, on y vient chercher étrilles et bouquets entre les rochers tapissés de varech. On ramasse aussi les galets, comme jadis, quand c'était un petit métier. Au bois de Hogue, on raconte qu'une dame séduisait tous les voyageurs qui passaient sur ses terres, puis les jetait à la mer.

♦ *1122 habitants* ♦ ***Itinéraire d'accès :*** *à 8 km S-O de Fécamp par D 940 et D 211* ♦ ***Aux alentours :*** *Fécamp et ses musées* ♦ ***Foires, festivités :*** *embrasement des falaises et feux d'artifice le 14 août ; bénédiction de la mer le 15 août* ♦ ***Hôtel :*** *à Saint- Léonard (4 km E par D 211), Auberge de la Rouge (tél. 35.28.07.59), hôtel de charme, 8 chambres (310 F), restaurant* ♦ ***Restaurants :*** *à Fécamp (8 km), Le Viking (tél. 35.29.22.92) ; Le Maritime (tél. 35.28. 21.71) ; La Marine (tél. 35.28.15.94) ; Martin (tél. 35.28.23.82)* ♦ ***Mairie*** *(tél. 35.27.30.24).*

POITOU - CHARENTES

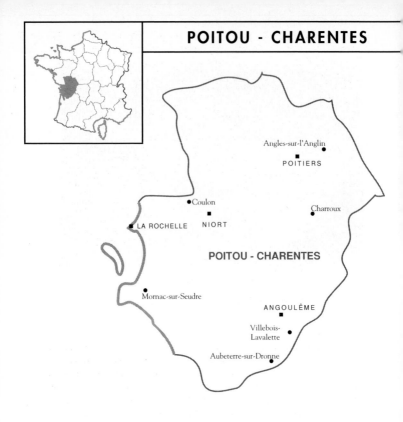

Ce pays, fait de terre et d'eau, comporte des paysages variés, recouverts de la même douce lumière dorée. Plages de sables fin des bords de l'Océan, large plaine du Poitou, humide et étonnant marais poitevin (classé parc naturel régional), collines vallonnées couvertes de vignes et de blés de la Charente, tout dans cette région respire la paix et la douceur de vivre.

Au fil des ans, les hommes ont marqué ce paysage de leur empreinte : églises et abbayes romanes, forteresses féodales, villages fortifiés et châteaux Renaissance jalonnent les chemins.

Terre tranquille, elle a su préserver son authenticité et son art de vivre. Il faut partir à la découverte de la région Poitou-Charentes, de son passé et des trésors toujours vivants que constituent ses villages.

AUBETERRE-SUR-DRONNE
16390 Saint-Séverin (Charente)

Il y a mille raisons pour visiter Aubeterre. On y découvre le charme d'un village ancien avec ses ruelles en pente, pavées de galets, parsemées de jardins fleuris. Certaines maisons aux façades de craie blanche, sont ornées de galeries en bois ou de balcons débordant de fleurs. Le village domine la verdoyante vallée de la Dronne et descend jusqu'à la rivière, enfouie dans la verdure. Au centre du bourg, sur la place, une statue veille sur les citoyens : c'est Ludovic Trarieux, natif d'Aubeterre et fondateur de la Ligue des Droits de l'Homme. Tout en haut du village, la ravissante église Saint-Jacques conserve une très belle façade romane. Mais le véritable joyau, c'est l'église monolithe Saint-Jean, datant du XIIᵉ siècle : située tout en bas du bourg, elle est entièrement creusée dans le roc et haute de plus de vingt mètres. Elle abrite une crypte du VIᵉ siècle.

Aubeterre est resté un village vivant et animé. La promenade y est délicieuse et charmante. On y trouve des galeries d'art, de jolies boutiques, un salon de thé et sur les bords de la Dronne, une belle plage de sable blanc pour des baignades en rivière. C'est déjà la douceur de vivre du Sud.

♦ *390 habitants* ♦ ***Itinéraire d'accès :*** *à 50 km O de Périgueux par D 710 - Ribérac et D 20* ♦ ***Foires, festivités :*** *marché "vert" le dimanche matin* ♦ ***Hôtels :*** *Hôtel du Périgord (tél. 45.98.50.11). A Petit Bersac (7 km E par D 17), Le Mas de Montet (tél. 53.90.08.71), 15 chambres (280 à 550 F), restaurant* ♦ ***Restaurants :*** *Auberge du Château (tél. 45.98.50.46), Crêperie de la Source (tél. 45.98.61.78)* ♦ ***Mairie - Syndicat d'initiative*** *(tél. 45.98.50.33).*

VILLEBOIS-LAVALETTE
16320 (Charente)

Niché sur une hauteur, le château puissamment fortifié de Villebois-Lavalette domine et protège le village. Son histoire se rattache à celle des Lusignan, qui édifièrent une première forteresse au XIIᵉ siècle. Démantelée par la suite, il n'en subsiste que les ouvrages défensifs et la chapelle. Le corps central fut remplacé par l'édifice actuel datant du XVIIᵉ siècle. De nombreux hôtes illustres y séjournèrent, mais c'est le duc d'Epernon, mignon d'Henri II et propriétaire du château, qui laissa le plus vif souvenir à Villebois-Lavalette. Contrepoint populaire à l'édifice seigneurial, les très belles halles furent également construites au XVIIᵉ siècle et accueillent aujourd'hui encore, le marché du village. C'est de là que part la rue principale, typique de l'architecture charentaise avec ses petites maisons en moellons taillés dans le calcaire, et couvertes de tuiles creuses. Le style Renaissance y domine, donnant à Villebois-Lavalette une élégance harmonieuse, son architecture étant influencée par le Périgord tout proche.

♦ *772 habitants* ♦ ***Itinéraire d'accès :*** *à 28 km S-E d'Angoulême par D 939 et D 16* ♦ ***Aux alentours :*** *le château de la Mercerie (4 km N-O) ; le village de Gardes-le-Pontaroux (5 km N-E par D 16) et son église romane ; le village de la Rochebeaucourt et Argentine (8 km E par D 5), église du XIIIᵉ siècle ; le village de Charras (15 km N-E par D 16 et D 93), église romane fortifiée au XIVᵉ siècle, château du XVIIᵉ siècle ; nombreux sentiers de randonnée* ♦ ***Hôtels :*** *à Dignac (10 km N par D 23 et D 939), La Marronière (tél. 45.24.50.42), 10 chambres (130 à 170 F), restaurant. A Vieux-Mareuil (19 km S-E par D 5 et D 939), Château de Vieux Mareuil (tél. 53.60.77.15), hôtel de charme, 14 chambres (400 à 800 F), restaurant* ♦ ***Mairie*** *(tél 45.64.90.04).*

MORNAC-SUR-SEUDRE
17113 (Charente Maritime)

Repaire de naufrageurs, avant d'être village fortifié affrontant avec succès la guerre de Cent Ans puis les guerres de Religion, Mornac est aujourd'hui un joli bourg charentais planté sur les marais de la Seudre. Ses habitants ont vécu tout d'abord de la pêche et du sel, et ce n'est qu'au cours du XIXᵉ siècle qu'ils découvriront l'élevage des huîtres de Marennes. Le long des chenaux on rencontre les petites cabanes colorées des ostréiculteurs. A la tombée du jour, on ne peut détacher son regard de ce paysage à la lumière magique. Depuis le port, les ruelles étroites et pittoresques partent rejoindre le cœur du village. Les vieilles maisons basses en pierre blanche et aux petits volets verts et bleus s'alignent maladroitement, leurs murs ont oublié de se tenir droits ! On visite l'église fortifiée du XIIᵉ siècle (remaniée au XVᵉ), et l'on passe devant de nombreuses boutiques d'artisans, ainsi que devant la grande halle qui abrite encore le marché et la foire aux huîtres du 15 août.

♦ *425 habitants* ♦ ***Itinéraire d'accès :*** *à 10 km N de Royan par D 733 et D 140* ♦ ***Hôtel :*** *à Le Gua (12 km N-E par D 140, D 733 et D 241), Le Moulin de Châlons (tél. 46.22.82.72), 14 chambres (330 à 450 F), restaurant* ♦ ***Restaurant :*** *La Gratienne (tél. 46.22.73.90)* ♦ ***Mairie*** *(tél. 46.22.61.68).*

COULON
79510 (Deux-Sèvres)

Au cœur de la Venise verte, Coulon est un très pittoresque village de pêcheurs et de paysans, traversé par la Sèvre. Le long du quai, de nombreuses barques sont amarrées et constituent des touches colorées que l'on retrouve sur les volets peints des petites maisons. Les noms des rues du village rappellent le Moyen-Âge et les activités des habitants : "rue du Port aux Moules", "rue du Four", "place du Pêchoir"...

Au hasard de sa marche, le promeneur s'arrêtera pour admirer quelques beaux édifices, comme la maison Renaissance des seigneurs de Coulon et l'église, avec son puissant clocher roman attaché à une délicate nef gothique. Mais il lui faudra aussi emprunter une "plate" pour naviguer le long de la Sèvre et sur les nombreux canaux couverts de lentilles d'eau. Véritables routes du marais poitevin, ils sont le fruit des efforts constants d'une population désireuse de domestiquer l'eau, qui gorgeait les terres et les rendait inutilisables. Une pratique très ancienne, initiée au XIᵉ siècle par les moines de l'abbaye de Maillezais.

♦ *1662 habitants* ♦ ***Itinéraire d'accès :*** *à 10 km O de Niort par D 9 et D 1* ♦ ***Aux alentours :*** *promenades en barque dans le marais, les villages de Magné et de la Garette* ♦ ***Foires, festivités :*** *soirées musicales en juillet ; nombreux concours de pêche à la ligne* ♦ ***Hôtel :*** *Au Marais (tél. 49.35.90.43), hôtel de charme, 11 chambres (350 F), restaurant* ♦ ***Restaurant :*** *Le Central (tél. 49.35.90.20)* ♦ ***Mairie*** *(tél. 49.35.90.26).*

ANGLES-SUR-L'ANGLIN
86260 (Vienne)

Angles-sur-l'Anglin occupe un promontoire rocheux. La ville haute s'organise autour d'une belle place moyenâgeuse ; à proximité, une église romane et des pans de mur de la forteresse édifiée au XIIe siècle par les comtes de Lusignan. Celle-ci est située à l'aplomb de la falaise et fut démantelée au cours des siècles par les habitants des alentours. Les maisons de la ville haute présentent souvent une façade Renaissance et des toits à quatre pentes, couverts de tuiles plates ou d'ardoises, rappelant l'architecture de la Touraine toute proche. C'est dans cette partie du village que se trouve la maison natale du cardinal Jean Baluc qui fut emprisonné par Louis XI. De la place, une rue pavée descend vers l'Anglin et son vieux moulin à roue, passe le pont, et rejoint la ville basse située sur la rive opposée. C'est là que trône l'abbatiale Sainte-Croix avec son portail du XIIIe siècle ; tout autour sont rassemblées plusieurs maisons du XVe siècle, encore bien préservées avec leurs escaliers de pierre accolés à la façade.

♦ *465 habitants* ♦ ***Itinéraire d'accès :*** *à 34 km S-E de Châtellerault par D 14* ♦ ***Aux alentours :*** *nombreux sentiers de randonnée* ♦ ***Foires, festivités :*** *expositions à la chapelle Saint-Pierre de mai à août ; fête du village le premier dimanche d'août* ♦ ***Hôtels :*** *à Vicq-sur-Gartempe (3,5 km N), La Malle Poste (tél. 49.86.21.04), maison d'hôtes de charme, 4 chambres (180 à 350 F). A Le Blanc (16 km S-E par D 3), Le Domaine de l'Etape (tél. 54.37.18.02), 30 chambres (185 à 380 F) ; Villa Varsovie (tél. 54.37.29.03), maison d'hôtes de charme, 7 chambres (250 à 300 F)* ♦ ***Mairie*** *(tél. 49.48.61.20).*

CHARROUX
86250 (Vienne)

C'est l'abbaye bénédictine de Saint-Sauveur qui fut à l'origine de Charroux, et de son immense rayonnement. Chérie par Charlemagne, l'abbaye sera le théâtre de plusieurs conciles, dont celui instituant la "Paix de Dieu". Les dons affluèrent, les pèlerins en route vers Saint-Jacques-de-Compostelle ne manquaient pas de s'y arrêter. Ce succès imposera aux moines de nombreux agrandissements. Une nouvelle basilique, longue de 114 mètres fut construite, intégrant l'actuelle "tour Charlemagne" (XIᵉ siècle). Ce splendide édifice polygonal ajouré contenait le maître-autel et, en dessous, la crypte exposant soixante-dix reliques. Cette magnificence rendit l'abbaye très vulnérable, car très convoitée. C'est lors des guerres de Religion qu'eurent lieu les plus graves pillages, mais le début du XIXᵉ siècle n'est pas sans responsabilité dans les altérations subies par l'abbaye...

Aujourd'hui, outre la tour, il reste des arcades du cloître, reconstruit au XVᵉ siècle, la fontaine, renommée pour ses guérisons et l'immense salle capitulaire contenant de superbes sculptures retrouvées sur place. Le village conserve une halle du XVᵉ siècle, entièrement en bois chevillé, ainsi que de très belles maisons moyenâgeuses.

♦ *1552 habitants, 165 m d'altitude* ♦ ***Itinéraire d'accès :*** *à 61 km S de Poitiers par D 741 - Civray et D 148* ♦ ***A voir :*** *musée lapidaire dans l'abbaye (statues du XIIIᵉ siècle, reliquaires)* ♦ ***Aux alentours :*** *la vallée de la Charente* ♦ ***Foires, festivités :*** *foire le 1ᵉʳ samedi de chaque mois, marché le jeudi matin* ♦ ***Hôtels :*** *Hostellerie Charlemagne (tél. 49.87.50.37), 9 chambres (80 à 150 F), restaurant. A Epanvilliers (15 km N-O par D 148 - Civray et D 7), Château d'Epanvilliers (tél. 49.87.18.43), maison d'hôtes de charme, 3 chambres (250 à 400 F)* ♦ ***Restaurant :*** *Chez Michel* ♦ ***Mairie :*** *(tél. 49.87.50.33).*

PROVENCE-ALPES-
COTE D'AZUR

BRIANÇON

St-Véran

Colmars
DIGNE
Saorge

Séguret   Crestet
Le Barroux   Simiane
                        Entrevaux
                                        Lucéram
Venasque   Lurs   Coaraze   Ste-Agnès
Gordes   Moustiers   Peillon
        Roussillon   Eze
Oppède   Ménerbes   Gourdon
        Lacoste Bonnieux   Tourrettes   NICE
Les Baux   Lourmarin   St-Paul   Le Haut-
        Bargème   Biot   de-Cagnes
Eygalières   Ansouis   Seillans   Nonza
                Tourtour   Mougins

AVIGNON

                                        BASTIA
Cotignac   Grimaud   St-Antonino
        Gassin
        Ramatuelle
MARSEILLE   Piana
Cassis   Le Castellet
TOULON   CORSE
        Porquerolles
                            AJACCIO

Les villages du sud de la France constituent une merveilleuse invitation au voyage au cœur d'itinéraires et de paysages pour l'essentiel préservés de toutes sortes d'enlaidissement. Leur découverte en Provence de l'intérieur comme en bordure de côte, laisse percevoir une très grande diversité ainsi qu'une vision d'ensemble tout à fait caractéristique : celle du village perché avec ses maisons et ses toitures superposées les unes aux autres, ses ruelles étroites et son exposition au soleil savamment calculée. Certaines de ces localités, comme Crestet dans le Vaucluse et Peillon dans le comté de Nice, occupent des lieux, dessinent des espaces rigoureusement magiques. Le plus souvent elles ont été bâties à l'abri du vent et non loin d'un point d'eau. Quelle que soit la gravité des épisodes qu'elles ont pu traverser tout au long de leur histoire, qui remonte parfois à un ou deux siècles avant J.-C., elles n'ont jamais été totalement désertées. Pour l'essentiel, les dégâts du progrès, l'exploitation touristique ne les ont que faiblement altérées.

205

COLMARS-LES-ALPES
04470 (Alpes-de-Haute-Provence)

Situé à 1250 mètres d'altitude, sur les rives du Haut-Verdon, au milieu d'une nature préservée (le parc du Mercantour est tout proche), ce village fortifié est un lieu de détente et de sport idéal : les sentiers de randonnée sont nombreux et bien balisés, le Verdon fougueux attire les passionnés de kayac, les stations de ski sont à proximité.

A l'intérieur des remparts, dans le vieux quartier, on découvre des rues étroites, des placettes avec des fontaines ainsi qu'une église composite, à la fois romane et gothique adossée au mur d'enceinte.

Au XVIIᵉ siècle, sur instructions de Vauban, les doubles fortifications de la cité furent améliorées : en aval le fort de France, en amont le fort de Savoie gardaient efficacement la cité et la frontière provençale. La ville, de nombreuses fois incendiée entre le XIVᵉ et le XVIIᵉ siècles, ne fut plus attaquée depuis cette époque.

♦ *314 habitants, 1250 m d'altitude* ♦ ***Itinéraire d'accès :*** *à 71 km N-E de Digne par N 85 - Barrême, N 202 - Saint-André-les-Alpes et D 955 ; à 44 km S de Barcelonnette par D 908* ♦ ***A voir :*** *le fort de Savoie (XVIIᵉ siècle)* ♦ ***Aux alentours :*** *le parc national du Mercantour, nombreux sentiers de randonnée, train des Pignes (de Dignes à Nice)* ♦ ***Foires, festivités :*** *en été marché le mardi et le vendredi matin ; expositions dans le fort de Savoie, nombreux concerts ; fête patronale de la Saint-Jean-Baptiste (du 23 au 25 juin)* ♦ ***Hôtel :*** *Le Chamois (tél. 92.83.43.29), 26 chambres (213 à 236 F), restaurant* ♦ ***Mairie*** *(tél. 92.83.43.21) -* ***Syndicat d'initiative*** *(tél. 92.83.41.92).*

ENTREVAUX
04320 (Alpes-de-Haute-Provence)

Un grand éperon rocheux dominé par une solide citadelle médiévale, une succession de bastions et de remparts en lignes brisées qui dessinent un paysage rappelant les fresques des primitifs siennois, des portes fortifiées, une agglomération et une cathédrale massées sur la rive gauche du Var : voici Entrevaux, village superbe et étonnant. Entrevaux existait déjà à l'époque celto-ligure : ce village s'appelait alors "Glanate". Dès le ve siècle, ce fut un évêché. Ses heures de gloire datent du XVIIe siècle. Après que François 1er lui eut donné le titre de "ville royale", ce fut l'une des places fortes du royaume de France, capable de contrôler l'accès des grands cols alpins. Vauban conçut le perfectionnement de ses lignes de défense qui se révélèrent utiles jusqu'en 1860, date de l'annexion du comté de Nice. Protégé par les deux tourelles de la porte Royale, un pont d'une seule arche enjambe le Var. Dans la cité, on appréciera les orgues et le clocher crénelé de la cathédrale, un moulin à huile qui continue de fonctionner, des maisons à encorbellement qui datent de la Renaissance, des boutiques d'artisans, des places et des fontaines. Pour atteindre Entrevaux, la voiture n'est pas obligatoire : on peut utiliser la pittoresque ligne de chemin de fer qui relie Nice à Digne.

♦ *688 habitants, 475 m d'altitude* ♦ ***Itinéraire d'accès :*** *43 km N-O de Nice par N 202* ♦ ***A voir :*** *musée de la motocyclette (à la mairie)* ♦ ***Aux alentours :*** *le hameau d'Enriez ; le village de Castellet-les-Sausses ; les gorges de Daluis* ♦ ***Foires, festivités :*** *fête de la Saint-Jean le 24 juin ; fête médiévale le 15 août* ♦ ***Hôtels :*** *Le Relais Saint-Jean (tél. 93.05.43.09), Hôtel de la Poste (tél. 93.05.71.03), Hôtel Vauban (tél. 93.05.42.40)* ♦ ***Restaurant :*** *L'Echauguette (tél. 93.05.46.89)* ♦ ***Syndicat d'initiative*** *(tél. 93.05.46.73).*

LURS
04700 (Alpes-de-Haute-Provence)

Ce village domine la vallée de la Durance. On s'y trouve au cœur même des oliveraies et des grands vents du pays de *Regain* et de *Que ma joie demeure*. Ce sont justement des amis de Jean Giono, notamment l'imprimeur-éditeur Maximilien Volx, qui ont redonné vitalité et prestige à cette agglomération. L'exode rural désertifiait progressivement les abords de la montagne de Lure : chaque année, depuis 1955, pendant la dernière semaine du mois d'août, des professionnels de l'imprimerie rejoignent Lurs pour participer à une Rencontre Internationale d'Arts Graphiques.

Lurs compte aujourd'hui un peu plus de 300 habitants répartis entre un château implanté au nord et un ancien séminaire au sud (pendant le Moyen-Âge, Lurs comptait dix fois plus d'habitants, les évêques de Sisteron ayant fixé là leur résidence d'été). Une agréable traversée du village permettra de découvrir la place des Feignants, des ruelles étroites et médiévales, des maisons anciennes ainsi que le château fort. Derrière cette forteresse, il faut prolonger l'escapade en empruntant le chemin bordé de quinze petits oratoires, qui permet de rejoindre la chapelle Notre-Dame-de-Vie.

♦ *320 habitants, 585 m d'altitude* ♦ ***Itinéraire d'accès :*** *à 14 km E de Forcalquier par D 12 et D 462 ; à 33 km S de Sisteron par N 85 et N 96* ♦ ***Aux alentours :*** *le prieuré de Ganagobie* ♦ ***Foires, festivités :*** *fête votive le dernier dimanche de juillet ; pèlerinage à Notre-Dame-des-Anges le lundi de Pentecôte et le 2 août ; Rencontres Internationales de Lurs (arts graphiques) la dernière semaine d'août* ♦ ***Hôtel :*** *à Forcalquier, Auberge Charembeau (tél. 92.75.05.69), hôtel de charme, 12 chambres (288 F), restaurant* ♦ ***Mairie*** *(tél. 92.79.95.24).*

MOUSTIERS-SAINTE-MARIE
04360 (Alpes-de-Haute-Provence)

Edifié au sortir des gorges du Verdon, ce gros bourg compose, avec l'enchevêtrement de ses ruelles et de ses ponts traversiers, un paysage semi-naturel, semi-civilisé. Aux deux extrémités de la falaise qui le surplombe, on aperçoit une chaîne de fer longue de 227 mètres, pourvue en son centre d'une étoile à cinq branches.

Ce qui fonde la réputation de cette localité, c'est bien évidemment le renom de ses faïences. Depuis 1678, date de la création du four des Clérissy, jusqu'au déclin de 1874, Moustiers fut un grand centre de production. L'activité a été relancée en 1925, sous l'impulsion de Marcel Provence. Moustiers offre la fraîcheur de ses rues où se succèdent dans le désordre auberges, maisons bourgeoises, et demeures de plus faible superficie. Le clocher lombard, à quatre étages, de son église précède un second édifice religieux, érigé au sommet du calvaire. La promenade dans les rues du village est pleine de charme. Vous pourrez vous attarder dans les jolies boutiques d'artisanat, déjeuner en été sous la treille de la délicieuse terrasse des "Santons", et profiter de la vue magnifique sur les alentours.

♦ *575 habitants, 631 m d'altitude* ♦ ***Itinéraire d'accès :*** *à 50 km E de Manosque par D 6 - Riez et D 952 ; à 45 km O de Castellane par D 952* ♦ ***A voir :*** *musée de la Faïence (faïences et faïenciers de Moustiers des XVIIe et XVIIIe siècles)* ♦ ***Aux alentours :*** *le lac de Sainte-Croix, les gorges du Verdon* ♦ ***Foires, festivités :*** *fête de la faïence le samedi et dimanche après Pâques, fête de l'Aurore le 8 septembre ; marché le vendredi matin* ♦ ***Hôtels :*** *Le Colombier (tél. 92.74.66.02), 22 chambres (220 à 330 F) ; La Bonne Auberge (tél. 92.74.66.18), 16 chambres (210 à 260 F), restaurant* ♦ ***Restaurant :*** *Les Santons (tél. 92.74.66.48)* ♦ ***Syndicat d'initiative*** *(tél. 92.74.67.84).*

SIMIANE-LA-ROTONDE
04150 (Alpes-de-Haute-Provence)

Tout près du plateau d'Albion, légèrement en retrait par rapport à la route qui relie Apt et Banon, Simiane est juchée sur une hauteur où l'on accède par une route en lacets. Une fois son véhicule garé tout près de l'entrée du village, on peut se promener par des ruelles étroites qui permettent de découvrir d'anciennes maisons souvent bien restaurées, parfois dotées de belles portes en bois sculpté. Par la grande baie des halles – un bâtiment magnifiquement cadré dans une célèbre photographie de Cartier-Bresson – on a une vue plongeante sur les vergers et champs de lavande. Tout près des ruines de l'ancien château fort on aperçoit une rotonde à deux étages qui servait de donjon. Entre les halles et la porte d'entrée du village, on retrouve la maison du feuilletoniste Ponson du Terrail.

♦ *450 habitants, 650 m d'altitude* ♦ ***Itinéraire d'accès :*** *à 24 km N-E d'Apt par D 22 et D 51* ♦ ***A voir :*** *à 200 m de la Rotonde, chapelle Notre-Dame-de-Pitié et anciens moulins à vent* ♦ ***Foires, festivités :*** *fête votive le 1er week-end de mai, feux de la Saint-Jean en juin, festival de musique classique en juillet et août ; marché le mardi à Banon et le samedi à Apt* ♦ ***Hôtel :*** *à Forcalquier (4 km E par N 100), Auberge Charembeau (tél. 92.75.05.60), hôtel de charme, 12 chambres (288 F), restaurant* ♦ ***Restaurants :*** *Restaurant de la Rotonde (tél. 92.75.95.44) ; Chez Mimile (tél. 92.75.91.54)* ♦ ***Syndicat d'initiative*** *(tél. 92.75.91.40).*

SAINT-VERAN
05350 (Hautes-Alpes)

Saint-Véran, le plus haut village du Queyras, est également le plus haut village d'Europe : il est perché entre 1990 et 2040 m d'altitude.

On pénètre dans le village par le bas, et l'on découvre ses constructions les plus anciennes regroupant des chalets de bois et de belles galeries de greniers à fourrages. Les constructions sont isolées les unes des autres ; cela permettait d'éviter autrefois que les incendies ne se propagent à tout le hameau.

L'église présente un très beau porche à colonnes portées par des lions : il est dû à des artistes italiens, dits "lombards".

Pendant l'été, le bon ensoleillement de ses pentes favorise l'épanouissement des anémones, de la gentiane, des renoncules. La nature est magnifique ! On peut monter jusqu'à la chapelle Notre-Dame-de-Clausis où a lieu chaque année en juillet un pèlerinage franco-italien.

Le village est interdit à la circulation automobile en juillet et en août. L'hiver, on peut s'y livrer à toutes les joies du ski.

♦ *275 habitants, 2040 m d'altitude, station de sports d'hiver* ♦ ***Itinéraire d'accès :*** *à 56 km N-E d'Embrun par N 94 - Guillestre, D 902 - Château Queyras et D 5 ; à 51 km S-E de Briançon par D 902 et D 5 (route du col d'Izoard)* ♦ ***Aux alentours :*** *parc régional du Queyras (tél. 92.46.80.46)* ♦ ***Foires, festivités :*** *pèlerinage de Notre-Dame-de-Clausis en juillet* ♦ ***Hôtel :*** *Les Chalets du Villard (tél. 92.45.82.08), hôtel de charme, 26 chambres et appartements (180 à 500 F), restaurant* ♦ ***Syndicat d'initiative*** *(tél. 92.45.82.21).*

BIOT
06410 (Alpes-Maritimes)

Le nom du village se prononce "Biotte" ; il est construit sur une butte toute proche de la mer. Malgré les flots de touristes qui se déversent l'été dans les rues, le village a gardé beaucoup de charme. Au centre du bourg il y a la fameuse place des Arcades, dont les galeries en pleins cintres et en ogives sont principalement occupées par des cafés et des magasins d'antiquités. Lorsqu'on a franchi les deux portes du XVIe siècle – la porte des Migraniers et la porte des Tines –, on peut flâner au cœur de ruelles pentues, contemplant les maisons qui s'entassent les unes sur les autres. On découvre une église à trois nefs qui renferme deux retables de Louis Bréa. On peut boire un verre au café de la Poste et aller ensuite visiter le musée Fernand Léger et la verrerie. Plus bas dans le vallon, on peut se promener plus au calme, loin des magasins de potiers et de verres soufflés. Comme pour tous les villages très touristiques de cette région, on vous conseillera de les visiter en dehors des mois de plein été.

♦ *3673 habitants, 80 m d'altitude* ♦ ***Itinéraire d'accès :*** *à 22 km S-O de Nice par N 98* ♦ ***A voir :*** *musée Fernand Léger ; musée d'histoire locale* ♦ ***Foires, festivités :*** *feux de la Saint-Jean en juin, fête de la Saint-Julien l'avant-dernier dimanche d'août, festival de musique en juillet-août* ♦ ***Hôtels :*** *Hostellerie du Bois Fleuri (tél. 93.65.68.74), 12 chambres (300 à 550 F), restaurant ; La Vallée Verte (tél. 93.65.10.93), 14 chambres (220 à 370 F), restaurant* ♦ ***Restaurants :*** *Auberge du Jarrier (tél. 93.65.11.68), Café-Galerie des Arcades (tél. 93.65.01.04), Chez Odile (tél. 93.65.15.63), La Pierre à Four (tél. 93.65.60.00), Les Terraillers (tél. 93.65.01.59), Restaurant des Verriers (tél. 93.65.19.26)* ♦ ***Syndicat d'initiative*** *(tél. 93.65.05.85).*

COARAZE
06390 Contes (Alpes-Maritimes)

Situé à une demi-heure de Nice, non loin de la vallée des Merveilles et du parc du Mercantour, ce village perché est aménagé sur un rocher de 650 mètres d'altitude. Pour magnifier l'ensoleillement de cette localité, environnée par les senteurs des mimosas de février, ainsi que par une très belle oliveraie, Cocteau et Goetz ont laissé à Coaraze des cadrans solaires en céramique. Des rues médiévales, des placettes, des jardins bordés de cyprès et une église baroque qui renferme la peinture murale d'un saint Sébastien percé de flèches, permettent une promenade agréable. L'accueil chaleureux des habitants et la délicieuse "Auberge du Soleil" vous inciteront à prolonger votre séjour pour profiter du calme de Coaraze (la circulation automobile y est interdite) et de la région qui est magnifique. Ce village de montagne a été classé parmi les plus beaux villages de France.

♦ *500 habitants, 650 m d'altitude* ♦ ***Itinéraire d'accès :*** *à 28 km N de Nice par D 2204 et D 15* ♦ ***Aux alentours :*** *la chapelle Notre-Dame-des-Sept-Douleurs, les ruines du village de Roccasparvière ; le parc national du Mercantour, la vallée des Merveilles* ♦ ***Foires, festivités :*** *fête de la Saint-Jean en juin, fêtes occitanes en juillet, fête de l'olivier le 15 août, semaine de l'artisanat fin août* ♦ ***Hôtel :*** *Auberge du Soleil (tél. 93.79.08.11), hôtel de charme, 8 chambres (290 à 440 F), restaurant* ♦ ***Mairie*** *(tél. 93.79.34.80).*

EZE
06360 Eze-Village (Alpes-Maritimes)

Ce site escarpé était, à l'origine, occupé par un oppidum ligure puis, plus tard, par un château qui fut entièrement détruit en 1706 sur l'ordre de Louis XIV. Deux pans de murs et un souvenir de voûte en sont les seuls vestiges, que l'on peut découvrir parmi les cactus du jardin exotique créé en 1949, et qui couronne aujourd'hui l'endroit. La visite du village où abondent restaurants et boutiques de souvenirs, vaut aussi pour la splendide vue sur la mer qu'on aperçoit au débouché de certaines rues. En sus de ses plantes rares, le jardin offre un très beau belvédère à partir duquel on voit très bien le Cap Ferrat et la rade de Villefranche. Cet endroit fut autrefois apprécié par George Sand ainsi que par Frédéric Nietzsche. En redescendant par les ruelles, on s'arrête pour visiter la chapelle des Pénitents Blancs et surtout l'église paroissiale reconstruite au XVIIIᵉ siècle dans un beau style baroquisant.

♦ *2064 habitants, 427 m d'altitude* ♦ ***Itinéraire d'accès** : à 9 km N-E de Nice par N 7* ♦ ***A voir** : la parfumerie Fragonard* ♦ ***Foires, festivités** : fête des Mais, fête de la musique en juin, fête de la Saint-Laurent le 10 août* ♦ ***Hôtels** : au col d'Eze, Hôtel Hermitage (tél. 93.41.00.68), 14 chambres (160 à 230 F), restaurant. A Villefranche (3 km S-O), Les Olivettes (tél. 93.01.14.46), hôtel de charme, 19 chambres (450 à 580 F). A Saint-Jean-Cap-Ferrat (5 km S-O), Brise Marine (tél. 93.76.04.36), hôtel de charme, 15 chambres (265 à 610 F)* ♦ ***Restaurants** : La Bergerie (tél. 93.41.03.67), Le Grill du Château (tél. 93.41.00.17), Le Nid d'Aigle (tél. 93.41.19.08), Le Troubadour (tél. 93.41.19.03)* ♦ ***Syndicat d'initiative** (tél. 93.41.26.00).*

GOURDON
06620 Le Bar-sur-Loup (Alpes-Maritimes)

Le village de Gourdon est accroché au sommet d'une falaise vertigineuse qui domine les sauvages et splendides gorges du Loup. L'origine du village remonte à la plus haute antiquité. Il dut subir différents assauts au cours des siècles et fut presqu'entièrement détruit au XVᵉ siècle ; il sera reconstruit au XVIᵉ siècle.

Aujourd'hui, Gourdon est un village vivant et très animé. Les maisons anciennes, bien restaurées, sont resserrées derrière le château. Bâti au XIIᵉ siècle sur les soubassements d'une forteresse sarrasine du IXᵉ siècle, il fut reconstruit au XVIIᵉ siècle par Louis de Lombard. C'est un imposant bâtiment orné de tours, coiffé de tuiles. Il abrite un musée d'histoire et un musée de peintures naïves. Les jardins qui l'entourent (dessinés par Le Nôtre) permettent de se reposer agréablement. Il faut flâner dans les ruelles bordées de boutiques et d'échoppes d'artisans qui vous proposent des objets en bois sculpté, en verre, un miel délicieux, des savons parfumés... Il faut s'attarder sur la petite place de l'église d'où la vue sur la vallée et la mer est somptueuse. N'oubliez pas de pénétrer dans l'église ; d'époque romane, elle a été plusieurs fois remaniée à la fin du XVIᵉ et au début du XVIIᵉ siècle.

♦ *260 habitants, 760 m d'altitude* ♦ ***Itinéraire d'accès :*** *à 14 km N-E de Grasse par D 2085 - Châteauneuf et D 3* ♦ ***A voir :*** *musée au château (collection d'antiquités, meubles, armes, peintures des XVᵉ, XVIIᵉ et XVIIIᵉ siècles)* ♦ ***Aux alentours :*** *chapelle Saint-Ambroise (6 km N-O), chapelle Saint-Juste au hameau de Pont-du-Loup* ♦ ***Foires, festivités :*** *fête de la Saint-Vincent (fin juillet-début août), fête de la Saint-Arnoux (mi-juillet) au hameau de Pont-du-Loup* ♦ ***Hôtel :*** *à Pont-du-Loup, La Réserve (tél. 93.59.32.81)* ♦ ***Restaurants :*** *Le Nid d'Aigle (tél. 93.42.74.87), L'Auberge de Gourdon (tél. 93.09.69.69)* ♦ ***Mairie*** *(tél. 93.42.50.17).*

LE HAUT-DE-CAGNES
06800 Cagnes-sur-Mer (Alpes-Maritimes)

Gagner les hauteurs de Cagnes, c'est quitter l'urbanisation désordonnée, les résidences touristiques du bord de mer. Au faîte de la colline où fut établi dès 1309 l'ancien château de la famille des Grimaldi, une place bordée d'acacias et de palmiers délimite d'emblée la qualité d'une atmosphère mieux préservée. Adossé au château, un quartier de maisons en belles pierres, aux ruelles interdites à la circulation nous réserve le charme de sa découverte. Ce n'est pas exactement un village, mais plutôt une ville haute ou bien un bourg. Ce qui fait l'attrait de cet endroit, c'est le calme silencieux qui accompagne la promenade que l'on fait dans des ruelles fraîches, ombragées d'arbustes, aux maisons envahies de lierres grimpants. Avant de s'éteindre en 1919, Renoir passa tout près de cette colline les douze dernières années de sa vie. D'autres figures hantent ces lieux : au gré des ans et des occasions, Monet, Rodin, Derain, Modigliani et Soutine vécurent à Cagnes.

♦ *Itinéraire d'accès : à 13 km O de Nice par N 7 et D 36* ♦ *A voir : château-musée Grimaldi (art moderne méditerranéen) ; musée de l'olivier ; maison de Renoir, domaine des Collettes (maison et atelier du peintre)* ♦ *Foires, festivités : foire à la brocante le dimanche* ♦ *Hôtel : Le Cagnard (tél. 93.20.73.21), 16 chambres (400 à 760 F), restaurant* ♦ *Restaurants : Josy-Jo (tél. 93.20. 68.76), Restaurant des Peintres (tél. 93.20.83.08)* ♦ *Syndicat d'initiative (tél. 93.20.61.64).*

LUCERAM
06440 (Alpes-Maritimes)

Un rocher escarpé de la vallée du Paillon a permis d'enraciner entre deux ravins l'habitat perché de Lucéram. Avant de devenir le siège d'un castrum romain, Lucéram fut tout d'abord la capitale d'une tribu ligure. Des escaliers raides, des venelles et des placettes étroites, des passages voûtés, des pontis qui relient les maisons au-dessus des rues et des fragments de remparts qui remontent au XIIᵉ siècle, délimitent le parcours du promeneur. On peut admirer les richesses artistiques de l'église, dédiée à sainte Marguerite d'Antioche. De style romano-gothique, la nef a été décorée de nombreux stucs rococo et baroquisants. Les pièces d'orfèvrerie, les statuettes de son reliquaire, et les grands retables exécutés entre 1480 et 1500 par Jean Canavesio et Louis Bréa sont superbes. Ce dernier fut commandité pour la création des dix panneaux d'un grand retable installé derrière le maître-autel de l'église. Pour contempler l'intégralité de ce grand travail, il faut se rendre au musée Masséna de Nice, où sont conservés la prédelle et les panneaux latéraux de ce retable. Dans les alentours, on peut faire de très belles randonnées en moyenne montagne qui offrent de nombreux points de vue sur la côte de la Méditerranée.

♦ *695 habitants, 670 m d'altitude* ♦ ***Itinéraire d'accès** : à 25 km N-E de Nice par D 2204 - L'Escarène et D 2566* ♦ ***Aux alentours** : la chapelle Saint-Grat (1 km S par D 2566) ; la chapelle Notre-Dame-de-Bon-Cœur (2 km N-O par D 2566)* ♦ ***Foires, festivités** : pastorale de Noël (messe de minuit avec offrande des bergers)* ♦ ***Hôtels** : à Peira-Cava (12,5 km N par D 21), Les Trois Vallées (tél. 93.91.57.21), 22 chambres (260 à 300 F), restaurant ; Les Chamois (tél. 93.91.57.42), 11 chambres (160 à 200 F), restaurant* ♦ ***Mairie** (tél. 93.79.51.83).*

MOUGINS
06250 (Alpes-Maritimes)

A peu de distance de Cannes et de Grasse, Mougins dresse ses vestiges de remparts et ses maisons au sommet d'une colline. Un peu trop bien restauré, plutôt sage, ce village interdit à la circulation automobile, offre une agréable promenade au cœur de la spirale de ses rues. A l'entrée, pas loin de la porte fortifiée du XVe siècle, on aperçoit un vieux lavoir qui a été transformé en lieu d'exposition. Sur la placette proche, le décor se distribue autour d'un vieil ormeau : d'un côté des terrasses de restaurants, de l'autre l'Hôtel de Ville installé dans une ancienne chapelle des Pénitents Blancs, plus loin une modeste église. Ici encore, de multiples échappées permettent d'accéder à de beaux panoramas sur les environs verdoyants et pavillonnaires de ce site.

♦ *284 habitants dans le vieux village, 260 m d'altitude* ♦ **Itinéraire d'accès :** *à 7 km N de Cannes par N 85* ♦ **A voir :** *musée de la photographie, musée de l'automobile* ♦ **Aux alentours :** *chapelle Notre-Dame-de-Vie (2 km S-E)* ♦ **Foires, festivités :** *fêtes de la Sainte-Innocence et de la Saint-Jean en juin, arts dans la rue en juillet* ♦ **Hôtels :** *Le Manoir de l'Etang (tél. 93.90.01.07), hôtel de charme, 15 chambres (500 à 850 F), restaurant ; Le Mas Candile (tél. 93.90.00.85), 21 chambres (850 à 950 F), restaurant* ♦ **Restaurants :** *Le Moulin de Mougins (tél. 93.75.78.24), restaurant gastronomique avec chambres, Les Muscadins (tél. 93.90.00.43), avec chambres, La Ferme de Mougins (tél. 93.90.03.74), L'Amandier de Mougins (tél. 93.90.00.91), Le Relais à Mougins (tél. 93.90.03.47), L'Estaminet des Remparts (tél. 93.90.05.36), Le Bistrot de Mougins (tél. 93.75.78.34), Brocherie Saint-Basile (tél. 93.90.04.06), Le Feu Follet (tél. 93.90.15.78), La Terrasse (tél. 93.90.14.70)* ♦ **Syndicat d'initiative** *(tél. 93.75.87.67).*

PEILLON
06440 L'Escarène (Alpes-Maritimes)

Peillon, avec son unité architecturale et la superposition de ses maisons dont les toits se chevauchent, est magnifiquement caractéristique des villages de montagne. Son apparition sur l'abrupt d'un piton rocheux peut faire songer à une sorte de Mont-Saint-Michel. La circulation automobile est impossible au cœur du village, dont les pentes sont raides et dont les rues s'interrompent au profit de simples escaliers. Adossées les unes aux autres, les maisons sont jouxtées grâce à des passages voûtés destinés à occuper les rares espaces laissés libres. L'absence totale de commerces, le silence qui règne dans les rues, même quand on les traverse un samedi du mois de juin, marque l'engourdissement de cette agglomération. Les volets sont fermés pour plus qu'une hibernation ; depuis longtemps ce village s'est déperché au profit de Nice et de la proche vallée. Arriver à Peillon - malgré les chemins de crête et les sentiers muletiers qui permettent de rejoindre ensuite La Turbie - c'est atteindre l'extrémité d'un monde presque tibétain.

♦ *1038 habitants, 375 m d'altitude* ♦ *Itinéraire d'accès : à 19 km N-E de Nice par D 2204ᴬ - Sospel et D 21* ♦ *Foires, festivités : fête du vieux village le 1ᵉʳ dimanche d'août* ♦ *Hôtel : Auberge de la Madonne (tél. 93.79.91.17), hôtel de charme, 19 chambres (380 à 800 F), restaurant* ♦ *Mairie (tél. 93.79.91.04).*

SAINT-PAUL-DE-VENCE
06570 (Alpes-Maritimes)

Très touristique, ce village ne conserve presque plus de vestiges de vie traditionnelle : c'est tout au moins ce que l'on peut éprouver lorsqu'à l'entrée du bourg, avant d'arriver aux remparts, on aperçoit le vieux lavoir et la petite place où s'affairent les joueurs de pétanque. Une fois passée la porte de Vence, dans la Grand-Rue, l'atmosphère est un peu mercantile, les restaurants et les magasins de souvenirs accaparent l'attention. Pour celui qui rechercherait la tranquillité, il faudra venir hors saison ou bien emprunter les ruelles adjacentes. Sur le versant bas de la rue principale, on peut prendre la rue du "Casse-cou", revenir vers les remparts et accéder au vieux chemin de ronde. A partir de là, on contemple les vallons proches dont les pentes sont parsemées de fleurs, de vignes, d'orangers et de cyprès. Le réveil et la réputation de ce bourg fortifié ne commencèrent que pendant les années 20, lorsque survinrent les peintres qui fréquentèrent assidûment l'auberge de la Colombe d'Or. Les écrivains et le monde du cinéma – Giono, Prévert, Simone Signoret et Yves Montand – sortirent définitivement Saint-Paul de l'anonymat.

♦ *2526 habitants, 182 m d'altitude* ♦ ***Itinéraire d'accès :*** *à 20 km N-O de Nice par N 98 et D 36* ♦ ***A voir :*** *musée municipal ; Fondation Maeght (remarquable collection d'art contemporain)* ♦ ***Foires, festivités :*** *marché le mardi, jeudi, samedi matin ; fête de la Sainte-Claire, concerts classiques dans l'église collégiale en août* ♦ ***Hôtels :*** *La Colombe d'Or (tél. 93.32.80.02), 15 chambres (970 F), restaurant ; Le Hameau (tél. 93.32.80.24), hôtel de charme, 14 chambres (340 à 480 F) ; Le Saint-Paul (tél. 93.32.65.25), 18 chambres (650 à 1300 F), restaurant gastronomique* ♦ ***Restaurant :*** *La Gousse d'Ail (tél. 93.32.50.48)* ♦ ***Mairie*** *(tél. 93.32.80.83) -* ***Syndicat d'initiative*** *(tél. 93.32.86.95).*

SAINTE-AGNES
06500 (Alpes-Maritimes)

Le village littoral le plus haut d'Europe est situé à 780 mètres d'altitude, à proximité de Menton : on y parvient au terme des lacets d'une route étroite qui traverse un paysage dont les terrasses ont permis de cultiver des oliveraies et des mimosas. Cette localité, merveilleusement ensoleillée, présente des maisons de caractère, des toits de tuiles rondes, des ruelles pavées voûtées, de vieilles ogives et des boutiques d'artisans. Dans l'église Notre-Dame-des-Neiges qui date du XVIᵉ siècle, et qui comporte une nef et des chapelles latérales, on découvre des tableaux religieux, des fonts baptismaux anciens et un tabernacle en bois doré. Accessibles au terme de quinze minutes de marche, les ruines de son château occupent le sommet d'une rude paroi de calcaire rose qui domine tout cet ensemble, et offre d'admirables points de vue sur la baie de Menton. La légende veut que les premiers habitants de Sainte-Agnès se soient logés dans les grottes de cette falaise où l'on trouvait une chapelle fondée par une princesse romaine convertie au christianisme. Aujourd'hui, on dénombre au village plus de 360 habitants : des concerts, des expositions, une fête de la lavande et des concours de boules sont programmés dès l'approche de l'été. Les parages de ce "balcon de la Côte d'Azur" permettent d'agréables promenades pédestres.

♦ *361 habitants, 780 m d'altitude* ♦ ***Itinéraire d'accès :*** *à 11 km de Menton par D 22* ♦ ***Aux alentours :*** *nombreuses promenades pédestres, notamment jusqu'au village de Gorbio* ♦ ***Foires, festivités :*** *fête patronale le 21 janvier ; nombreux concerts et expositions de peinture en été* ♦ ***Hôtels :*** *La Vieille Auberge (tél. 93.35.92.02), 5 chambres (180 F par personne en demi-pension), restaurant ; Le Saint-Yves (tél. 93.35.91.45), restaurant* ♦ ***Restaurants :*** *Le Logis Sarrasin (tél. 93.35.86.69), Righi (tél. 93.35.79.96)* ♦ ***Mairie*** *(tél. 93.35.84.58).*

SAORGE
06540 (Alpes-Maritimes)

Dans un site grandiose, le village de Saorge s'accroche sur les pentes dominant la vallée de la Roya.

Le vieux village se visite à pied et l'on découvre avec ravissement ses ruelles pavées entrecoupées d'escaliers, ses maisons anciennes aux toits de lauzes, ses terrasses d'où la vue, plongeant sur la vallée, est magnifique. L'église Saint-Sauveur construite au XVe siècle fut incendiée et restaurée au XVIIIe siècle. Elle a une très belle porte sculptée surmontée d'une ogive à pilastres cannelés. A l'intérieur : fonts baptismaux du XVe siècle, tabernacle en marbre du XVIe siècle, autel et retables du XVIIe siècle, très belle Vierge en bois doré du XVIIIe siècle. A 800 mètres au sud-est, au milieu des oliviers, le couvent des Franciscains est de style italien du XVIIe siècle. Il comporte un petit cloître orné de peintures murales rustiques.

Un peu plus loin, il faut visiter l'église de la Madone-del-Poggio, chef-d'œuvre de l'art roman primitif. De style lombard, son clocher de six étages mesure près de 30 mètres de hauteur. Dans la nef, on admirera des chapiteaux au décor végétal, des retables et surtout des peintures murales de la fin du XVe siècle, attribuées à Giovanni Baleison.

*♦ 330 habitants, 520 m d'altitude ♦ **Itinéraire d'accès :** à 60 km N-E de Nice par D 2204 - Sospel et N 204 ♦ **Aux alentours :** chapelle Sainte-Anne (2 km E), chapelle Sainte-Croix (2 km N-E), chapelle de Paspus (2 km S-O) ♦ **Foires, festivités :** foires de printemps et d'automne, fête patronale en août, nombreux concerts d'orgue en été ♦ **Hôtel :** à Breil-sur-Roya (9 km S par N 204), Le Castel du Roy (tél. 93.04.43.66), 15 chambres (220 à 270 F), restaurant ♦ **Mairie** (tél. 93.04.51.23/93.04.55.25).*

TOURRETTES-SUR-LOUP
06140 Vence (Alpes-Maritimes)

Implanté sur les contreforts d'un lieu escarpé, Tourrettes présente une façade en surplomb tout à fait raide et austère, dans le prolongement des falaises mi-feuillues, mi-rocheuses qu'ont achevé de creuser les eaux rapides d'un torrent qu'on appelle le Loup. La première enveloppe des maisons sur laquelle le village s'est appuyé rappelle la configuration des villages italiens ou corses. A côté de son quartier à ruelles étroites et maisons anciennes, Tourrettes possède, attenant à sa grand-place, un beau lavoir taillé dans le roc. L'église principale, dont la nef remonte au xvᵉ siècle, renferme de beaux retables et, à la périphérie du village, la chapelle Saint-Jean est décorée de fresques naïves, proches du décor d'une bande dessinée. Cultivées sur les planches des terrasses avoisinantes, les violettes, qui bénéficient d'un climat plus frais que sur la côte, furent longtemps la ressource majeure du village : d'octobre à mars, chaque année, plus d'un million de bouquets sont rassemblés grâce aux soins d'une soixantaine de familles.

♦ *2727 habitants, 400 m d'altitude* ♦ **Itinéraire d'accès :** *à 26 km N-O de Nice par D 36 - Vence et D 2210 ; à 20 km N-E de Grasse par D 7 et D 2210* ♦ **Foires, festivités :** *fête des violettes en mars, fête de la Sainte-Madeleine en juillet, festival de musique en juillet-août ; marché le mercredi matin* ♦ **Hôtels :** *Auberge Belles Terrasses (tél. 93.59.30.03), 15 chambres (210 F), restaurant ; La Grive Dorée (tél. 93.59.30.05), 14 chambres (180 à 250 F)* ♦ **Restaurants :** *Le Petit Manoir (tél. 93.24.19.19), Le Médiéval (tél. 93.59.31.63), Chantecler (tél. 93.59.34.22)* ♦ **Syndicat d'initiative** *(tél. 93.24.18.93).*

LES BAUX-DE-PROVENCE
13520 (Bouches-du-Rhône)

Elu comme lieu d'habitation ou de refuge dès l'époque néolithique, ce magnifique éperon rocheux constituait une plate-forme inexpugnable. Les seigneurs des Baux connurent des destins tragiques et marquèrent le village de leur empreinte orgueilleuse. La cité connut un renouveau architectural pendant la Renaissance grâce à la famille des Manville. Louis xiii et Richelieu ordonnèrent la destruction de la forteresse en 1632. Les Baux entrèrent ensuite dans une longue période de léthargie jusqu'à la Seconde Guerre mondiale. Seules les carrières de bauxite restaient actives. De l'ancien château médiéval, il ne reste que les communs, la travée d'une chapelle, un ancien colombier, un donjon et des débris de tours et de murailles qui s'ouvrent dangereusement sur le vide. De nos jours, c'est le tourisme qui redonne vie au village, le tourisme avec tous ses excès. Il faut découvrir ce somptueux et incontournable village hors saison, lorsque, déserté, ses ruelles médiévales, ses magnifiques hôtels Renaissance offrent leur aspect fier et solitaire.

♦ *433 habitants, 202 m d'altitude* ♦ ***Itinéraire d'accès :*** *à 31 km S d'Avignon par D 571 et D 5 ou A 7 sortie Avignon sud, D 99 et D 5* ♦ ***A voir :*** *musée archéologique et lapidaire, musée d'art contemporain, musée historique, musée de l'olivier, chapelle Saint-Blaise, musée des santons ; Fondation Louis-Jou* ♦ ***Aux alentours :*** *pavillon de la reine Jeanne, le val d'Enfer* ♦ ***Foires, festivités :*** *messe des Bergers le 24 décembre* ♦ ***Hôtels :*** *Hôtel La Benvengudo (tél. 90.54.32.54), hôtel de charme, 20 chambres (540 à 580 F), restaurant ; Le Mas d'Aigret (tél. 90.97.33.54), hôtel de charme, 15 chambres (410 à 750 F), restaurant* ♦ ***Restaurant :*** *Bérengère (tél. 90.97.35.63)* ♦ ***Mairie - Syndicat d'initiative*** *(tél. 90.54.34.39).*

CASSIS
13260 (Bouches-du-Rhône)

Malgré son port de pêche et son arrière-pays agricole, Cassis n'est plus à proprement parler un village. Dans son port, le va-et-vient des vedettes qui rallient les calanques et le constant afflux des plaisanciers ont restreint la place dévolue aux barques de pêcheurs. A l'ouest, sa baie est encadrée par les hauteurs de Gardioles et les falaises abruptes du cap Canaille. A l'est, d'autres arrière-plans sont plantés d'oliviers, de figuiers et surtout de vignes, productrices d'un vin blanc fort réputé. Les quartiers du port ont été tracés aux XVIIe et XVIIIe siècles, quand les Cassidains purent désenclaver le vieux village perché tout près du vieux château (privé) qui les protégeait.
Il faut visiter ce village hors saison, le matin, pour découvrir la tranquillité de ses ruelles et son éclat lumineux. Manger des oursins en hiver au soleil, à la terrasse de "Chez Brun" ou au "Canaille" reste un plaisir incomparable.

♦ *Itinéraire d'accès : à 23 km S-E de Marseille par D 559* ♦ *Aux alentours : les calanques de Port-Miou, Port-Pin, En-Vau ; la route des Crêtes, les villages du Castelet et de La Cadière-d'Azur par D 559, D 66 et D 626* ♦ *Foires, festivités : fête de la Saint-Jean le 24 juin, fête de la Saint-Pierre début juillet, fête des vendanges et du vin en septembre ; marché le mercredi et le vendredi matin* ♦ *Hôtels : Les Roches Blanches (tél. 42.01.09.30), hôtel de charme, 30 chambres (380 à 680 F), restaurant ; Le Clos des Arômes (tél. 42.01.71.84), hôtel de charme, 8 chambres (240 à 390 F)* ♦ *Restaurants : La Presqu'île (tél. 42.01.03.77), Chez Gilbert (tél. 42.01.71.36), Nino (tél. 42.01.74.32)* ♦ *Syndicat d'initiative (tél. 42.01.71.17).*

EYGALIERES
13810 (Bouches-du-Rhône)

Située au pied du versant sud des Alpilles, à peu de distance d'Orgon et d'Avignon, Eygalières doit sa très ancienne implantation et son étymologie à ses eaux de sources, abondantes et recherchées. Ce village à partir duquel on avait créé un aqueduc qui acheminait l'eau jusqu'à Arles, s'appelait primitivement Aquilaira, la ramasseuse d'eau. Eparpillées sur sa colline rocheuse, les ruines d'un château forment l'ossature de sa partie ancienne. Une petite église dédiée à Saint-Laurent, malheureusement défigurée par un clocher qui date du siècle dernier, la chapelle des Pénitents du XVIIe siècle, qui abrite un musée lapidaire, un hôtel Renaissance et des commerces d'antiquaires agrémentent la flânerie dans les rues de cette charmante localité. Tout en haut du village, on pourra admirer la vue superbe sur les environs : la vallée de la Durance et au loin la chaîne des Alpilles.

♦ *1427 habitants, 134 m d'altitude* ♦ ***Itinéraire d'accès :*** *à 25 km S-E d'Avignon, A 7 sortie Avignon sud et D 24ᴮ ; à 10 km S-E de Saint-Rémy-de-Provence par D 99 et D 74* ♦ ***A voir :*** *musée du Vieil Eygalières* ♦ ***Aux alentours :*** *Saint-Rémy-de-Provence, le Luberon (forêt de cèdres)* ♦ ***Foires, festivités :*** *foire du cheval le 1ᵉʳ mai, marché le vendredi matin* ♦ ***Hôtels :*** *Auberge Provençale (tél. 90.95.91.00), hôtel de charme, 5 chambres (250 à 420 F), restaurant. A Saint-Rémy-de-Provence, Château des Alpilles (tél. 90.92.03.33), hôtel de charme, 20 chambres (710 à 930 F) ; Mas des Carrasins (tél. 90.92.15.48), hôtel de charme, 10 chambres (320 à 450 F)* ♦ ***Restaurant :*** *Auberge Provençale (tél. 90.95.91.00), Marceau (tél. 90.92.37.11), Le Jardin de Frédéric (tél. 90.92.27.76)* ♦ ***Mairie*** *(tél. 90.95.91.01).*

BARGEME
83840 (Var)

A 1097 mètres d'altitude, au sommet d'un piton rocheux, on découvre Bargème, le plus haut village du Var, dominé par les tours de son château médiéval. On pénètre dans la cité par la porte de Garde qui s'ouvre dans les remparts, puis on découvre les petites rues anciennes, les voûtes, les venelles bordées de maisons souvent fleuries. Dans l'église romane du village, se trouve un très beau retable représentant le martyr de saint Sébastien.

Sur l'esplanade du château, la chapelle dédiée à Notre-Dame-des-Sept-Douleurs fut achevée en 1608. Elle rappelle le jour de fâcheuse mémoire, en 1595, où le seigneur du lieu, Antoine de Pontevès, fut égorgé par les villageois au cours d'une messe.

Pour préserver le silence et le charme de ce merveilleux village, la municipalité a eu la bonne idée d'interdire la circulation automobile. Pendant l'été, Bargème organise des soirées de musique ancienne.

♦ *85 habitants, 1097 m d'altitude* ♦ ***Itinéraire d'accès :*** *à 40 km N-E de Draguignan par D 955 - Comps, D 21 et D 37 ; à 54 km N-O de Grasse par N 85, D 21 et D 37* ♦ ***Aux alentours :*** *les chapelles de Notre-Dame-des-Sept-Douleurs, de Sainte-Pétronille, Saint-Laurent, Saint-Antoine* ♦ ***Foires, festivités :*** *fête de la Saint-Laurent le 2ᵉ dimanche d'août, concerts de musique ancienne du 14 juillet au 12 août* ♦ ***Hôtel :*** *à Trigance (17 km O par D 37, D 21 et D 955), Château de Trigance (tél. 94.76.91.18), hôtel de charme, 10 chambres (450 à 790 F), restaurant* ♦ ***Mairie*** *(tél. 94.76.81.25).*

LE CASTELLET
83330 Le Beausset (Var)

Proche des gorges d'Ollioules, ce village perché et fortifié fut autrefois la propriété des seigneurs des Baux, ainsi que du roi René. Depuis ses anciens murs d'enceinte on a une vue superbe sur le massif de la Sainte-Baume et sur le Bec-de-l'Aigle de La Ciotat : le Castellet domine un paysage de bastides, de bois, d'oliveraies et de vignobles qui fournissent des crus de grande réputation. On accède au centre du village par des rues pentues, par bonheur fleuries et ponctuées d'agréables boutiques d'artisanat ; on découvre la place du Champ de Bataille, le château qui abrite dans l'une de ses ailes l'Hôtel de Ville, ainsi qu'une église crénelée qui remonte au XIe siècle, et dont la nef fut remodelée au XVIIIe siècle. Plus ou moins légendaire, la chronique veut que ce village ait été fondé en 950 par les émigrés de Torrenteum, qui tentaient d'échapper aux razzias des Maures et des Sarrasins. Ici encore, la halte est bienvenue : les potiers, les tisserands et les galeries de peinture figurative méritent un détour.

♦ *2332 habitants, 283 m d'altitude* ♦ ***Itinéraire d'accès :*** *à 45 km S-E de Marseille par A 50 et D 626* ♦ ***Aux alentours :*** *la chapelle romane Notre-Dame-du-Vieux-Beausset (6 km S par D 226 et N 8) ; les villages du Vieux-Beausset, d'Evenos, de Broussan* ♦ ***Foires, festivités :*** *marché aux puces en mai ; festival de jazz en juillet ; fête des vins en septembre ; messe de minuit provençale* ♦ ***Hôtels :*** *Castel Lumière (tél. 94.32.62.20), 6 chambres (380 F), restaurant gastronomique. A Sainte-Anne-du-Castellet (2,5 km N-O par D 26), Castel Sainte-Anne (tél. 94.32.60.08), 20 chambres (250 à 290 F). Au Beausset, Auberge de la Cauquière (tél. 94.98.70.02), 11 chambres, restaurant* ♦ ***Restaurants :*** *crêperie Le Roy d'Ys (tél. 94.32.61.51). A Evenos, Le Poivre d'Âne (tél. 94.90.37.88)* ♦ ***Mairie*** *(tél. 94.32.60.10) -* ***Syndicat d'initiative*** *intercommunal (tél. 94.90.55.10).*

COTIGNAC
83570 Carcès (Var)

Au nord de Brignoles, à quinze kilomètres de Barjols, ce gros village varois se dresse dans un fond de vallée, au pied d'une falaise de 80 mètres de haut et de 400 mètres de large. Cette muraille travaillée et sculptée par les eaux, supporte en son sommet deux tours qui sont les vestiges d'un château fort. En cas de danger, les gens de Cotignac venaient trouver refuge dans les grottes et cavités de cette muraille. Aujourd'hui, les ouvertures pratiquées dans cette architecture troglodyte offrent de belles vues sur l'ensemble du village. Celui-ci est doté de nombreuses vieilles rues, d'une église du XVIe siècle, d'une place avec un beffroi et d'un cours ombragé comportant une fontaine à chacune de ses extrémités. Certaines maisons datent des XVIIe et XVIIIe siècles. C'est un "village urbanisé". De vifs contrastes séparent le quartier médiéval avec ruelles étroites, et le cours et la place neuve où les habitations sont plus aérées, pourvues en perrons, balcons et jardins d'agrément.

♦ *1628 habitants, 260 m d'altitude* ♦ *Itinéraire d'accès : à 36 km O de Draguignan par D 557, D 560 - Salernes et D 22 ; à 24 km N-E de Brignoles par D 562 - Carcès et D 13* ♦ *Aux alentours : la chapelle romane Notre-Dame-des-Grâces (1 km S-O), l'abbaye du Thoronet du XIIe siècle (15 km S-E)* ♦ *Foires, festivités : festival de musique du 15 juillet au 15 août ; marché le mardi matin* ♦ *Hôtel : Hostellerie Lou Calen (tél. 94.04.60.40), hôtel de charme, 16 chambres (260 à 440 F), restaurant* ♦ *Restaurant : Restaurant des Sports (tél. 94.04.60.17)* ♦ *Syndicat d'initiative (tél. 94.04.61.87).*

GASSIN
83990 Saint-Tropez (Var)

Malgré sa position perchée, Gassin ne fut jamais pourvu d'un château fort. Ce fut un lieu de vigie, aménagé par les Templiers. Au XVIIe siècle ses remparts furent abattus dans un but pacifique, car le village devait s'agrandir.

Au début du XIXe siècle, le village fut en grande partie déserté. Parce que les chemins d'accès étaient peu praticables et trop montueux, les cultivateurs abandonnaient peu à peu leurs maisons afin de s'établir plus près de leurs terres. A cette époque, Gassin n'était plus qu'un hameau. La plupart de ses maisons étaient en ruines. L'obstination de quelques familles, et puis surtout le développement grandissant du tourisme permirent de rétablir la situation. Aujourd'hui, Gassin est habité en permanence. Sur le bord de la place on profite d'une splendide vue sur le golfe de Saint-Tropez, la baie de Cavalaire et les Maures.

♦ *2017 habitants, 201 m d'altitude* ♦ ***Itinéraire d'accès :*** *à 67 km S-E de Brignoles par A 8 sortie Le Luc, D 558, D 61 - Saint-Tropez, et D 89 ; à 7,5 km S-O de Saint-Tropez par D 98ᴬ et D 89* ♦ ***Aux alentours :*** *les Moulins de Paillas (3,5 km par D 89), le golfe de Saint-Tropez* ♦ ***Foires, festivités :*** *fête du village pour la Saint-Laurent le 10 août* ♦ ***Hôtel :*** *Le Mas de Chastelas (tél. 94.56.09.11), 20 chambres (900 à 1400 F), restaurant ; La Ferme d'Augustin (tél. 94.97.23.83), hôtel de charme, 34 chambres (440 à 920 F). Près de Saint Tropez, La Ferme d'Hermès (tél. 94.79.27.80), hôtel de charme, 10 chambres (400 à 750 F) ; La Figuière (tél. 94.97.18.21), hôtel de charme, 45 chambres (900 F), restaurant* ♦ ***Restaurant :*** *Auberge La Verdoyante (tél. 94.56.16.23)* ♦ ***Mairie*** *(tél. 94.56.06.00/94.56.14.04) -* ***Syndicat d'initiative*** *(tél. 94.56.06.00).*

GRIMAUD
83310 Cogolin (Var)

A dix kilomètres de Saint-Tropez, Grimaud est un village actif et vivant qui étage ses maisons sur l'amphithéâtre d'une colline, entre les ruines d'un château et la route ; une succession de boulevards conduit à un vieux quartier avec des placettes, des ruelles et des passages voûtés. La visite de cette localité est agréable pour le charme de la promenade dans les rues bordées de maisons basses agréablement fleuries de tonnelles et de glycines. Tout près de l'église romane de Saint-Michel se trouve la maison des Templiers qui comporte une salle capitulaire, et dont la façade repose sur de belles arcades gothiques. En plusieurs points du village, en particulier sur le bord des esplanades, on peut admirer la vue sur le golfe de Saint-Tropez. Sur ce versant, les montagnes achèvent de descendre en pente douce jusqu'à la mer.

♦ *2911 habitants, 102 m d'altitude* ♦ ***Itinéraire d'accès** : à 57 km S-E de Brignoles par A 8 sortie Le Luc et D 558 ; à 10 km O de Saint-Tropez par D 98ᴬ, D 61 et D 14* ♦ ***Aux alentours** : Port-Grimaud, le golfe de Saint-Tropez* ♦ ***Foires, festivités** : nuits musicales au château de juin à août ; marché le jeudi matin* ♦ ***Hôtels** : La Boulangerie (tél. 94.43.23.16), hôtel de charme, 11 chambres (560 à 780 F), restaurant ; Le Verger (tél. 94.43.25.93), hôtel de charme, 6 chambres (550 à 780 F) ; Le Mazet des Mûres (tél. 94.56.44.45), maison d'hôtes de charme, 5 studios (375 à 450 F)* ♦ ***Restaurants** : Le Café de France (tél. 94.43.20.05), Le Coteau Fleuri (tél. 94.43.21.97), Le Jardin d'Antinéa (tél. 94.43.21.97), La Spaghetta (tél. 94.43.28.59)* ♦ ***Syndicat d'initiative** (tél. 94.43.26.98/94.43.46.00).*

ILE DE PORQUEROLLES
83400 Hyères (Var)

Située face à la presqu'île de Giens, Porquerolles est la plus grande des îles de la rade d'Hyères avec 1257 hectares. La végétation est superbe : pins d'Alep, palmiers, chênes verts, myrtes et bruyères y poussent à profusion. Afin de mettre fin à différents projets de spéculation immobilière, l'Etat s'est porté acquéreur en 1971 des 8/10e de sa surface. La faune et la flore de l'île sont protégées. Le port est le point de débarquement de l'île, dans laquelle on circule à bicyclette. Les maisons toutes simples, abondamment fleuries, entourent la place d'Armes bordée d'eucalyptus. Tout au fond, l'église Sainte-Anne, dédiée à la patronne de l'île, a été bâtie au XIXe siècle. Ce qui fait le charme de Porquerolles, c'est la vie "îlienne" : prendre un petit déjeuner à l'Escale, pique-niquer sur la plage de Notre-Dame, jouer aux boules sur la place, prendre un verre à l'Oustaou, dîner au Restaurant de la Plage d'Argent. Comment résister à la magie de cette île qui, malgré les énormes vedettes qui déversent en été leurs flots de visiteurs débraillés, reste un vrai paradis.

♦ *250 habitants* ♦ ***Itinéraire d'accès :*** *par transport maritime depuis la Tour Fondue (tél. 94.58.21.81)* ♦ ***A voir :*** *l'exposition d'archéologie sous-marine au fort Sainte-Agathe, le conservatoire botanique (tél. 94.58.31.16)* ♦ ***Foires, festivités :*** *fête de la Sainte-Anne le 26 juillet* ♦ ***Hôtels :*** *Les Glycines (tél. 94.58.30.36), 10 chambres (450 à 1050 F par personne en demi-pension) ; L'Oustau (tél. 94.58.30.13), 12 chambres (350 à 1250 F) ; Hôtel Sainte-Anne (tél. 94.58.30.04), 14 chambres (360 à 460 F par personne en pension complète) ; Le Mas du Langoustier (tél. 94.58.30.09), 56 chambres (997 à 1465 F en demi-pension)* ♦ ***Restaurants :*** *L'Arche de Noé (tél. 94.58.30.74), L'Oustau (tél. 94.58.30.13), L'Orée du Bois (tél. 94.58.30.57), Restaurant de la Plage d'Argent (tél. 94.58.32.48)* ♦ ***Mairie*** *(tél. 94.58.30.19)* **- Port** *(tél. 94.58.30.72).*

RAMATUELLE
83350 (Var)

Une petite route communale parfois bordée de fougères permet de franchir les neuf kilomètres qui séparent Gassin de Ramatuelle. Ce village domine les vignobles qui montent depuis la plaine de Pampelonne. Les anciens remparts ont déterminé la forme circulaire de cette agglomération. Sur la grande place, tout près du chevet de l'église, on aperçoit un orme tricentenaire qui fut planté à l'époque de Sully. Un monument aux morts rappelle que pendant la Seconde Guerre mondiale des sous-marins assuraient des liaisons régulières au profit de la Résistance. Des ruelles étroites et des escaliers permettent de sillonner l'intérieur du village. Assez simples, les maisons sont d'un style homogène. La plupart d'entre elles sont agrémentées de jasmins, de chèvrefeuilles et de lauriers roses qui embaument l'air. Le comédien Gérard Philipe repose depuis 1959 dans le petit cimetière de Ramatuelle.

♦ *1766 habitants, 146 m d'altitude* ♦ ***Itinéraire d'accès** : à 12 km S de Saint-Tropez par D 93* ♦ ***Foires, festivités** : fête du vin le 1ᵉʳ week-end de juillet, festival de jazz et de musique classique en juillet, festival Gérard Philipe (théâtre) la 1ᵉʳᵉ quinzaine d'août* ♦ ***Hôtels** : La Ferme d'Augustin (tél. 94.97.23.83), hôtel de charme, 34 chambres (440 à 920 F), restaurant ; La Ferme d'Hermès (tél. 94.79.27.80), hôtel de charme, 10 chambres (400 à 750 F) ; La Figuière (tél. 94.97.18.21), hôtel de charme, 45 chambres (900 F), restaurant* ♦ ***Restaurant** : Ferme Ladouceur (tél. 94.79.24.95) avec chambres d'hôtes* ♦ ***Mairie** (tél. 94.79.20.16) - **Syndicat d'initiative** (tél. 94.79.26.04).*

SEILLANS
83440 (Var)

Entre Draguignan et Grasse, à six kilomètres de Fayence, Seillans est un vieux bourg implanté à 366 mètres d'altitude sur les pentes du mont Auzière. Ses remparts sont en partie conservés. Encore une fois, il s'agit d'un village perché avec des ruelles fleuries et pavées de galets qui permettent de gravir les pentes. A Seillans deux tours marquent la lutte ou bien la complicité entre deux pouvoirs qui tentèrent ici, comme ailleurs, d'établir leur autorité : la première de ces tours est paroissiale, la seconde surmontée d'un campanile, relève de la commune. Ces tours sont voisines d'une église à nef romane qui fut rebâtie en 1477. Outre un excellent miel, ce village produit plusieurs variétés de fleurs aromatiques. Le peintre Max Ernst y vécut les dernières années de sa vie, Gounod et Alphonse Karr y séjournèrent. De la petite place ornée d'une fontaine , à côté de l'hôtel des Deux Rocs, on peut admirer la campagne environnante, paisible et harmonieuse.

♦ *1609 habitants, 366 m d'altitude* ♦ ***Itinéraire d'accès :*** *à 32 km N-E de Draguignan par D 562, D 563 et D 19* ♦ ***Aux alentours :*** *Notre-Dame-de-l'Ormeau (retable du XVIᵉ siècle), le village de Mons (13 km N-E par D 53 et D 563), le lac de Saint-Cassien, les gorges du Verdon* ♦ ***Foires, festivités :*** *marché le mercredi matin ; fête des fleurs début juin, marché potier le 1ᵉʳ mai, foire artisanale et brocante en août, musique en pays de Fayence en octobre* ♦ ***Hôtels :*** *Hôtel des Deux Rocs (tél. 94.76.87.32), hôtel de charme, 15 chambres (230 à 480 F), restaurant. A Fayence (7,5 km par D 19), Moulin de la Camandoule (tél. 94.76.00.84), hôtel de charme, 11 chambres (420 à 570 F), restaurant* ♦ ***Restaurant :*** *Auberge de Mestre Cornille (tél. 94.76.87.31)* ♦ ***Syndicat d'initiative*** *(tél. 94.76.85.91).*

TOURTOUR
83690 Salernes (Var)

Ce village du Haut-Var s'accroche aux contreforts de la montagne des Espiguières. Il est entouré de nombreuses sources et d'une forêt de pins qui occupe la moitié de la superficie de la commune.

Sa mairie et son bureau de poste sont établis dans les solides tourelles d'un château du Moyen-Âge, son église date du XIIᵉ siècle, et tout le village est inscrit à l'inventaire des sites protégés. Il présente une vaste place centrale où deux impressionnants ormeaux sont plantés depuis 1638, ainsi qu'une pittoresque succession de vieilles rues, de tours, d'escaliers et de fragments d'enceintes. Le village a su préserver son caractère médiéval et la visite est pleine de charme. C'est une localité reposante et admirablement située, à partir de laquelle on peut programmer de vivifiantes excursions. Les visiteurs qui n'auront pas le loisir d'organiser une randonnée, peuvent se rendre près du magnifique panorama que l'on découvre non loin de l'église Saint-Denis, à la sortie sud-est du village. De ce point de vue et par temps clair, ce sont toutes les chaînes des montagnes environnantes que l'on peut contempler : depuis le golfe de Saint-Raphaël jusqu'au mont Ventoux, on identifie successivement le massif des Maures, la Sainte-Baume, la chaîne de l'Étoile, la montagne Sainte-Victoire et le Luberon.

♦ *323 habitants, 635 m d'altitude* ♦ ***Itinéraire d'accès :*** *à 23 km N-O de Draguignan par D 557 et D 77* ♦ ***Aux alentours :*** *la route du Haut-Var* ♦ ***Foires, festivités :*** *marché le mercredi et le samedi matin* ♦ ***Hôtels :*** *La Bastide de Tourtour (tél. 94.70.57.30), 25 chambres (450 à 1200 F), restaurant gastronomique ; Auberge Saint-Pierre (tél. 94.70.57.17), hôtel de charme, 18 chambres (380 à 500 F), restaurant* ♦ ***Restaurant :*** *Les Chênes Verts (tél. 94.70.55.06)* ♦ ***Mairie*** *(tél. 94.70.57.20).*

ANSOUIS
84240 (Vaucluse)

En plein cœur du pays d'Aigues, la seigneurie d'Ansouis occupait au Moyen-Âge un espace idéal pour qui voulait contrôler la route entre Aix-en-Provence et Apt. Aujourd'hui, Ansouis tire sa richesse de son agriculture et du tourisme favorisé par l'attractive présence de son château. Avant de le visiter, on traverse la grande place et les ruelles du village aux maisons joliment restaurées. Les plus anciennes datent des XVe et XVIIe siècles, l'église paroissiale Saint-Martin est encore plus ancienne (bustes reliquaires, panneaux de bois et retable du XVIIe siècle). Ansouis est à la fois une place forte médiévale et une bastide du XVIIe siècle. Le château conserve un donjon et des tourelles de forteresse, des remparts dotés de créneaux et de mâchicoulis. Le grand corps de logis de la façade méridionale a été profondément remanié après les guerres de Religion, conformément au style des hôtels aixois du XVIIe siècle. La visite du château permet d'admirer des tapisseries, des plafonds à caissons, et une cuisine voûtée. On achève l'excursion en admirant les terrasses des jardins du château qui sont remarquablement entretenus et décorés de buis ou de pins maritimes. De là, la vue sur la Sainte-Victoire est superbe.

♦ *538 habitants, 295 m d'altitude* ♦ ***Itinéraire d'accès*** *: à 25 km N d'Aix-en-Provence par A 51 sortie Pertuis et D 56* ♦ ***A voir*** *: Musée Extraordinaire* ♦ ***Aux alentours*** *: l'abbaye de Silvacane* ♦ ***Hôtels*** *: à Cadenet, Mas du Colombier (tél. 90.68.29.00), 15 chambres (230 à 290 F), restaurant ; Domaine de la Lombarde (tél. 90.68.35.90), maison d'hôtes de charme, 3 chambres (280 à 320 F). Au Puy-Sainte-Réparade, Domaine de la Cride (tél. 42.61.96.96), maison d'hôtes de charme, 6 chambres (300 à 700 F)* ♦ ***Restaurant*** *: Le Jardin d'Ansouis (tél. 90.09.89.27), avec chambres* ♦ ***Syndicat d'initiative*** *(tél. 90.09.86.98).*

LE BARROUX
84330 Caromb (Vaucluse)

Entre Carpentras et Vaison-la-Romaine, au lieu exact d'un passage qui permettait de relier le Ventoux et les plaines du comtat Venaissin se trouve Le Barroux. On aperçoit tout d'abord la silhouette d'un solide château qui surplombe le village et les vignobles des alentours. Quatre tours d'angle, d'épaisses murailles crénelées et ceintes d'un chemin de ronde encadrent le donjon qui forme la partie la plus ancienne de ce château édifié au XIIᵉ siècle et embelli pendant la Renaissance. Parfois reliées par une série de calades pentues qui permettent d'emprunter des raccourcis, les rues du village sont distribuées en auréoles concentriques par rapport au château. Le Barroux achève de restaurer ses maisons, les esthétiques les plus diverses coexistent, certains toits ont été transformés en terrasses ; une végétation désordonnée, des maisons en ruines se rencontrent encore en partie haute. Vous pourrez aussi acheter du pain cuit comme autrefois au monastère de Sainte-Madeleine.

♦ *437 habitants, 337 m d'altitude* ♦ ***Itinéraire d'accès :*** *à 12 km N de Carpentras par D 938 et D 78 ; à 33 km N-E d'Avignon par D 942, D 938 et D 78* ♦ ***Aux alentours :*** *Avignon, Vaison-la-Romaine* ♦ ***Foires, festivités :*** *fête votive le 15 août* ♦ ***Hôtel :*** *Les Géraniums (tél. 90.62.41.08), hôtel de charme, 22 chambres (230 F), restaurant* ♦ ***Mairie*** *(tél. 90.62.43.11).*

BONNIEUX
84480 (Vaucluse)

Au sortir de la combe de Lourmarin, à quelques kilomètres d'Apt et à 425 mètres d'altitude, Bonnieux réserve la surprise de sa silhouette en triangle, au sommet de laquelle pointe une église surmontée de grands et très beaux cèdres tricentenaires. Au Moyen-Âge, une triple enceinte de remparts délimitait ce village. Quand on arrive depuis la route de Lacoste et que l'on veut se hisser jusqu'au quartier de l'église haute, la spirale de la route contourne cette succession d'enceintes. Pour aller à pied jusqu'à l'église, on traverse un passage voûté qui permet d'accéder à un escalier de quatre-vingts marches. Depuis le terre-plein de l'ancien cimetière de cette église mi-romane mi-gothique, on découvre la cascade des toits du village, les plaines du Calavon, ainsi que la ligne des crêtes du parc naturel régional.

♦ *385 habitants, 425 m d'altitude* ♦ ***Itinéraire d'accès :*** *à 12 km S-O d'Apt par D 943 et D 232 ; à 26 km O de Cavaillon par D 2, N 100 et D 36* ♦ ***A voir :*** *musée de la Boulangerie* ♦ ***Aux alentours :*** *le pont Julien (an 3 av. J.-C.), le prieuré de Saint-Symphorien dans le vallon de l'Aiguebrun ; visite de la fabrique des carreaux d'Apt* ♦ ***Foires, festivités :*** *marché le vendredi matin* ♦ ***Hôtels :*** *L'Aiguebrun (tél. 90.74.04.14), hôtel de charme, 7 chambres (480 à 500 F), restaurant ; Hostellerie du Prieuré (tél. 90.75.80.78), hôtel de charme, 10 chambres (450 à 490 F), restaurant ; La Bouquière (tél. 90.75.87.17), maison d'hôtes de charme, 4 chambres (285 F)* ♦ ***Restaurants :*** *Le Fournil (tél. 90.75.83.62), L'Auberge de la Loube (tél. 90.74.19.58)* ♦ ***Mairie*** *(tél. 90.75.80.06).*

CRESTET
84110 (Vaucluse)

A l'écart de la route qui relie Malaucène et Vaison-la-Romaine, Crestet est un village à flanc de colline, merveilleusement préservé. Sillonné de ruelles en déclivité ou bien de simples sentiers de chèvre, cette localité offre au voyageur le silence d'une promenade solitaire. Un chemin goudronné conduit directement au sommet du village, soit à 380 mètres d'altitude, tout près des ruines d'un château médiéval. Démantelé sur l'ordre de Louis XIV, abandonné pendant la Révolution, le château servit de carrière de pierre aux habitants de Crestet. Aujourd'hui, la commune regroupe trois cents habitants qui ne bénéficient d'aucun commerce local, le dernier café du village ayant été fermé en 1952. A partir du château, on déambule parmi les ruelles qui conduisent jusqu'à une petite place qui fait face à l'église Saint-Sauveur.

♦ *300 habitants, 380 m d'altitude* ♦ ***Itinéraire d'accès :*** *à 6,5 km S de Vaison-la-Romaine par D 938 et D 238 ; à 18 km N de Carpentras par D 938 et D 76* ♦ ***Aux alentours :*** *Vaison-la-Romaine* ♦ ***Hôtels :*** *à Vaison-la-Romaine, Hostellerie Le Beffroi (tél. 90.36.04.71), hôtel de charme, 21 chambres (400 à 550 F), restaurant. A Entrechaux (6 km E par D 54), Hostellerie La Manescale (tél. 90.46.03.80), hôtel de charme, 6 chambres (275 à 550 F), restaurant* ♦ ***Restaurants :*** *La Garenne (tél. 90.36.05.01), La Loupiote (tél. 90.36.29.50).*

GORDES
84220 (Vaucluse)

Magnifique village perché, Gordes étage ses maisons de la base jusqu'au sommet d'une falaise escarpée. Gordes avait, dès le XIe siècle, son château et son seigneur en la personne de Bernard de Gordes. Témoin de cette époque médiévale, une vieille demeure du XIIIe siècle présente une vaste salle rectangulaire comportant des voûtes d'arêtes et des piliers-colonnes. Cette bâtisse sert aujourd'hui de musée municipal. Quant au château médiéval, il a été remplacé au XVIe siècle par un château de style Renaissance qui, après avoir été la propriété de la famille des Simiane, échut jusqu'à la Révolution aux princes de Condé. La balade le long des rues en calade, coupées d'escaliers et bordées de maisons anciennes bien rénovées est très pittoresque. Des rues en surplomb offrent des points de vue magnifiques sur toute la vallée. Pendant les années 50, Gordes a connu une seconde jeunesse. Parmi ses nouveaux occupants figuraient de nombreux artistes, dont Marc Chagall, et, plus récemment, Jean Degottex.

♦ *1607 habitants, 373 m d'altitude* ♦ ***Itinéraire d'accès :*** *à 17 km N-E de Cavaillon par D 2* ♦ ***Aux alentours :*** *le village Noir, le village des Bories, l'abbaye de Sénanque (XIIe siècle)* ♦ ***Foires, festivités :*** *marché aux fleurs en avril, festival de musique et théâtre en juillet-août ; marché le mardi matin* ♦ ***Hôtels :*** *Hôtel La Gacholle (tél. 90.72.01.36), hôtel de charme, 11 chambres (470 à 760 F), restaurant. Aux Beaumettes, Domaine Le Moulin Blanc (tél. 90.72.34.50), hôtel de charme, 18 chambres (480 à 930 F), restaurant.* ♦ ***Restaurants :*** *Le Bistrot à Michel (tél. 90.76.82.08), Le Comptoir du Victuaillier (tél. 90.72.01.31)* ♦ ***Syndicat d'initiative*** *(tél. 90.72.02.75).*

LACOSTE
84480 (Vaucluse)

Situé à quinze kilomètres d'Apt, le village de Lacoste fait face à Bonnieux. Avec les gradins de ses maisons, certaines du XVe siècle, ses vestiges de fortifications, son beffroi à campanile du XVIIIe siècle et ses ruelles caladées, il constitue une excellente entrée en matière pour les piétons désireux d'approcher son pôle d'attraction majeur : l'ancien château du marquis de Sade qui fut terriblement dégradé après la Révolution, et dont un mécène opiniâtre relève progressivement les ruines. De nombreux "passants considérables" ont hanté les parages de Lacoste. Entre autres, André Breton et Gilbert Lely qui vécut là au milieu des années 40 et qui devint le biographe majeur du "divin marquis" ; et puis l'un des derniers peintres surréalistes, décédé à la fin des années 80, Jacques Hérold, pour qui Lacoste fut un domicile permanent. On peut visiter les grandes carrières de pierres proches du château. A voir également du côté de la ferme du Pin, les sculptures naïves de Malachier, l'ancien meunier de Lacoste.

♦ *360 habitants, 330 m d'altitude* ♦ *Itinéraire d'accès : à 15 km S-O d'Apt par N 100 et D 108 ; à 21 km de Cavaillon par D 2, N 100 et D 106* ♦ *Aux alentours : l'ancienne abbaye Saint-Hilaire, chapelle du XIIe et du XIIIe siècle (2 km O par D 109)* ♦ *Hôtels : Relais du Procureur (tél. 90.75.82.28), maison d'hôtes de charme, 6 chambres (450 à 470 F) ; Bonne Terre (tél. 90.75.85.53), maison d'hôtes de charme, 6 chambres (300 à 420 F). A Bonnieux (6 km O par D 109), Hostellerie du Prieuré (tél. 90.75.80.78), hôtel de charme, 10 chambres (450 à 490 F), restaurant ; L'Aiguebrun (tél. 90.74.04.14), hôtel de charme, 7 chambres (480 à 500 F), restaurant. A Ménerbes (6 km E par D 109), Le Roy Soleil (tél. 90.72.25.61), 14 chambres (380 à 780 F)* ♦ *Mairie (tél. 90.75.82.04).*

LOURMARIN
84160 Cadenet (Vaucluse)

Lourmarin n'était occupé au XIIᵉ siècle que par deux communautés de moines bénédictins. Peuplé plus tard de colons vaudois protestants venus du Piémont, le village (ainsi que d'autres villages environnants) fut massacré en 1545 sur ordre de François Iᵉʳ·

Bâti sur une butte située en retrait du village, le château de Lourmarin comporte une partie médiévale et un corps de bâtiment Renaissance, de 1543. Progressivement abandonnée par ses seigneurs, cette demeure finit par devenir un lieu de séjour pour les gitans qui partaient en pèlerinage pour les Saintes-Maries-de-la-Mer. En 1920, un industriel lyonnais Robert Laurent Vuibert racheta et restaura ce château, avant de le transformer en une fondation culturelle, dont Henri Bosco fut le conservateur. Le village rassemble de vieilles maisons, une église catholique ainsi qu'un temple protestant, achevé au début du XIXᵉ siècle. Pendant les dernières années de sa vie, Albert Camus avait élu domicile à Lourmarin. Il fut inhumé au cimetière du village, en 1960.

♦ *858 habitants, 220 m d'altitude* ♦ ***Itinéraire d'accès** : à 38 km N-O d'Aix-en-Provence par A 51 sortie Pertuis, D 556, D 973 - Cadenet et D 943* ♦ ***A voir** : musée Philippe de Girard* ♦ ***Aux alentours** : l'abbaye de Silvacane (cloître du XIIIᵉ siècle), le château d'Ansouis* ♦ ***Foires, festivités** : marché le vendredi matin ; Rencontres Méditerranéennes (littérature et théâtre) en août ;* ♦ ***Hôtels** : Hôtel de Guilles (tél. 90.68.30.55), 28 chambres (330 à 520 F), restaurant ; Le Moulin de Lourmarin (tél. 90.68.06.69), 19 chambres (460 à 650 F), restaurant ; Domaine de la Lombarde (tél. 90.68.35.90), maison d'hôtes de charme, 3 chambres (280 à 320 F) ; Villa Saint Louis (tél. 90.68.39.18), maison d'hôtes de charme, 5 chambres (250 à 300 F). A Lauris (4,5 km S-O par D 27), La Chaumière (tél. 90.08.20.25), 15 chambres (320 à 420 F), restaurant* ♦ ***Restaurants** : La Fenière (tél. 90.68.11.79), Ollier (tél. 90.68.02.03)* ♦ ***Syndicat d'initiative** (tél. 90.68.10.77).*

MENERBES
84560 (Vaucluse)

Tous ceux qui découvrent la forme allongée de ce village établi sur la surface étroite d'un promontoire rocheux, situé à 230 mètres d'altitude, évoquent pour le décrire la silhouette d'un vaisseau de pierre. Place forte de la résistance calviniste, son château résista pendant quinze mois au siège des troupes catholiques. Aujourd'hui, cet édifice devenu demeure privée conserve une partie de son système de défense, notamment deux tours d'angle, des mâchicoulis et une portion de chemin de ronde. La traversée du village permet de visiter l'église de l'Assomption construite au XIVe siècle ; on aperçoit l'ancienne mairie avec son beffroi proche d'un campanile et puis de belles maisons qui remontent aux XVIe et XVIIe siècles. Quand on arrive au bout du promontoire, la vue permet de contempler Gordes et Roussillon, le mont Ventoux, les plateaux du Vaucluse et du Luberon.

♦ *1030 habitants, 230 m d'altitude* ♦ ***Itinéraire d'accès :*** *à 16 km E de Cavaillon par D 2, N 100 et D 103 ; à 20 km S-O d'Apt par N 100 et D 218* ♦ ***Aux alentours :*** *abbaye de Saint-Hilaire (3 km O par D 109)* ♦ ***Foires, festivités :*** *fête votive de la Saint-Louis en août, foire aux chevaux le 2e dimanche de juin* ♦ ***Hôtel :*** *Hostellerie Le Roy Soleil (tél. 90.72.25.61), 14 chambres (380 à 780 F), restaurant* ♦ ***Mairie*** *(tél. 90.72.22.05) -* ***Syndicat d'initiative*** *(tél. 90.75.91.90).*

OPPEDE-LE-VIEUX
84580 (Vaucluse)

Ce village est accroché à plus de 300 mètres d'altitude, sur le versant nord de la chaîne du Luberon. Pendant que les paysans délaissaient ses maisons afin de se fixer en plaine, plus près de leurs cultures, des artistes, des intellectuels et des amoureux de ce village sauvage et fier, ont restauré ce qui pouvait être sauvé. La partie haute et fortifiée d'Oppède comporte au sommet de sa pente une église romane dotée d'un clocher polygonal, ainsi que les ruines d'un château fort à l'intérieur duquel les arbres et le lierre ont pris racine. Rendu célèbre par l'un de ses seigneurs de fâcheuse mémoire (Jean-Baptiste Maynier d'Oppède, auteur de la sauvage répression des Vaudois), ce château occupait une place éminemment stratégique : les flancs de ses fortifications donnent sur le vide des ravins. Le village a gardé son aspect fier et sauvage.

♦ *1015 habitants, 350 m d'altitude* ♦ ***Itinéraire d'accès :*** *à 11 km E de Cavaillon par D 2, D 29 et D 178 ; à 24 km S-O d'Apt par N 100, D 29 et D 178* ♦ ***Aux alentours :*** *le parc naturel régional du Luberon, Apt* ♦ ***Foires, festivités :*** *fête de la Saint-Laurent le 10 août ; marché le samedi matin* ♦ ***Hôtels :*** *Mas des Capelans (tél. 90.76.99.04), maison d'hôtes de charme, 8 chambres (400 à 600 F), restaurant. Aux Beaumettes (4,5 km N-E par D 29), Domaine Le Moulin Blanc (tél. 90.72.34.50), hôtel de charme, 18 chambres (480 à 930 F), restaurant. Sur la route d'Apt (17 km par D 29 et N 100), Relais de Roquefure (tél. 90.04.88.88), 15 chambres (160 à 260 F), restaurant* ♦ ***Mairie*** *(tél. 90.76.90.06).*

ROUSSILLON
84220 Gordes (Vaucluse)

Ce village est célèbre dans le monde entier. A cause des dix-huit nuances d'ocre rouge de son vallon des Fées, à cause du relief tourmenté des falaises de ses anciennes carrières que l'érosion et le mistral continuent de raviner. Samuel Beckett vécut là-bas en réfugié pendant deux années, durant la dernière guerre mondiale. Cet épisode de sa vie est confirmé par un passage d' *En attendant Godot* : "Nous avons fait les vendanges, tiens, tiens, chez un nommé Bonnelly, à Roussillon... Là-bas, tout est rouge !". Sous le beffroi de la tour de l'Horloge, un passage voûté permet d'entrer dans la partie ancienne du village : la promenade est vraiment belle. Presque toutes les maisons sont restaurées et leur façades présentent toute la palette des tons d'ocre. Les terrasses des cafés et des restaurants permettent de s'attarder dans ce village magique, où l'on peut également visiter une église romane restaurée au XVIᵉ siècle.

♦ *1313 habitants, 343 m d'altitude* ♦ ***Itinéraire d'accès :*** *à 48 km E d'Avignon par N 100 et D 104 ; à 10 km N-O d'Apt par N 100, D 201, D 4 et D 104* ♦ ***Aux alentours :*** *La Chaussée des Géants* ♦ ***Foires, festivités :*** *grand feu, bal masqué et marché artisanal pour la Saint-Jean le 24 juin ; bal et dîner champêtre pour la Saint-Michel le 29 septembre ; marché le mercredi matin* ♦ ***Hôtels :*** *Le Mas de Garrigon (tél. 90.05.63.22), hôtel de charme, 8 chambres (700 F), restaurant ; Résidence des Ocres (tél. 90.05.60.50), 16 chambres (200 à 260 F)* ♦ ***Restaurants :*** *Le Val des Fées (tél. 90.05.64.99), La Tarasque (tél. 90.05.63.86), David (tél. 90.05.60.13)* ♦ ***Syndicat d'initiative*** *(tél. 90.05.60.25).*

SEGURET
84110 Vaison-la-Romaine (Vaucluse)

L'étymologie l'affirme, Séguret est avant tout un lieu sûr. Ce village, qui compte un peu plus de 700 habitants, est structuré horizontalement, au pied des falaises abruptes d'une colline où subsistent les murailles éboulées d'un château fort. Les remparts du village, qui délimitent trois rues parallèles sont, par contre, assez bien conservés. Dans cette région où l'on cultivait le ver à soie, le vignoble est fertile : Gigondas et Beaumes-de-Venise ne sont pas loin. On pénètre en zone piétonne par une porte voûtée, la porte Reynier. Avec leurs caves de dégustation et leurs boutiques de santons, les rues de Séguret forment un agréable lieu de promenade. Les maisons, aux belles façades abondamment fleuries, bordent des ruelles et de petites places pavées. Deux ou trois parcours – en particulier par la rue du Château-Fort qui fait plusieurs coudes au milieu des maisons – permettent d'accéder jusqu'à l'église romane, située sur la dernière esplanade du village.

♦ *714 habitants, 250 m d'altitude* ♦ ***Itinéraire d'accès :*** *à 10 km S de Vaison-la-Romaine par D 977 et D 88* ♦ ***Aux alentours :*** *le vignoble (Gigondas, Beaumes-de-Venise)* ♦ ***Foires, festivités :*** *festival provençal le 3ᵉ dimanche d'août, expositions de crèches et de santons en décembre-janvier* ♦ ***Hôtels :*** *Domaine de Cabasse (tél. 90.46.91.12), 10 chambres (470 F en demi-pension), restaurant ; La Table du Comtat (tél. 90.46.91.49), 8 chambres (450 à 600 F), restaurant* ♦ ***Mairie*** *(tél. 90.46.91.06)* **- Syndicat d'initiative** *(tél. 90.36.02.11).*

VENASQUE
84210 Pernes-les-Fontaines (Vaucluse)

Pour découvrir Venasque, il faut venir de Carpentras ou bien, si l'on passe par Gordes, franchir la vallée qui abrite l'abbaye et les lavandes de Sénanque, emprunter les lacets d'un défilé étroit et montueux. Ce village de structure médiévale conserve des restes de tours et de remparts. Ses maisons et ses vestiges présentent une grande unité : c'est presque toujours le même matériau qui a permis leur construction. Pendant les périodes troublées du haut Moyen-Âge, les évêques de Carpentras se repliaient dans cette localité. L'église Notre-Dame, qui surplombe la vallée de la Nesque, additionne plusieurs styles : une nef et un chœur romans, des chapelles des XVIIe et XVIIIe siècles. Elle est reliée à un ancien baptistère en forme de croix, dont certains vestiges ont longtemps fait penser à un édifice carolingien : en fait cette chapelle daterait du début du XIe siècle. Les querelles d'archéologues ne vous empêcheront pas d'aller visiter les grottes, les bories et d'effectuer d'agréables randonnées pédestres dans les environs.

♦ *656 habitants, 310 m d'altitude* ♦ ***Itinéraire d'accès :*** *à 11 km S-E de Carpentras par D 4* ♦ ***Aux alentours :*** *la chapelle Notre-Dame-de-Vie (XVIIe siècle), la forêt de Venasque, le col de Murs* ♦ ***Foires, festivités :*** *fête votive le 15 août* ♦ ***Hôtels :*** *La Maison aux Volets Bleus (tél. 90.66.03.04), maison d'hôtes de charme, 5 chambres (260 à 330 F) ; Auberge de la Fontaine (tél. 90.66.02.96), hôtel de charme, 5 appartements (690 à 790 F), restaurant* ♦ ***Restaurant :*** *Le Mesclun (tél. 90.46.93.43)* ♦ ***Syndicat d'initiative*** *(tél. 90.66.11.66).*

PIANA
20115 (Corse-du-Sud)

Le village de Piana est situé en surplomb sur le golfe de Porto, à proximité d'un lieu exceptionnel : les "calanche", calanques d'une beauté somptueuse mariant le bleu de la mer à tous les tons de roses et de rouges des falaises de granit. C'est un site classé d'intérêt mondial par l'Unesco, et d'ailleurs il est entièrement protégé.

L'origine du village remonte à 1725. Il est dominé par son église bâtie dans le style italien à la fin du XVIIIe siècle ; elle est agrémentée d'un très joli campanile. La promenade dans les ruelles étroites, bordées de maisons typiquement corses est vraiment agréable.

Partant de Piana, de nombreux circuits pédestres proposent de magnifiques randonnées dans tout le massif.

♦ *511 habitants, 438 m d'altitude* ♦ ***Itinéraire d'accès :*** *à 12 km S-O de Porto par D 81 ; à 71 km N d'Ajaccio par N 194 et D 81* ♦ ***Aux alentours :*** *nombreux sentiers de randonnée : circuit du Capu d'Ortu, de Mizzanu, de Palani* ♦ ***Foires, festivités :*** *fête patronale le 15 août avec procession à travers les rues du village* ♦ ***Hôtels :*** *Les Roches Rouges (tél. 95.27.81.81), hôtel de charme, 30 chambres (250 F), restaurant ; Hôtel Capo Rosso (tél. 95.27.82.40), 57 chambres (350 à 600 F), restaurant* ♦ ***Mairie*** *(tél. 95.27.80.28).*

NONZA
20217 Saint-Florent (Haute-Corse)

Lorsque l'on découvre le village de Nonza, perché sur son rocher, dominant la mer avec fierté, on a le souffle coupé ! Il est là depuis le Moyen-Âge, serré autour de son église, protégé par la vieille tour édifiée en 1550, défiant le temps et les hommes. Les maisons aux toits de lauzes, de couleur gris délavé, bordent des ruelles pentues et s'agrippent jusqu'au rebord de la vertigineuse paroi en à-pic sur la mer.

Il faut visiter l'église, dont l'autel baroque du XVIIe siècle et les orgues sont classés, aller voir les ruines de l'ancien couvent des Franciscains et surtout grimper jusqu'à la tour pour profiter du superbe panorama sur le golfe de Saint-Florent.

Au pied de la falaise, une grande plage de sable noir fait un étonnant contraste avec le bleu du ciel, le rocher, la végétation et le petit village perché tout en haut.

C'est à Nonza qu'est née sainte Julie, la patronne de la Corse.

♦ *68 habitants, 152 m d'altitude* ♦ ***Itinéraire d'accès :*** *à 20 km N de Saint-Florent par la D 81 et D 80, à 71 km N-E de Calvi par la N 197, D 81 et D 80* ♦ ***Aux alentours :*** *de ravissants hameaux et villages tout au long de la D 80 ; le petit port de Saint-Florent* ♦ ***Foires, festivités :*** *pèlerinage de Sainte-Julie le 22 mai* ♦ ***Hôtels :*** *à Saint-Florent, Hôtel Tettola (tél. 95.37.08.53), 31 chambres (380 à 500 F) ; Dolce Notte (tél. 95.37.06.65), 25 chambres (320 à 460 F) ; Motel Treperi (tél. 95.37.02.75), 14 chambres (150 à 380 F)* ♦ ***Restaurant :*** *Auberge Patrizzi.*

SANT'ANTONINO
20220 L'Ile-Rousse (Haute-Corse)

Le village de Sant'Antonino, l'un des plus haut de Balagne, est perché sur un piton de granit à près de 500 mètres d'altitude.

L'origine du village remonterait au IXe siècle, d'après la légende d'Ugo Colonna et de ses compagnons. A cette époque apparaissent en Balagne des "castra" qui, situées sur des points stratégiques, permettaient à leurs occupants de surveiller les vallées.

Aujourd'hui, le village a gardé son aspect d'acropole en nid d'aigle. Ses maisons de granit se confondent avec le rocher. Massives, elles s'élèvent en hauteur pour compenser le manque d'espace au sol. Les rues sont étroites, entrecoupées de passages voûtés et d'escaliers. Un peu en contrebas, la petite église paroissiale, toute simple, possède un clocher à trois étages.

Le village a été restauré peu à peu, les toitures ont été réparées, les murs relevés, les maisons rénovées ; mais Sant'Antonino a su garder son charme sauvage et rustique.

Depuis le haut du village, la vue sur la vallée du Regino, sur la Balagne et sur la mer est superbe.

♦ *70 habitants, 497 m d'altitude* ♦ ***Itinéraire d'accès :*** *à 15 km S-O de L'Ile-Rousse par D 513, D 151 et D 413* ♦ ***Aux alentours :*** *la Balagne, nombreux sentiers de randonnée* ♦ ***Foires, festivités :*** *fête de la Madone des Grâces le 2 juillet, fête de la Saint-Antonin le 17 novembre* ♦ ***Hôtel :*** *à L'Ile-Rousse, la Bergerie (tél. 95.60.01.28), hôtel de charme, 18 chambres (250 à 410 F), restaurant* ♦ ***Restaurant :*** *A la Taverne ; Chez Antonin ; Restaurant Bellevue* ♦ ***Mairie*** *(tél. 95.61.78.38).*

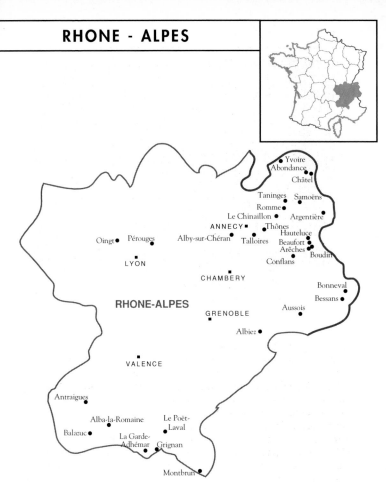

Terre d'émigration, jusqu'au début du siècle, la région Rhône-Alpes est maintenant un pôle d'attraction pour une population venue des quatre coins de la France attirée par le dynamisme et l'attrait du cadre de vie de ses départements. Les villages et l'habitat anciens ont été fortement affectés par ces transformations, mais il serait exagéré de dire que le village d'autrefois, défiguré, est en voie de disparition. Il est temps d'en sauver et d'en admirer les vestiges intacts qui subsistent, dans leur charme authentique.

Les villages sont un étonnant patrimoine et un conservatoire où chacun trouve un plaisir toujours renouvelé. Le fervent du passé y déchiffre les traits de l'archéologie du paysage et le touriste s'enchante de la subtile harmonie avec laquelle la demeure des hommes s'intègre au milieu environnant. Ces valeurs sont, heureusement, de plus en plus perçues et la préservation de l'architecture rurale devient la préoccupation des administrateurs et des habitants.

PEROUGES
01800 Meximieux (Ain)

Déployée sur une colline, encerclée de remparts, Pérouges offre une vision magnifique. La cité aurait été fondée, avant l'occupation romaine, par une colonie venue de Perugia en Italie. Au début du Moyen-Âge, la ville subit les assauts des souverains du Dauphiné et des princes de Savoie. Puis, en 1601, elle devient française, connaît la paix et démantèle sa forteresse. Pérouges est riche et active ; de nombreux tisserands y prospèrent.

Au début du XIXe siècle, la ville, isolée, est en plein déclin. Les habitants détruisent une partie des maisons anciennes. Le massacre est heureusement arrêté en 1911 grâce à la création du Comité du Vieux Pérouges : des artistes, des notables et l'administration des beaux-arts participent à l'effort de sauvetage et de reconstruction.

Aujourd'hui, ses vieilles maisons, la plupart du XVe et du XVIe siècle, bordent des rues étroites, inégalement pavées. Elles forment un ensemble unique et exceptionnel. Il faut voir la place de la Halle, entourée de superbes maisons, notamment l'Hostellerie de Pérouges du XIIIe siècle, la rue des Princes (c'était la rue commerçante de la ville), la rue des Rondes, la porte d'En-Haut avec sa lourde porte cloutée. Pittoresque cité, Pérouges ne pourra que vous séduire. Sachez encore que le célèbre grammairien Vaugelas naquit dans la ville en 1585.

♦ *658 habitants, 300 m d'altitude* ♦ ***Itinéraire d'accès :*** *à 34 km N-E de Lyon par N 84 et D 4, ou A 42, D 65ᴮ et D 4* ♦ ***A voir :*** *musée du Vieux Pérouges (histoire et archéologie locales)* ♦ ***Foires, festivités :*** *foire à la brocante le 1ᵉʳ mai* ♦ ***Hôtel :*** *Hostellerie du Vieux Pérouges (tél. 74.61.00.88), hôtel de charme, 28 chambres (450 à 850 F), restaurant* ♦ ***Mairie*** *(tél. 74.61.01.58) -* ***Syndicat d'initiative*** *(tél. 74.61.01.19).*

ALBA-LA-ROMAINE
07400 (Ardèche)

"Alba Augusta Helviorum", capitale des Helviens, était une belle cité gallo-romaine qui connut ses plus riches heures sous Auguste. On peut encore voir au pied de l'actuel village, sur la rive gauche de l'Escoutay, de nombreux vestiges : les thermes, le forum, le théâtre, etc. Puis, entre le Ve et le VIe siècle, la ville disparaît peu à peu, pour renaître au Xe siècle sous l'impulsion des seigneurs d'Aps. C'est alors un nouveau village fortifié qui se construit.

Aujourd'hui, depuis la mise à jour en 1964 des premiers éléments gallo-romains, Alba-la-Romaine connaît un regain d'activité. Constitué de deux hameaux, Alba et La Roche distants de 500 mètres, la petite agglomération s'étend au pied d'un piton volcanique, ce qui explique la couleur noire des murs des maisons. Il faut arpenter à pied les petites rues pavées de basalte, qui ont gardé tout le charme pittoresque de l'époque médiévale : passages voûtés, petites places, maisons souvent agrémentées d'escaliers extérieurs, de terrasses ou de jolies portes, tout contribue au plaisir de la promenade. Pour finir, on peut aller voir les expositions de peinture organisées au château (XIIe-XVIe siècle) qui domine le village et la rivière.

♦ *403 habitants, 200 m d'altitude* ♦ ***Itinéraire d'accès :*** *à 16 km O de Montélimar par N 102* ♦ ***A voir :*** *la Chapelle de la Roche (XVIIe siècle)* ♦ ***Aux alentours :*** *le ravissant village de Saint-Thomé* ♦ ***Hôtel :*** *Le Jeu du Mail (tél. 75.52.41.59), maison d'hôtes de charme, 3 chambres et une suite (190 à 450 F)* ♦ ***Mairie*** *(tél. 75.52.43.52).*

ANTRAIGUES
07530 (Ardèche)

L'éruption de deux volcans est à l'origine du rocher de basalte qui sert de piédestal à Antraigues, et donne au village sa position dominante (470 mètres d'altitude). C'est au détour d'une petite route sinueuse qu'il vous apparaîtra dans toute sa splendeur. Nous sommes ici en pleine Cévenne Ardéchoise. Les eaux de la Volane (que l'on peut descendre l'hiver en kayak), de la Bise et du Mas se rencontrent là, un peu plus bas. Les restes du château nous rappellent l'importance passée du village, ancien fief des comtes d'Antraigues, dont un descendant, Emmanuel de Launay, défraya la chronique politique de la Révolution et de l'Empire. Tout comme le château, les murs des maisons sont en granit. Les tuiles canal et les ruelles escarpées donnent à l'endroit un parfum du Sud. Enfin, la jolie place avec sa fontaine et surtout les activités variées font d'Antraigues un lieu plein de vie : restaurants, marché aux puces, foire à la brocante, marché aux châtaignes, mais aussi de nombreuses possibilités sportives.

♦ *523 habitants, 470 m d'altitude* ♦ ***Itinéraire d'accès :*** *à 14 km N d'Aubenas par D 104 et D 578 ; à 42 km O de Privas par N 104, D 122 et D 218* ♦ ***Aux alentours :*** *la vallée de la Volane ; les villages de Mézilhac (15 km N par D 578) et de Burzet (17 km O par D 254) ; la cascade du Ray-Pic (D 215)* ♦ ***Hôtel :*** *à Vals-les-Bains (7 km par D 578), Grand Hôtel des Bains (tél. 75.94.65.55), 55 chambres (270 à 510 F), restaurant ; le Vivarais (tél. 75.94.65.85), 40 chambres (285 à 420 F), restaurant* ♦ ***Restaurants :*** *La Remise (tél. 75.38.70.74), La Brasucade (tél. 75.38.72.92), Lo Podello (tél. 75.38.71.48)* ♦ ***Syndicat d'initiative*** *(tél. 75.38.70.33).*

BALAZUC
07120 Ruoms (Ardèche)

Depuis les bords de l'Ardèche, Balazuc apparaît accroché à la roche calcaire de la falaise. Il faut rejoindre la rive opposée pour avoir le recul suffisant, et découvrir ce superbe village dans son ensemble. Balazuc fut occupé aux VIIIe et IXe siècles par les Maures, mais son architecture actuelle se compose d'éléments allant du XIIIe au XVIIIe siècle. Autrefois protégées par des fortifications, les maisons se sont groupées autour du château féodal plusieurs fois remanié, mais conservant néanmoins une portion de tour du Xe siècle. A côté, une église romane dresse son clocher à arcades surmonté d'un clocheton. Pour la rejoindre, il faudra suivre des petites rues tortueuses et escarpées, bordées par endroits d'anciennes échoppes d'artisans. Merveilleux cheminement où se succèdent arcs boutants, passages voûtés, portions d'escaliers... Après le pont, au pied du village, on peut aller jusqu'au hameau du Vieil Audon, actuellement reconstruit et restauré par une association.

♦ *218 habitants, 170 m d'altitude* ♦ ***Itinéraire d'accès :*** *à 14 km S d'Aubenas par D 104 et D 294* ♦ ***Aux alentours :*** *les gorges de la Ligne, les gorges de La Beaume, le village de Labeaume (par D 294, D 104, D 4 et D 245)* ♦ ***Foires, festivités :*** *fête du village le 14 juillet et le 3e week-end de juillet* ♦ ***Hôtels :*** *à Joyeuse (10 km S-O par D 294 et D 104), Les Cèdres (tél. 75.39.40.60), 40 chambres (219 à 270 F), restaurant ; La "Fu-Mad" (tél. 75.39.42.41), maison d'hôtes de charme, 4 chambres (250 F). A Ruoms (11 km S par D 579), Le Savel (tél. 75.39.60.02), 16 chambres (210 à 260 F), restaurant. A Rocher (12 km N-O par D 294, D 104 et D 5), Le Chêne Vert (tél. 75.88.34.02), 27 chambres (130 à 270 F), restaurant* ♦ ***Mairie*** *(tél. 75.37.75.08).*

LA GARDE-ADHEMAR
26700 Pierrelatte (Drôme)

Le village perché de la Garde-Adhémar domine la vallée du Rhône et permet d'embrasser un magnifique paysage fermé au loin par les monts du Vivarais. Souvent très anciennes, les maisons sont alignées le long de charmantes ruelles pavées. En les suivant, la découverte du village se fait peu à peu et il n'est pas rare de voir, à la faveur d'une porte entrouverte, quelque belle cour intérieure. La rue principale emprunte les anciens remparts, dont il ne reste que la porte Nord, et permet de voir les vestiges d'un château Renaissance bâti par Antoine Escalin, baron de la Garde. Au bord de la falaise se dresse une exceptionnelle église romane avec son clocher à deux étages octogonaux. En contrebas se trouve un ravissant jardin aromatique où 175 variétés régionales sont répertoriées. Non loin, la chapelle des Pénitents faisait jadis partie intégrante du château féodal ; elle doit son nom à la confrérie des Pénitents Blancs qui s'y réunissait au XVIIIe siècle. A l'intérieur, une fresque datée de 1710 représente deux pénitents agenouillés.

♦ *1077 habitants, 210 m d'altitude* ♦ ***Itinéraire d'accès :*** *à 23 km S de Montélimar par N 7 - Donzère, D 541 et D 572* ♦ ***A voir :*** *le jardin (plantes aromatiques)* ♦ ***Aux alentours :*** *la chapelle du Val des Nymphes (2 km O)* ♦ ***Foires, festivités :*** *fête du miel fin juin ; festival de jazz fin juin ; messe de minuit provençale le 24 décembre ; marché à Donzère (6 km N-O) le samedi* ♦ ***Hôtels :*** *à Donzère (6 km N-O), Le Mas des Sources (tél. 75.51.74.18), 6 chambres (450 à 650 F), restaurant ; L'Escalin (tél. 75.04.41.32), 6 chambres (120 à 200 F), restaurant. A Valaurie (7,5 km N-E), Valle Aurea (tél. 75.98.56.40), hôtel de charme, 4 chambres (370 F), restaurant. A Saint-Restitut (8 km S), Auberge des Quatre-Saisons (tél. 75.04.71.88), hôtel de charme, 10 chambres (350 à 460 F), restaurant* ♦ ***Mairie*** *(tél. 75.04.41.09) -* ***Syndicat d'initiative*** *(tél. 75.04.40.10).*

GRIGNAN
26230 (Drôme)

Grignan est un ravissant village de la Drôme provençale, avec de jolies maisons en cascade, des ruelles escarpées et surtout un superbe château des XVIe et XVIIe siècles, l'un des plus beaux exemples de la Renaissance française dans le Sud-Est. Le château et le village sont d'autant plus célèbres qu'ils furent le lieu de séjour privilégié de Madame de Sévigné, lorsqu'elle venait voir sa fille, la comtesse de Grignan. L'intérieur du château, superbement meublé, mérite absolument d'être visité. Ensuite, vous pourrez admirer de la terrasse une vue splendide : au loin le mont Ventoux, les dentelles de Montmirail et les Alpilles au sud-ouest. Le village est charmant et animé, de nombreuses boutiques proposent du miel, de la lavande, tous les produits de la région. Mais ne partez pas sans admirer l'ancienne porte de ville (XIIe siècle) transformée en beffroi au XVIIe siècle, et l'église du XVIe siècle dans laquelle se trouve le tombeau de Madame de Sévigné.

♦ *1147 habitants, 175 m d'altitude* ♦ ***Itinéraire d'accès :*** *à 33 km S-E de Montélimar par N 7, D 133 et D 541* ♦ ***A voir :*** *musée Faure Cabrol, au château (mobilier du XVIIe au XIXe siècle, tapisseries d'Aubusson) ; Centre d'art contemporain (collection de photographies)* ♦ ***Aux alentours :*** *les villages de Taulignan (7 km N-E), Valaurie (8 km O) et Salles-sous-Bois (5 km N)* ♦ ***Foires, festivités :*** *marché le mardi ; festival de musique de chambre, de février à mai ; fêtes nocturnes au château en juillet, août et septembre* ♦ ***Hôtels :*** *Manoir La Roseraie (tél. 75.46.91.55), hôtel de charme, 12 chambres (500 à 900 F), restaurant. A Valaurie (8 km O par D 541), Valle Aurea (tél. 75.98.56.40), hôtel de charme, 4 chambres (290 à 370 F), restaurant* ♦ ***Restaurant :*** *Relais de Grignan (tél. 75.46.57.22)* ♦ ***Syndicat d'initiative*** *(tél. 75.46.56.75).*

MONTBRUN-LES-BAINS
26570 (Drôme)

Le vieux village médiéval de Montbrun domine une petite plaine fertile semée de lavandes, cernée au loin de montagnes.

Tassées les unes contre les autres, les vieilles maisons ont gagné en hauteur la place qu'elles n'avaient pas au sol. Les rues convergent vers l'église du XIIᵉ siècle qui est intégrée aux anciens remparts ; à l'intérieur se trouve un très beau retable de Bernus et de remarquables tableaux. Plus haut encore, quatre tours rondes sont les seuls vestiges du château construit au XVIᵉ siècle par Charles Dupuy-Montbrun. Puissamment fortifié, ce château alliait l'élégance de la Renaissance à l'architecture militaire. Ce ne sont pas les guerres de Religion qui l'abattirent, mais la Révolution de 1789. La partie haute du village est plus pittoresque ; il faut admirer la place de l'Horloge, en terrasses, avec sa tour (XIVᵉ siècle) surmontée d'un campanile ; c'était un ouvrage défensif, l'une des quatre portes de l'ancien bourg. Par sa situation haut perchée, Montbrun offre de multiples points de vue sur la plaine et l'austère mont Ventoux. Le village a remis en exploitation les thermes alimentés par deux sources d'eaux sulfureuses.

♦ *523 habitants, 610 m d'altitude* ♦ ***Itinéraire d'accès :*** *à 55 km N-E de Carpentras par D 938, D 13, D 5 et D 72* ♦ ***Aux alentours :*** *les villages de Reilhanette (1 km S), Séderon (16 km N-E)* ♦ ***Foires, festivités :*** *marché provençal le samedi, foire à la lavande en octobre* ♦ ***Hôtels :*** *à Aurel (7 km S par D 942), Relais du Ventoux (tél. 90.64.00.62), 14 chambres (125 à 170 F), restaurant. A Sault (12 km S par D 942), Hostellerie du Deffends (tél. 90.64.01.41), 10 chambres (320 F), restaurant* ♦ ***Mairie*** *(tél. 75.28.80.42) -* ***Syndicat d'initiative*** *(tél. 75.28.82.49).*

LE POËT-LAVAL
26160 La Bégude-de-Mazenc (Drôme)

"Pogetum Vallis", nom latin de Poët-Laval, signifie "le mont dans la vallée". Une ravissante vallée où le blé alterne avec la lavande, le long de la petite rivière du Jabron. Le village domine fièrement ce paysage provençal ; il fut édifié au XIIe siècle, autour du château et de la chapelle Saint-Jean, et ceint de murailles directement bâties sur le rocher. Le village abrita une très importante commanderie de Saint-Jean-de-Jérusalem.

La plupart des maisons datent de la fin du XVe siècle quand, grâce à la puissance grandissante des chevaliers de l'Ordre, Poët-Laval fut reconstruit et prospéra. Les demeures ont souvent de nombreux étages pour gagner de la surface en hauteur. Elles se serrent le long des ruelles ; leurs façades sont ornées de médaillons et de linteaux ouvragés. La rue couverte de la "Chalanque" est très pittoresque. De l'église ancienne, il ne reste que le clocher et l'abside romane.

Au XIXe siècle, le village fut peu à peu déserté et pillé. Aujourd'hui, il revit grâce à l'Association des Amis du Vieux Poët-Laval. Les maisons ont été rénovées, et les anciennes échoppes accueillent à nouveau tisserands et potiers.

♦ *545 habitants, 307 m d'altitude* ♦ ***Itinéraire d'accès*** *: à 23 km E de Montélimar par D 540* ♦ ***A voir*** *: musée du protestantisme dauphinois (documents, mobiliers, livres retraçant l'histoire des Huguenots)* ♦ ***Aux alentours*** *: Dieulefit (église Saint-Pierre, vieux quartier de la Viale), Châteauneuf-de-Mazenc (beffroi), Comps (église romane), Aleyrac (prieuré du XIIe siècle)* ♦ ***Foires, festivités*** *: marché provençal à la Bégude-de-Mazenc (8 km O) le mardi* ♦ ***Hôtel*** *: Les Hospitaliers (tél. 75.46.22.32), 22 chambres (460 à 840 F), restaurant gastronomique* ♦ ***Mairie*** *(tél. 75.46.44.12).*

OINGT
69620 (Rhône)

Au cœur du pays des "pierres dorées", le village d'Oingt est perché sur un rocher entouré des vignes du Beaujolais. Pour pénétrer dans le village, il faut emprunter la porte Nord, dite porte de Nizy, et l'on découvre alors l'ensemble harmonieux des maisons construites avec la même roche calcaire ocre-jaune. Elles sont bâties sur voûtes ; les pièces d'habitations, au-dessus des caves, sont desservies par un escalier extérieur. Il faut absolument voir dans la rue Causeret la "Maison commune" du XVe siècle. On peut ensuite monter jusqu'à l'ancienne chapelle du château, devenue église paroissiale en 1660. A gauche, un sentier caillouteux la contourne et mène à l'emplacement des bâtiments effondrés de l'ancien château. De là, le point de vue sur la vallée d'Azergues est superbe. Autre promontoire, la tour du XVe siècle ; on peut grimper à son sommet par un escalier à vis et découvrir au loin, par temps clair, la chaîne des Alpes. Le village garde toujours très présent le souvenir de Marguerite d'Oingt, premier écrivain lyonnais de langue franco-provençale au XIVe siècle. Au pied du bourg, le château de Prony contient des souvenirs du botaniste et explorateur Claude Riche.

♦ *253 habitants, 550 m d'altitude* ♦ ***Itinéraire d'accès :*** *à 35 km N-O de Lyon par N 6, D 485 et D 1* ♦ ***Aux alentours :*** *les villages de Theizé, Chamelet et Ternand* ♦ ***Foires, festivités :*** *marché le mardi matin au Bois-d'Oingt (4 km), festival international de musique mécanique le 1er week-end de septembre* ♦ ***Hôtels :*** *à Chervinges (11 km N-E par D 120 et D 31), Château de Chervinges (tél. 74.65.29.76), 10 chambres (650 à 950 F), restaurant* ♦ ***Restaurants :*** *Le Donjon (tél. 74.71.20.24), Restaurant de la Tour (tél. 74.71.20.13), La Vieille Auberge (tél. 74.71.21.14).*

ALBIEZ-LE-VIEUX
73300 (Savoie)

La Moyenne-Maurienne fut très anciennement occupée par les hommes ; près de l'église d'Albiez-le-Vieux se dresse la "Pierre de Ville", bloc erratique en forme de monolithe, transporté par les anciens glaciers, creusé d'une centaine de cupules. Les origines d'Albiez semblent remonter au domaine d'un Gallo-Romain, Albius : Albiciacum est cité dès 739 dans une dotation de Charlemagne à l'abbaye piémontaise de la Novalaise. Au fil des siècles, l'exploitation des forêts, des carrières d'ardoise et de gypse, l'agriculture, le tissage du chanvre, la coutellerie, le façonnage de sabots et d'ustensiles en bois de plane sont venus s'ajouter à l'élevage du bétail. Très touchée par la crise de l'économie traditionnelle, Albiez trouve maintenant un second souffle dans le tourisme d'été et le ski. Les maisons paysannes, avec leur grenier souvent abrité sous un hangar, sont de solides bâtisses, aux façades soulignées par une galerie de bois. Une longue cheminée de pierre émerge du toit à deux pans, couvert jadis de chaume, puis d'ardoises.

♦ *275 habitants, 1522 m d'altitude* ♦ ***Itinéraire d'accès :*** *à 20 km S de Saint-Jean-de-Maurienne par D 926 et D 80* ♦ ***Aux alentours :*** *la route de la Toussuire, le village de Fontcouverte* ♦ ***Hôtels :*** *Hôtel La Rua (tél. 79.59.30.76), 22 chambres (140 à 200 F), restaurant. A Fontcouverte-la-Toussuire (13 km N-O), Les Airelles (tél. 79.56.75.88), 31 chambres (105 à 155 F), restaurant* ♦ ***Restaurant :*** *L'Escale (tél. 79.64.20.00)* ♦ ***Syndicat d'initiative*** *(tél. 79.59.30.48).*

ARECHES
73270 (Savoie)

Petite cellule montagnarde, le Beaufortain est un monde demeuré longtemps clos. Arêches complète les ressources de l'élevage et de la production du gruyère de Beaufort par le tourisme d'été et le ski. La large vallée, surmontée au midi par la masse du Grand-Mont (2687 mètres) montre les traits typiques du paysage beaufortain, avec des versants verdoyants, fort peu de champs, d'épaisses forêts et, au-dessus, les alpages. Le village groupe un petit troupeau de maisons autour de son église mais c'est, tout autour, un extraordinaire pullulement de constructions. Dans le bas, la demeure permanente au toit d'ancelles ou de tavaillons, puis, pour chaque propriétaire, plusieurs maisons de remues ; au-dessus, dans les prés de fauche, les granges où le bétail consomme le foin pendant l'hiver, et les chalets d'alpage, échelonnés jusqu'à 2070 mètres. Arêches, paroisse détachée de Beaufort en 1803, a bâti en 1829 une église néo-classique de style "sarde".

♦ *1080 m d'altitude, station de sports d'hiver* ♦ ***Itinéraire d'accès :*** *à 70 km N-E de Chambéry par N 9 - Albertville, D 918 et D 925 ; à 70 km S-E d'Annecy par N 508, N 212, D 925 et D 218* ♦ ***A voir :*** *coopérative laitière du Beaufortain (tél. 79.38.33.62)* ♦ ***Aux alentours :*** *la vallée du Doron, le hameau de Boudin* ♦ ***Foires, festivités :*** *fête folklorique en août* ♦ ***Hôtel :*** *Auberge du Poncellamont (tél. 79.38.10.23), 14 chambres (230 à 260 F), restaurant* ♦ ***Syndicat d'initiative*** *(tél. 79.38.15.33) - **E.S.F** (tél. 79.38.10.99).*

AUSSOIS
73500 (Savoie)

Le plateau ensoleillé d'Aussois est un site privilégié, occupé dès les temps préhistoriques. La vie agricole et pastorale a échappé au déclin général qui l'a frappé en Maurienne, et la prospérité matérielle, unie à la foi, est visible dans les croix, les deux chapelles rurales et la splendide église baroque de 1648, au riche mobilier et à la rare "poutre de gloire" de bois sculpté, doré et peint. L'habitat traditionnel d'Aussois est parfaitement adapté au climat. Dans l'ancien village, autour de la place où une façade montre un cadran solaire, le long des ruelles animées par les fontaines et le lavoir, se serrent les maisons jointives. Pas d'ouvertures au couchant, ni de balcons, mais des fenêtres profondément enfoncées dans les murs. Aussois, porte de la Vanoise, est une station de ski en plein essor et un centre de tourisme historique avec le formidable complexe des forts de l'Esseillon (1820-1830).

♦ *331 habitants, 1489 m d'altitude, station de sports d'hiver* ♦ ***Itinéraire d'accès** : à 7 km N-E de Modane par D 215 ; à 38 km E de Saint-Jean-de-Maurienne par N 6 et D 215* ♦ ***Aux alentours** : le parc national de la Vanoise (tél. 79.62.30.54), monolithe de Sardière (3 km N-E par D 83)* ♦ ***Foires, festivités** : marché tous les mardis matin* ♦ ***Hôtel** : Le Choucas (tél. 79.20.32.77), 28 chambres (165 à 250 F), restaurant* ♦ ***Syndicat d'initiative - E.S.F*** *(tél. 79.20.30.80).*

BEAUFORT-SUR-DORON
73270 (Savoie)

Beaufort se trouve à la confluence du Dorinet, descendu du val d'Hauteluce, du Doron de Roselend et de l'Argentine. Cette contrée, dénommée au Moyen-Âge "vallée de Luce" était peut-être le vaste domaine d'un Gallo-Romain, démembré après les invasions. Le Beaufortain féodal va être tiraillé entre les dynasties qui l'entourent : sires de Faucigny, comtes de Genève et de Savoie et le puissant archevêché de Tarentaise. Beaufort, centre administratif et commercial, fait figure de petite capitale. Il garde les vestiges de quatre tours et les ruines des châteaux de La Salle et de Randens, l'actuelle mairie. L'église baroque, avec son clocher de 48 mètres, conserve une chaire de 1722. Le bourg ancien, avec ses ruelles aux maisons serrées, s'élève sur la rive gauche du Doron, qu'enjambe un pont de pierre en dos d'âne. Le village a donné son nom à un savoureux fromage : le beaufort. Goûtez aussi le délicieux reblochon et la tome de Savoie.

♦ *1976 habitants, 758 m d'altitude* ♦ ***Itinéraire d'accès*** *: à 64 km N-E de Chambéry par N 90 - Albertville et D 925* ♦ ***A voir*** *: coopérative laitière du Beaufortain (tél. 79.38.33.62)* ♦ ***Foires, festivités*** *: la "Grovire" (course populaire de ski de fond à travers les villages début mars), fête de Beaufort le 14 juillet* ♦ ***Aux alentours*** *: randonnées dans la vallée du Doron* ♦ ***Hôtels*** *: Hôtel de la Roche (tél. 79.38.33.31), 17 chambres (110 à 210 F), restaurant. A Arêches (6 km S par D 218), Auberge du Poncellamont (tél. 79.38.10.23), 14 chambres (230 à 260 F), restaurant* ♦ ***Restaurant*** *: en été, Refuge du Plan de la Laie (C.A.F.) (tél. 79.89.07.78)* ♦ ***Syndicat d'initiative - Ecole d'Escalade*** *(tél. 79.38.37.57).*

BESSANS
73480 (Savoie)

Au cœur de la Haute-Maurienne, Bessans est une vaste commune qui s'étage de 1670 à 3751 mètres. Adossé au massif de la Vanoise, le village reçut en 1319, de l'abbaye piémontaise de Saint-Michel-de-la-Cluse dont il dépendait, des franchises communales donnant aux habitants une large autonomie pour la gestion de leurs biens. Bessans fut toujours très attaché à son identité locale et à ses traditions. Le costume de ses femmes, que l'on recommence à porter aux jours de fête, était l'un des plus beaux de la Maurienne. Les habitants s'occupent de leurs alpages et, de plus en plus, du tourisme d'été et du ski de fond. Bessans s'enorgueillit d'une ancienne tradition de culture locale. Au XVIᵉ siècle on y jouait le "Mystère de la Passion", puis on y représenta des Noëls. A l'âge baroque, la dynastie des Clappier sculpta de magnifiques retables. La commune conserve des croix, des oratoires et douze chapelles rurales. Le joyau en est, à côté de l'église paroissiale, celle de Saint-Antoine, aux murs extérieurs peints et dont l'intérieur renferme quarante-deux panneaux de la fin du XVᵉ siècle, représentant la vie du Christ.

♦ *246 habitants, 1700 m d'altitude* ♦ ***Itinéraire d'accès** : à 136 km S-E de Chambéry par N 6 et D 902* ♦ ***A voir** : la chapelle Saint-Antoine (fresques et sculptures du XVIᵉ et XVIIᵉ siècles)* ♦ ***Aux alentours** : le col de la Madeleine, le parc national de la Vanoise* ♦ ***Hôtel** : Hôtel de la Vanoise (tél. 79.05.96.79), 30 chambres (150 à 270 F), restaurant ; Le Mont-Iseran (tél. 79.05.95.97), 19 chambres (185 à 285 F), restaurant* ♦ ***Syndicat d'initiative** (tél. 79.05.96.52).*

BONNEVAL-SUR-ARC
73480 (Savoie)

Jusqu'à son invasion par le tourisme, après l'ouverture de la route de l'Iseran et la création du parc de la Vanoise, Bonneval était au bout du monde, dans le bassin des sources de l'Arc, entouré de hauts sommets glacés. Les habitants vivaient de leurs troupeaux et d'une agriculture d'acharnement. L'habitat, dont l'Ecot, véritable conservatoire de la maison de la Haute-Maurienne montre un exemple parfait, était adapté aux conditions naturelles particulièrement rigoureuses. Le principe en est la recherche de la chaleur, par la cohabitation avec le bétail. A demi-enterrée, la maison, qui ne comprend qu'une pièce unique – rarement une ou deux chambres à l'étage, à côté de la grange où le matelas de foin forme un matelas isotherme – est une écurie-habitation. Entièrement bâtie en pierre, elle est écrasée par un toit de lourdes lauzes de schiste, aux deux pans à faible pente, calorifugé entre la charpente et les dalles par une couche de mousse. Un jour rare pénètre par d'étroites fenêtres à ras de terre, toujours closes et sans volets.

♦ *149 habitants, 1850 m d'altitude* ♦ ***Itinéraire d'accès :*** *à 136 km S-E de Chambéry par N 6 et D 902* ♦ ***Aux alentours :*** *le parc national de la Vanoise (tél. 79.62.30.54)* ♦ ***Hôtel :*** *La Marmotte (tél. 79.05.94.82), 28 chambres (260 à 280 F), restaurant ; La Bergerie (tél. 79.05.94.97), 22 chambres (160 à 230 F), restaurant* ♦ ***Restaurant :*** *Auberge Le Pré Catin (tél. 79.05.95.07)* ♦ ***Syndicat d'initiative*** *(tél. 79.05.95.95).*

BOUDIN
73270 Arêches (Savoie)

Boudin est l'un des villages les plus caractéristiques du Beaufortain. Ce massif, demeuré longtemps à l'écart des grandes voies de communications, a gardé des aspects traditionnels, que modifient rapidement les transformations des sites par les nouvelles stations de sports d'hiver. Tout le massif, très anciennement et fortement humanisé, est une prairie d'alpage d'une richesse exceptionnelle. Le lait de la race tarine sert à la production du beaufort, le plus célèbre des gruyères savoyards. On arrive à Boudin, l'un des vingt écarts de la commune de Beaufort, par la route qui, en amont d'Arêches, empile ses lacets en direction du col du Pré (1703 mètres) et du lac de Roselend. Le village est fait de cinq ou six rangées de maisons, étagées en espalier, sur un bel adret, entre 1230 et 1380 mètres d'altitude. Au pied de la pente, la classique chapelle du XVIIe siècle, avec son clocher à deux bulbes et sa flèche aiguë. La dispersion de l'habitat est accentuée par la prolifération des greniers, des "maisons de remue" utilisées lors des déplacements du troupeau, et des granges où l'on amasse le foin pour l'hiver.

♦ *1070 m d'altitude* ♦ ***Itinéraire d'accès :*** *à 70 km N-E de Chambéry par N 90 - Albertville, D 925 et D 918 ; à 26 km N-E d'Albertville par D 925 et D 918* ♦ ***A voir :*** *la coopérative laitière du Beaufortain (tél. 79.38.33.62)* ♦ ***Aux alentours :*** *la vallée du Doron, Arêches* ♦ ***Hôtel :*** *à Arêches (2 km O), Auberge du Poncellamont (tél. 79.38.10.23), 14 chambres (230 à 260 F), restaurant.*

CONFLANS
73200 Albertville (Savoie)

Au confluent de l'Arly et de l'Isère, perchée sur un éperon défensif, Conflans fut dès l'Antiquité, la plaque tournante des communications savoyardes vers l'Italie. A son apogée, aux XVIIe et XVIIIe siècles, la cité est un important centre commercial et administratif. Puis, délaissée après la Révolution pour son faubourg de l'Hôpital dans la plaine fluviale, Conflans devient une ville-musée et l'un des lieux historiques les plus visités de la Savoie : places et ruelles, fontaines fleuries, portes médiévales de Savoie et Tarine ; tour sarrasine du XIIe siècle, château Rouge et maison Rouge du XIVe siècle (façades de brique à l'italienne), château Manuel de Locatel d'époque Renaissance, maison Perrier du XVIIe siècle et l'église Saint-Grat, avec sa chaire et son retable sculptés, chef-d'œuvre du baroque alpin.

♦ *500 habitants, 345 m d'altitude* ♦ ***Itinéraire d'accès :*** *à 49 km N-E de Chambéry par N 6 et N 90* ♦ ***A voir :*** *musée du Vieux Conflans (ethnographie régionale, statuaire religieuse des XVIe-XVIIIe siècles)* ♦ ***Hôtels :*** *à Albertville, Le Roma (tél. 79.37.15.56), 140 chambres (270 à 600 F), restaurant, Million (tél. 79.32.25.15), 28 chambres (400 à 600 F), restaurant ; La Berjann (tél. 79.32.47.88), 11 chambres (240 à 300 F), restaurant. A Grésy-sur-Isère (19 km S-O), La Tour de Pacoret (tél. 79.37.91.59), hôtel de charme, 10 chambres (260 à 380 F), restaurant* ♦ ***Restaurants :*** *Le Ligismond (tél. 79.32.53.50), Chez Uginet (tél. 79.32.00.50)* ♦ ***Syndicat d'initiative*** *(tél. 79.32.04.22/79.37.49.50).*

HAUTELUCE
73620 (Savoie)

Dans la vallée du Dorinet, Hauteluce, à 1150 mètres d'altitude, est l'une des plus anciennes paroisses du Beaufortain, signalée dès le XIIe siècle. Hauteluce a vécu, pendant des siècles, de ses forêts, de l'élevage des laitières tarines et des mulets. Entre les deux guerres, c'est la période de la houille blanche, et, après 1965, commence l'ère du ski, autour de la station des Saisies. Le signal de la vallée est le clocher d'Hauteluce, haut de 55 mètres, au carillon de cinq cloches, l'un des plus beaux de la région. L'habitat paysan évoque celui des Préalpes, en moins opulent, avec sa base de maçonnerie, son toit d'ancelles, ses balcons, et son grenier à l'écart. Dans le soubassement, les étables et les caves à fromage, à l'étage de bois, le logis : cuisine, séjour (le pèle) et les chambres, le tout surmonté de la vaste grange à foin.

♦ *705 habitants, 1150 m d'altitude* ♦ ***Itinéraire d'accès :*** *à 74 km N-E de Chambéry par N 6, N 90, D 925 et D 218* ♦ ***A voir :*** *écomusée d'Hauteluce* ♦ ***Aux alentours :*** *sports d'hiver au col des Saisies, le Signal de Bisanne (11 km O), Arêches, Beaufort, le château de Beaufort, la coopérative laitière du Beaufortain (tél. 79.38.33.62)* ♦ ***Hôtels :*** *à Arêches (16,5 km S par D 218, D 925 – Beaufort et D 218), Auberge du Poncellamont (tél. 79.38.10.23), 14 chambres (230 à 260 F), restaurant. A Flumet-Val-d'Arly (19 km N-O par D 218), le Parc des Cèdres (tél. 79.31.72.37), 23 chambres (160 à 300 F), restaurant* ♦ ***Mairie*** *(tél. 79.38.80.31).*

ABONDANCE
74360 (Haute-Savoie)

Dans toute la vallée de la Dranse, l'organisation sociale et économique fut l'œuvre de l'abbaye d'Abondance, l'une des plus anciennes et vénérables de la Savoie. Filiale de Saint-Maurice d'Agaune, en Bas-Valais, le sanctuaire de la dynastie de Savoie, Abondance apparaît, en 1108, comme un prieuré qui devient rapidement abbaye indépendante de l'ordre des Chanoines Réguliers de Saint-Augustin. Le village, blotti au pied de l'abbaye, offre aux visiteurs de nombreuses activités : ski de piste, ski de fond et des excursions en été. La haute vallée de la Dranse d'Abondance est, sans contredit, le conservatoire des plus belles demeures paysannes des Alpes françaises.

♦ *552 habitants, 1020 m d'altitude, station de sports d'hiver* ♦ ***Itinéraire d'accès*** *: à 35,5 km S-E de Thonon-les-Bains par D 902 et D 22.*♦ ***A voir*** *: l'abbaye (XIIe-XIVe siècle), le cloître du XIVe siècle, le musée d'art religieux* ♦ ***Aux alentours*** *: le vallon du Malève, les plagnes de Charmy (5,5 km S-E)* ♦ ***Hôtels*** *: Les Cornettes (tél. 50.73.50.24), 40 chambres (240 à 300 F), restaurant. A La Piantaz (1 km E par D 22), Le Rucher (tél. 50.73.50.23), 22 chambres (140 à 300 F), restaurant ; Le Vieux Moulin (tél. 50.73.52.52), 16 chambres (240 F), restaurant ; Le Chabi (tél. 50.73.50.14), 21 chambres (210 à 280 F), restaurant* ♦ ***Mairie*** *(tél. 50.73.50.08) -* ***Syndicat d'initiative*** *(tél. 50.73.51.41).*

ALBY-SUR-CHERAN
74540 (Haute-Savoie)

Alby est l'un des plus anciens bourgs de la province du Genevois. Le village s'étage le long des rives en pente raide du Chéran, enjambé par un pont déjà signalé au Moyen-Âge. Marché rural, réputé pour ses artisans cordonniers, Alby, doté de franchises en 1297, était entouré de remparts, percés des portes du Pont, de Chambéry et de Rumilly. Dans l'enceinte et aux environs, on ne dénombrait pas moins de sept châteaux, dont subsiste, au-dessus de la vallée, la belle maison forte de Montpont, édifiée au Moyen-Âge et embellie au XVIIIᵉ siècle. Le vieux bourg, en dépit de nombreux incendies, a gardé son cachet très "vieille Savoie", avec sa petite place en pente où coule une fontaine et ses maisons fleuries, à arcades, au sol de menus pavés ronds. Dans cet ensemble, la récente église de Notre-Dame-de-Plainpalais, ornée en 1978 de magnifiques vitraux de Manessier, met une touche de modernisme du meilleur aloi.

♦ *1014 habitants* ♦ ***Itinéraire d'accès :*** *à 12 km S-O d'Annecy par N 201* ♦ ***A voir :*** *musée de la Cordonnerie* ♦ ***Hôtels :*** *Alb'Hôtel (tél. 50.68.24.93), 37 chambres (250 à 280 F). A Moye (8,5 km N-O par D 3), Relais du Clergeon (tél. 50.01.23.80), 19 chambres (140 à 295 F), restaurant* ♦ ***Mairie*** *(tél. 50.68.10.10).*

ARGENTIERE
74400 Chamonix-Mont-Blanc (Haute-Savoie)

Serré autour de son église, l'ancien village est dominé par le glacier encaissé, qui descendait jadis au cœur de la vallée de l'Arve. Le hameau d'Argentière, appelé aussi La Dîmerie-dessus-les-Tines, obtint en 1726 son autonomie paroissiale, finalement accordée par la collégiale de Sallanches, à cause de "la difficulté et impraticabilité des chemins occupés par les neiges et glaces dont la hauteur passe quelquefois dix pieds, outre les lavanches (avalanches) et éboulements auxquels ils sont exposés tous les jours". Les habitants bâtirent de leurs mains, fournissant matériaux et corvées, une église qui est l'un des plus beaux sanctuaires du pays du Mont-Blanc. Sa flèche élancée, posée sur un bulbe aux écailles de fer-blanc mordoré, s'élève sur une tour aux pans ajourés, ceinturée d'un balcon de bois finement ajouré. L'intérieur éclate des ors d'un retable baroque, apporté d'Italie au XVIIIᵉ siècle, du décor de l'autel latéral de Notre-Dame-du-Rosaire et d'un grand panneau de l'Adoration des Mages.

♦ *1252 m d'altitude, station de sports d'hiver* ♦ ***Itinéraire d'accès :*** *à 8 km N-E de Chamonix par N 205* ♦ ***Aux alentours :*** *à Chamonix, le musée alpin (histoire de l'alpinisme) ; la mer de Glace, la vallée Blanche* ♦ ***Foires, festivités :*** *à Chamonix, fête des guides le 15 août* ♦ ***Hôtels :*** *Hôtel Montana (tél. 50.54.14.99), 24 chambres (450 F), restaurant ; Les Grands Montets (tél. 50.54.06.66), 40 chambres (510 à 546 F), restaurant. A Montroc, sur la route de Chamonix, Le Labrador (tél. 50.55.90.09), hôtel de charme, 32 chambres (500 à 720 F), restaurant ; Chalet-Hôtel Beausoleil (tél. 50.54.00.78), hôtel de charme, 15 chambres (250 à 380 F), restaurant ; Les Becs Rouges (tél. 50.54.01.00), 24 chambres (175 à 440 F), restaurant* ♦ ***Syndicat d'initiative*** *(tél. 50.54.02.14)* - ***E.S.F*** *(tél. 50.54.00.12).*

CHATEL
74390 (Haute-Savoie)

Dans la vallée de la Dranse d'Abondance, Châtel offre l'un des paysages les plus séduisants des Préalpes savoyardes : falaises escarpées, verts alpages, eaux bondissantes et sombres forêts, mais avec une variété et une originalité qui n'appartiennent qu'au Chablais. Châtel est surplombé par les 2438 mètres de la Pointe de Grange et, sur la rive droite de la Dranse, le Mont-Chauffé culmine à plus de 2000 mètres. Bien que le nom de la commune semble évoquer la présence d'un château, l'existence d'un tel édifice n'est attestée ni par des ruines, ni par des documents anciens. Châtel est, tout d'abord, une partie de la paroisse de La Chapelle-d'Abondance, avec, en 1422, une chapelle. En 1723, les hameaux sont érigés en paroisse autonome. Châtel s'éveille au tourisme avec l'ouverture d'un premier hôtel, vers 1880. Le grand succès est venu après la dernière guerre, avec les sports d'hiver. Châtel est d'un charme tout helvétique qui justifie parfaitement son slogan : "La plus suisse des stations françaises".

♦ *1024 habitants, 1183 m d'altitude, station de sports d'hiver* ♦ ***Itinéraire d'accès** : à 39 km S-E de Thonon-les-Bains par D 902 et D 22* ♦ ***Aux alentours** : le lac Léman* ♦ ***Foires, festivités** : fête des alpages en août* ♦ ***Hôtels** : Macchi (tél. 50.73.24.12), 32 chambres (200 à 600 F), restaurant ; Fleur de Neige (tél. 50.73.20.10), 40 chambres (250 à 500 F), restaurant ; Hôtel Panoramic (tél. 50.73.22.15), 28 chambres (360 à 420 F), restaurant ; Le Kandahar (tél. 50.73.30.60), 22 chambres (150 à 300 F), restaurant* ♦ ***Syndicat d'initiative** (tél. 50.73.22.44).*

LE CHINAILLON
74450 Le Grand-Bornand (Haute-Savoie)

Le territoire du Grand-Bornand s'étend sur les deux vallées du Bouchet et du Chinaillon. Le village du Chinaillon, entouré de tous côtés par les constructions touristiques d'une station de ski, demeure le témoin d'une civilisation alpestre traditionnelle en voie de rapide transformation. Le Chinaillon frappe par l'harmonieuse intégration de son habitat au site. Dans un verdoyant paysage préalpin, il étage ses maisons sur la rive droite du torrent descendant du col de la Colombière. Les vieilles demeures de bois brun entourent la chapelle, au classique clocheton à petit bulbe, que les communiers du lieu fondèrent, le 8 novembre 1677, sous le vocable de Notre-Dame-des-Neiges, Sainte-Barbe, Saint-Just et Saint-François-de-Sales. Parmi les superbes demeures du massif des Bornes, celles du Grand-Bornand, dont le Chinaillon conserve des exemples intacts, se signalent par leur originalité et leur parfaite adaptation au climat.

♦ *1200 m d'altitude, station de sports d'hiver* ♦ ***Itinéraire d'accès :*** *à 37 km N-E d'Annecy par D 909 et D 4 ; à 18 km S de Bonneville par D 12 et D 4* ♦ ***Aux alentours :*** *le col de la Colombière, la chartreuse du Reposoir (12 km N-E par D 4) : couvent du XIIe siècle restauré au XVIIe siècle* ♦ ***Hôtel :*** *Le Cortina (tél. 50.27.00.22), 30 chambres (260 à 290 F), restaurant* ♦ ***Restaurant :*** *L'Alpage (tél. 50.27.00.49)* ♦ ***Mairie*** *(tél. 50.02.20.19).*

ROMME
74300 Cluses (Haute-Savoie)

En balcon au-dessus de la vallée de l'Arve, le village de Romme, à 1300 mètres d'altitude, est dominé par l'extrémité de la chaîne des Aravis. L'habitat s'étage, en un escalier de replats. Romme occupe le meilleur site, sur un plateau ensoleillé. Plus haut s'étend une des plus belles forêts de sapins et d'épicéas de la Haute-Savoie, occupant plus de la moitié de la superficie communale. Le nom de Romme apparaît pour la première fois en 1290. Avant les mutations des années 1950, qui ont vu le développement du tourisme et l'exode d'une partie des travailleurs vers le centre industriel de Cluses, Romme vivait de ses forêts et alpages. Tout au long de l'année, un complexe système de "remues" faisait se déplacer les habitants et le bétail entre les trois niveaux de La Frasse-Nancy (900 mètres), Romme (1300 mètres) et Vormy (2000 mètres). Romme, "composé de soixante-deux maisons toutes construites en bois, couvertes de bardeaux et adossées les unes aux autres sous la forme de deux rues formant un carré oblong", en 1812, a desserré ses constructions lors de la reconstruction qui a suivi l'incendie général de 1893.

♦ *1300 m d'altitude* ♦ ***Itinéraire d'accès :*** *à 71 km N-E d'Annecy par A 41, A 40 et D 119 ; à 9,5 km S de Cluses par D 119* ♦ ***Aux alentours :*** *la chartreuse du Reposoir (9 km S-O par D 119) : couvent du XIIe siècle restauré au XVIIe siècle* ♦ ***Hôtels :*** *Aux Carroz d'Araches (20 km E par D 119, N 205 et D 6), Hôtel Arbaron (tél. 50.90.02.67), 30 chambres (325 à 490 F), restaurant ; Le Bois de la Char (tél. 50.90.06.18), 30 chambres (280 à 450 F), restaurant ; La Croix de Savoie (tél. 50.90.00.26), 19 chambres (200 à 250 F), restaurant.*

SAMOENS
74340 (Haute-Savoie)

Les habitants de Samoëns ont adopté, dès le XVIᵉ siècle, des armoiries qui combinent au pourpre et à l'or du Faucigny, un vert sapin surmontant sept sommets : les sept montagnes qui entourent le bourg. La vocation touristique a été facilitée par la rapidité des accès vers une station qui, à 714 mètres d'altitude, dessert un très vaste domaine skiable. La petite cité a gardé son cachet traditionnel et la vie locale anime la place. On y admire la collégiale du XVIᵉ siècle, au clocher carré massif, au porche armorié et au baptistère gothique flamboyant. Tout à côté, le presbytère, dont la façade s'orne d'un savant cadran solaire, les halles de la Grenette et, transformée en mairie, l'ancienne maison forte des seigneurs de Gex. Samoëns s'enorgueillit de son vieux tilleul qui ombrageait déjà la place à la fin du Moyen-Âge.

♦ *1956 habitants, 714 m d'altitude, station de sports d'hiver* ♦ ***Itinéraire d'accès :*** *à 57 km E de Genève par A 40 sortie Cluses, D 902 et D 907* ♦ ***A voir :*** *La Jaysinia (magnifique jardin alpin)* ♦ ***Foires, festivités :*** *marché le mercredi matin* ♦ ***Hôtels :*** *Neige et Roc (tél. 50.34.40.72), 30 chambres (300 F), restaurant ; Hôtel des Glaciers (tél. 50.34.40.06), 50 chambres (300 F), restaurant ; La Renardière (tél. 50.34.45.62), 8 chambres (230 à 300 F), restaurant ; Gai Soleil (tél. 50.34.40.74), 24 chambres (210 à 290 F), restaurant ; L'Edelweiss (tél. 50.34.41.32), 20 chambres (195 à 260 F), restaurant. A Morillon (4,5 km O par D 4), Le Sauvageon (tél. 50.90.10.25), 20 chambres (135 à 240 F), restaurant* ♦ ***Restaurant :*** *à 1 km E par la route d'été du col de Joux, La Licorne (tél. 50.34.98.80)* ♦ ***Syndicat d'initiative*** *(tél. 50.34.40.28) -* ***E.S.F*** *(tél. 50.34.43.12).*

TALLOIRES
74290 Veyrier-du-Lac (Haute-Savoie)

Tout concourt à faire de Talloires un de ces lieux qui suscitent l'enchantement. L'écrin des montagnes enferme, entre les Préalpes des Bornes et des Bauges, la nappe du lac dont les ondes, les plus pures d'Europe, baignent le rivage de la baie. Au-dessus du village, le massif de la Tournette. Rien d'étonnant que Talloires soit une des terres savoyardes les plus anciennement chargées d'histoire. On y a découvert des objets de l'âge du fer et des monnaies celtiques. Il ne reste rien de l'abbatiale romaine, sauf quelques chapiteaux, décorant le petit oratoire du Toron, sur le bord de la route qui mène du village au lac. Les bâtiments conventuels, maintenant un hôtel de luxe, ont subsisté. Ils conservent un cloître du XVIe siècle et une galerie, offrant une des plus belles vues sur la baie. A côté, le logis du Prieur et dans le bourg, près de l'église de 1780, de solides maisons bourgeoises.

♦ *931 habitants, 447 m d'altitude* ♦ ***Itinéraire d'accès** : à 13 km S-E d'Annecy par D 909* ♦ ***Aux alentours** : le château de Duingt, le Roc de Chère (conservatoire botanique)* ♦ ***Hôtels** : Hôtel Beau Site (tél. 50.60.71.04), hôtel de charme, 29 chambres (330 à 650 F), restaurant ; L'Abbaye (tél. 50.60.77.33), 30 chambres (520 à 1100 F), restaurant ; Auberge du Père Bise (tél. 50.60.72.01), 31 chambres (700 à 1600 F), restaurant ; Le Cottage (tél. 50.60.71.10), 35 chambres (650 à 950 F), restaurant* ♦ ***Mairie** (tél. 50.60.70.42) - **Syndicat d'initiative** (tél. 50.60.70.64).*

TANINGES
74440 (Haute-Savoie)

L'occupation humaine commence dès le néolithique, au pied du versant ensoleillé de l'Endroit. C'est là qu'on a trouvé, en 1938, les vestiges d'une chapelle remontant probablement au VIIe ou VIIIe siècle. Taninges est, au Moyen-Âge, un bourg prospère, et plusieurs familles nobles y construisent leur demeure. Les rues des Arcades et du Saint-Esprit ont gardé leur visage ancien, avec des maisons des XVe et XVIe siècles, et on peut admirer la chapelle de Sainte-Anne (XVIIe siècle) transformée en maison d'habitation, et la fontaine baroque du XVIIIe siècle. A l'écart de la bourgade, il faut visiter la chartreuse de Mélan, nécropole de la maison de Faucigny (1285), avec son sanctuaire gothique et son cloître de 1528. Taninges est caractérisé par l'attachement aux traditions de ses habitants, les Jacquemarts ; le Jacquemart est aussi le sonneur du prestigieux carillon de vingt et une cloches, orgueil de la cité.

♦ *2756 habitants, 640 m d'altitude, station de sports d'hiver* ♦ ***Itinéraire d'accès :*** *à 63 km N-E d'Annecy par A 41, A 40 et D 902* ♦ ***Aux alentours :*** *le lac de Flérier, Praz-de-Lys* ♦ ***Foires, festivités :*** *concerts et danse classique à la chartreuse de Mélan en juillet-août, fête champêtre le 15 août* ♦ ***Hôtels :*** *à Verchaix (7 km E), Le Chalet Fleuri (tél. 50.90.10.11), 30 chambres (120 à 160 F), restaurant. A Morillon, Le Sauvageon (tél. 50.90.10.25), 20 chambres (140 à 220 F), restaurant* ♦ ***Restaurants :*** *La Crémaillère (tél. 50.34.21.98), L'Os à Moëlle (tél. 50.34.27.78)* ♦ ***Syndicat d'initiative*** *(tél. 50.34.25.05).*

THONES
74230 (Haute-Savoie)

Au confluent du Fier et du Nom, Thônes est la capitale du massif des Bornes. Sous la Révolution, son attachement à la foi catholique lui valut l'appellation de "Vendée savoyarde" et elle fut, autour du proche plateau des Glières, un des hauts lieux de la Résistance. Thônes, qui relevait au XIIᵉ siècle de l'abbaye de Talloires, devint l'un des bourgs francs du comté de Genevois et fut érigé, en 1681, en marquisat. Marché traditionnel aux fromages et au bétail, Thônes, actuellement centre touristique et industriel, a belle allure, avec sa place entourée d'arcades et d'anciennes demeures, et sa fontaine. L'édifice le plus prestigieux est l'église Saint-Maurice, construite en 1687 et dotée en 1818, d'un haut clocher à balustrade et à bulbe. Le joyau de la décoration intérieure est un retable baroque qui compte parmi les plus remarquables de toute la Savoie.

♦ *4461 habitants, 626 m d'altitude* ♦ ***Itinéraire d'accès :*** *à 20 km E d'Annecy par D 909* ♦ ***A voir :*** *musée du pays de Thônes* ♦ ***Aux alentours :*** *le lac d'Annecy* ♦ ***Foires, festivités :*** *fête savoyarde folklorique le 2ᵉ dimanche de juillet, marché le samedi matin* ♦ ***Hôtels :*** *Nouvel Hôtel du Commerce (tél. 50.02.13.66), 25 chambres (175 à 355 F), restaurant. A Villards-sur-Thônes (4 km N-E), Le Viking (tél. 50.02.11.78), 37 chambres (110 à 200 F), restaurant. A Manigod (6 km S-E), Hôtel de la Croix Fry (tél. 50.44.90.16), hôtel de charme, 15 chambres (450 à 550 F)* ♦ ***Mairie*** *(tél. 50.02.91.72)* **-** ***Syndicat d'initiative*** *(tél. 50.02.00.26).*

YVOIRE
74140 Douvaine (Haute-Savoie)

Yvoire est la perle touristique du Léman. Ce gros village fortifié est construit sur le "bec d'Yvoire", promontoire à la limite du Grand et du Petit Lac. Ce lieu fut très anciennement humanisé. En 1306, le comte Amédée v "le Grand" acquiert Yvoire. C'est ce souverain qui est le créateur du "bourg muré". Pendant plusieurs années, on travaille à agrandir le château et à entourer le village d'une enceinte. L'église (1308), remaniée à plusieurs reprises, fut dotée, en 1856, de son clocher à bulbe, de style préalpin. L'enceinte extérieure, aux fossés comblés, garde deux tours carrées, percées de portes en ogive, celles de Rovorée, à l'est, et de Nernier, au couchant. Dominant le lac de ses quarante mètres de hauteur, s'élève la puissante masse du château, réduit à l'ancien donjon quadrangulaire. Yvoire était essentiellement, avant de se vouer au tourisme, un port de bateliers et de pêcheurs. Le village a gardé de cette activité un habitat de maisons jointives, à balcons de bois et à escalier extérieur, en pierre. Les façades des ruelles qui descendent vers la petite jetée du port sont couvertes de glycines et de géraniums, exubérance végétale favorisée par la douceur du micro-climat lémanique.

♦ *357 habitants* ♦ ***Itinéraire d'accès*** *: à 26 km N-E de Genève par N 5, D 20 et D 25* ♦ ***A voir*** *: vivarium, musée du Vieil Yvoire* ♦ ***Foires, festivités*** *: régates en juillet* ♦ ***Hôtels*** *: Le Pré de la Cure (tél. 50.72.83.58), 20 chambres (265 F), restaurant ; Au Vieux Logis (tél. 50.72.80.24), 11 chambres (230 à 310 F) ; Les Flots Bleus (tél. 50.72.80.08), 11 chambres (260 à 330 F), restaurant* ♦ ***Restaurants*** *: Le Port (tél. 50.72.80.17), Auberge Porte d'Yvoire (tél. 50.72.80.14)* ♦ ***Mairie*** *(tél. 50.72.80.36) -* ***Syndicat d'initiative*** *(tél. 50.72.80.21/50.72.87.06 en hiver) -* ***Capitainerie*** *(tél. 50.72.83.28).*

INDEX ALPHABETIQUE

LES GUIDES
DE CHARME
RIVAGES

FRANCE
auberges et hôtels

ITALIE
auberges et hôtels

MONTAGNE
France - Italie
Suisse - Autriche
auberges et hôtels

FRANCE
chambres d'hôtes